聊城大学学术著作出版基金资助

语文文本解读的自我教育品格

王建峰 著

中国社会科学出版社

图书在版编目(CIP)数据

语文文本解读的自我教育品格/王建峰著. —北京：中国社会科学出版社，2018.6
ISBN 978-7-5203-2746-6

Ⅰ.①语… Ⅱ.①王… Ⅲ.①语文教学—教学研究 Ⅳ.①H193

中国版本图书馆 CIP 数据核字(2018)第143038号

出 版 人	赵剑英
责任编辑	陈肖静
责任校对	刘 娟
责任印制	戴 宽

出 版	中国社会科学出版社
社 址	北京鼓楼西大街甲158号
邮 编	100720
网 址	http://www.csspw.cn
发 行 部	010-84083685
门 市 部	010-84029450
经 销	新华书店及其他书店

印 刷	北京明恒达印务有限公司
装 订	廊坊市广阳区广增装订厂
版 次	2018年6月第1版
印 次	2018年6月第1次印刷

开 本	710×1000 1/16
印 张	18.75
插 页	2
字 数	270千字
定 价	78.00元

凡购买中国社会科学出版社图书，如有质量问题请与本社营销中心联系调换
电话：010-84083683
版权所有 侵权必究

目 录

序 …………………………………………………………………（1）

导论 ………………………………………………………………（1）
  第一节 研究缘起与意义 ……………………………………（1）
  第二节 相关研究综述 ………………………………………（6）
  第三节 研究的问题与基本假设 ……………………………（24）
  第四节 基本概念界定 ………………………………………（25）
  第五节 研究方法与研究设计 ………………………………（49）

第一章 疏离自我：1949年后我国语文文本解读的实然状况 ……（54）
  第一节 新中国成立初政治教化取向的语文文本解读 ………（55）
  第二节 新时期知识能力取向的语文文本解读 ………………（82）
  第三节 21世纪初人文素养取向的语文文本解读 ……………（103）

第二章 凸显自我：古今中外语文文本解读的必然镜鉴 …………（121）
  第一节 传统之鉴：中国古代和近代语文文本解读对学生
           自读内悟的强调 …………………………………（121）
  第二节 他山之石：国外母语文本解读对学生主体
           地位的重视 ………………………………………（138）

第三章 教育自我:哲学解释学视角下语文文本解读的本然机理 …………(162)
  第一节 体验、反思中反观自我、认识自我 …………(163)
  第二节 视域融合、解释循环中提升自我、超越自我 …………(188)
  第三节 理解的应用中造就自我、实现自我 …………(206)

第四章 自我教育:语文文本解读的应然追求 …………(223)
  第一节 解读目的:以学生自我发展为鹄的 …………(223)
  第二节 解读内容:以学生自主建构文本意义为中心 …………(234)
  第三节 解读方法:哲学解释学解读法与师生对话结合 …………(246)

结语 …………(262)
参考文献 …………(266)
后记 …………(288)

序

　　语文文本是语文学科教育最重要的课程与教学资源。对语文文本进行解读是语文教育教学实现其育人目的之基本途径。探寻文本解读的育人规律，使其最大限度地发挥应有的教育功能，是语文教育研究的永恒课题。

　　自 21 世纪初新一轮课程改革以来，文本解读受到语文教育研究界的广泛关注并逐渐升温，相关研究成果日益丰富，但大多要么限于西方文本解读理论的引进或演绎，要么站在"文论"或"阅读"的立场，把语文文本解读等同于纯文学接受或阅读心理的问题来研究，而较少站在教育的立场——从语文文本解读对"人"（学生）所产生的教育影响上去研究。王建峰的这本专著《语文文本解读的自我教育品格》立足于教育，从语文文本解读育人功能的发挥——对学生自我发展所产生的教育影响的视角，试图去审视实然的语文文本解读，发现本然语文文本解读的内在规律，并对应然的语文文本解读进行探讨，将关注的焦点转向了如何最大限度地发挥语文文本解读的育人功能、促进作为解读者的学生的自我发展。这就将语文文本解读研究由以往的"文论"或"阅读"立场拉回到"教育"立场上来。为此，在本著作成书过程之中，王建峰先后发表了《文本解读：通往学生自我教育之途》《语文文本解读的自我教育品格机理分析——哲学解释学视角》《1949 年后我国中小学语文课堂文本解读的方法论检讨》等系列学术论文，刊登在《中国教育学刊》《课程·教材·教法》等影响力较大的刊物上。

该著作立足于语文文本解读育人功能发挥的视角，以哲学解释学的文本解读原理为理论基础，遵循历史研究→比较研究→原理研究→应用研究的研究思路，运用了文献法、理论阐释、案例法等方法展开研究。首先，对1949年后我国语文文本解读实然状况展开了历史研究，总结出我国语文文本解读的三种主要形态，通过分析其基本特点和方法论，发现其共同的偏差在于将学生自我疏离在文本解读之外，共同的教育影响是学生自我发展的扭曲。其次，展开对古今中外语文文本解读理论与实践的研究，发现凸显学生自我在文本解读中的地位是其共同特点，为本著作核心观点的提出提供了历史和比较的佐证。再次，通过对内部机理的分析，阐释了语文文本解读的自我教育品格——语文文本解读过程中学生自我深度接触文本而展开的体验和反思让学生反观、认识自我，视域融合和解释循环让学生提升、超越自我，理解的应用让学生造就自我、实现自我——体验和反思、视域融合和解释循环、理解的应用使语文文本解读成为一种让学生借助文本来反观与认识自我、提升与超越自我、造就与实现自我的过程，而这一过程就是一个学生自我教育的过程。故本然的语文文本解读有一种自我教育品格，语文文本解读的育人功能必须经由学生在解读活动中的自我教育才能更好地实现。最后，论述了当下的语文文本解读应如何遵循其自我教育内在品格，最大限度地达成学生的自我健全发展。该书论题集中，逻辑严密，材料丰富，论证充分，对语文文本解读的实然研究史论结合，剖析深刻到位，本然研究思辨性强，析理层层递进，水到渠成，应然研究依循规律，切合实际，富于创见，对于1949年以来尤其是当下我国中小学语文文本解读实践起到一定的描述、批判、阐释、规范等作用，较好地发挥了教育学术研究应有的基本功能。

该著作的突出贡献可概括为以下三点：

第一，总结出1949年以来我国语文文本解读的三种形态：新中国成立初政治教化取向的语文文本解读，新时期知识能力取向的语文文本解读，21世纪初人文素养取向的语文文本解读。让人对当下的语文文本解读有个全方位的理性认识和把握。

第二，提出了语文文本解读的自我教育品格。运用哲学解释学的文本解读原理，对语文文本解读能够让学生进行自我教育的内在机理进行了分析和阐释，揭示了语文文本解读何以能够让学生教育、发展自我的内在规律，提出"语文文本解读具有一种自我教育品格"的重要命题。能够在一定程度上扭转一直以来教师代学生解读文本一统天下的局面，让学生做文本解读的主人，让他们在深度解读中教育自己，这是语文文本解读实现其育人功能的必由之路。

第三，找到了语文文本解读过程中学生自我教育之途。指出语文文本解读应以学生的自我健全发展为指向，以学生自主建构文本意义为中心，以哲学解释学意义上的对话为基本的方法论和教学方式。这为当前课程改革背景下的语文文本解读提供了切实可行的建设性策略。

本书是作者在博士学位论文基础上经过反复锤炼、扩展充实推出的。这是一部有深度、有创见的学术专著，体现了王建峰博士较为广阔的学术视野、扎实的理论功底和严谨认真的治学态度。作为她的博士生导师，我目睹了当年她在完成20余万字的博士学位论文时所付出的艰辛和表现出的坚韧，并为今天本书的顺利付梓而倍感欣慰。衷心祝愿她在今后的学术之路上愈走愈远，取得更加丰硕的成果。

周庆元

2018 年 3 月 10 日

（作者系湖南师范大学二级教授，博士生导师，中国高等教育学会语文教育专业委员会名誉理事长）

导 论

本部分主要从研究缘起与意义、文献综述、研究的问题与基本假设、概念界定、研究方法与研究设计等方面来介绍本研究的基本情况。

第一节 研究缘起与意义

一 研究缘起

（一）对文本解读在语文教育中地位和价值的关注与思考

人之所以能与动物区别开来，就在于人"使自己的生命活动本身变成自己意志的和意识的对象。它的生命活动是有意识的"，而"动物不把自己同自己的生命活动区别开来"。① 这一区别使人的生命不仅是一种给予的生命，而且是一种自为的生命。而这种自为的生命，是能够支配生命的生命，它使人不再是生命本能的奴隶，而是生命活动的主宰者。人的生命之所以能够"自为"，是因为作为个体的人要吸纳人类的创造成果，把自己融入人类生命之中，使自己具有"类"生命。正是人的"类生命"使其超越了与动物无异的"种生命"而使人成为真正的人。而人的"类生命"并非自然获得，必须通过学习，即人必须"学习"做人，必须首先通过人的生命活动从人类已经积淀

---

① 中共中央马克思恩格斯列宁斯大林著作编译局编译：《马克思恩格斯选集》第 1 卷，人民出版社 1995 年版，第 47 页。

的类本性中去获得人的特性，这就是通常所说的教育。① 所以，夸美纽斯说："人只有受过恰当教育之后，人才能成为一个人。"② 康德也讲过类似的话："人只有通过教育才能成为人"，"未受培养的人是生蛮的，未受规训的人是野性的"。③ 生命唯有经过教化，才能从一个给予的"自然存在物"转变为一个自为的"精神存在物"。然而，人类已经积淀的类本性并非直接自显的，而是主要潜藏于以文本形式存在的人类历史上积淀下来的文化遗产之中。教育，尤其是有组织的、专门的学校教育，就是以文本为媒介教人"学习"做"人"的过程。所以，文本这样的"精神客观化物"就成为教育尤其是语文这样的人文学科教育最重要的课程、教学资源和内容依托。但正如粮食必须吃进肚子里才能实现人身体的成长与健康，一首曲谱必须经过弹奏才能变成美妙的声音供人欣赏，一块玉石必须经过雕琢才能变成价值连城的玉器供人享用一样，文本这一教育媒介并不能直接促进人的精神成长，必须经过"解读"这一活动性环节，才能实现它自身的价值，完成建构学生精神世界的使命。否则，它只不过是一堆文字的组合而已，没有任何的意义和价值。所以，文本解读——即文本意义的理解和阐释就成为实现语文文本教育功能的基本保障，成为语文教育教学生学会做人，使学生获得人的"类本性"的基本途径和手段。这就是我们常说的"以文化人"。但这只是语文文本解读功能的一个方面，这一方面主要强调的是对文本潜藏的人类客观精神的继承，使学生融入人类群体而成为一个真正意义上的社会、历史、文化的存在。与此同时，文本解读作为一种教学实践活动，它还让学生在对文本信息进行加工、改造和应用的过程中，建构着带有他自己特色的文本意义，进而也就形成着他自己的思想、情感、方法论、价值观，亦即在形成、造就着一个新的、自为的他自己。正因以上原因，文本解读活动成为语文教学活动的一个基本形式，文本解读的水平与质量成为语文

---

① 冯建军：《当代主体教育理论》，江苏教育出版社2001年版，序言第3—5页。
② [捷]夸美纽斯：《大教学论》，傅任敢译，教育科学出版社1999年版，第24页。
③ [德]伊曼努尔·康德：《论教育学》，赵鹏等译，上海人民出版社2005年版，第5页。

课堂教学能否有效进行的前提和基础。从这个意义上说，文本解读在语文教育乃至整个教育中具有举足轻重的地位，具有永恒的研究意义和价值。

(二) 对语文文本解读实践与当前教育促进学生自我发展的目标之偏离的困惑

如前所述，文本解读的功能定位是作为教育的途径或手段而存在的，它怎样进行、呈现出什么样的形态，都是由教育的育人目标决定的，不同的社会历史时期有着不同的育人目标，不同的育人目标对文本解读有着不同的要求。所以，语文文本解读在不同的历史时期就有着不同的形态特征。然而，由于教育目标是一种指向，是观念性的东西，而语文文本解读是一种教育活动，是行动的东西，它由所参与的人、文本、理念等各种因素所共同支配，往往有很大的惯性，不那么容易及时作出调整转变，因而就常在教育作出新的育人取向时，语文文本解读出现不能与之协调一致的现象。当文本解读的实际做法不能满足新的育人要求时，就会出现这样那样的问题，需要我们去研究怎样才能使文本解读实现它新的育人使命。

21世纪以来，我国的教育目标指向每一个学生自我的全面而有个性的均衡、和谐发展，语文新课程的总目标也由原来的知识、能力二维目标调整为知识与能力、过程与方法、情感态度与价值观三维目标。而语文文本解读实践却与这些目标存在很大程度上的偏离：一方面，原有的政治思想教化取向和知识能力取向的语文文本解读还大量存在，表现出解读的政治思想性特征明显，缺乏多元性解读；解读的客体性特征明显，缺乏主体性解读；解读的程序化、模式化、概念化特征明显，缺乏个性化解读；解读的功利性特征明显，缺乏审美性解读等现象。另一方面，新一轮课程改革以来，由于好多教师对语文新课程标准所倡导的"注重学生体验"，强调"个性化阅读""创造性解读"等理念的理解出现偏差，使语文课堂中的文本解读又滑向了刻意追求解读的多元、认同无限衍义的极端，出现一种浮躁化倾向。因而，近年来文本解读受到语文教育界的高度重视①，日益成为语文教育研究中的"显学"。那么，什么样的语文文本解读才能适应当前的教育目标要求？语文文本解读到底该怎样做才能最大限度地实现它促进学生发展的育人使命？身为一个语文教育研究者，我对此充满了困惑。

（三）对语文文本解读最大限度地促进学生自我发展的期盼和哲学解释学的启迪

当然，语文文本解读实现它育人功能的一个前提就是语文文本本身要具有很高的育人"潜质"，如果文本本身价值不大水平不高，无论怎样解读也都很难达到相应的育人目标。21世纪初新课程改革以来，我国的语文教材出现了多种版本百花齐放的局面②，各教材的选文大都文质兼美，具有很强的人文性和可读性，都可谓是宝贵的育人资源。但由于文本解读没有跟上教材改革的步伐，原本丰富的文本价值被严重折损在僵死陈旧的解读方法之中。这使我们对语文文本解读的改变充满了期盼。期盼使我们去探究语文文本解读的内在规律，我们必须遵循其规律才能使其最大限度地促进学生的自我发展。这就需要改变以往语文文本

---

① 注：21世纪初新课程改革以来，有关文本解读方面的研究逐渐增多，2016年12月31日，笔者进入中国知网文献数据库，以"文本解读"为主题且词频中含"语文"，对2000年1月1日到2016年12月31日已发表的文献进行了检索，共检索出1941条结果，每年的文献数量分别为：1（2000年）、1（2001年）、6（2002年）、23（2003年）、25（2004年）、29（2005年）、62（2006年）、99（2007年）、104（2008年）、125（2009年）、160（2010年）、216（2011年）、209（2012年）、269（2013年）、199（2014年）、219（2015年）、193（2016年），我们从中可以看出其渐增趋势。而且，语文界近年来专门以文本解读为主题多次召开学术研讨会，代表性的有：2009年3月26日于上海市建平实验中学举办的以"聚焦文本解读，促进教师发展"为核心的"第四届上海市中青年语文教师论坛活动"；2009年9月25—27日全国中语会于福建泉州举办的大型"文本解读"研讨会；2012年3月23日于高青县实验中学召开的山东淄博市初中语文"文本解读"研讨会；2016年8月7—9日河北师范大学文学院承办的全国"文本解读与学习指导设计"2016研讨会；2016年9月24—25日于重庆市九龙坡区第一实验小学举办的全国"第四届名师优课文本解读研讨会"等。这些足以说明文本解读的重要性和出现的新问题已经引起语文教育界的广泛关注和重视。

② 就笔者目力所及，仅21世纪初以来全国已出版的初中语文教科书有：人教版、苏教版、沪教版、北师大版、鲁教版、鄂教版、浙教版、冀教版、语文出版社版、北京课改版等多个版本；高中语文教科书有：人教版、苏教版、语文版、山东版、粤教版、沪教版等多个版本；小学语文教科书有：人教版、苏教版、北师大版、沪教版、语文A/S版、浙教版、湘教版、鄂教版、冀教版、教科版等多个版本。2016年9月1日全国中小学起始年级投入使用了教育部最新编写的义务教育语文教材。

解读研究所偏好的侧重于政治教化或认知的社会学或科学认知心理学这种"目中无人"的理论基础，而寻求一种将人的生存意义与认知融合在一起、能够促进人全面而又有个性的发展的理论支撑。哲学解释学恰能为我们在这方面提供理论启迪和支撑。哲学解释学所揭示的文本解读对读者自我亲历的内在要求和解读文本即是解读读者自我的内在特性启迪我们，本然的语文文本解读是一个学生源于自我、为了自我、提升自我、实现自我的过程，整个过程中学生"自我"是解读的出发点和目的地，通过亲自与文本"打交道"，学生在解读过程中产生种种体验与反思等，从而实现自身的全面（包括认知与精神）提升与转变，这实际上是一个自我教育的过程，语文文本解读的育人功能主要就是通过学生的自我教育来实现的。这是语文文本解读最大限度地实现其教育功能的内在品格和要求，违背了这一点，语文文本解读的教育功能就要大打折扣。这是本研究的前提假设和立论的基点。那么，怎样确证这一基本假设？在哲学解释学视野下，学生在语文文本解读中进行自我教育何以可能？其内在机制是什么？在具体的语文文本解读教学中，教师又该如何去促进学生自我教育的发生，进而实现学生在其中最大限度的自我发展？这是我们所要探讨的主要问题。

二 研究意义

（一）理论意义

本研究立足于哲学解释学的文本解读原理，从育人功能发挥的角度，提出"语文文本解读具有一种自我教育品格"这一基本命题，揭示了语文文本解读何以能够让学生教育、发展自我的内在规律，指明了语文文本解读的育人功能必须经由学生在解读活动中的自我教育才能更好地实现。这拓展了哲学解释学在语文教育领域的理论应用，发现了语文文本解读的育人规律，为语文文本解读实践提供了理论指导和依据。

（二）实践意义

能够在一定程度上扭转一直以来语文文本解读实践中疏离学生自我、教师代学生解读文本一统天下的局面，让学生做文本解读的主人，引领语文文本解读实践走向学生的自我教育，为语文文本解读实践如何最大限度地发挥它的育人功能提供了具体可依的理念和策略。

第二节　相关研究综述

国内外与本研究相关的各种文献资料非常丰富，现从两大方面进行综述：语文文本解读的相关理论研究和语文文本解读本身的研究。

一　语文文本解读的相关理论研究

语文文本解读研究是一种应用理论研究，它要涉及哲学（尤其是解释学、马克思主义的实践哲学和人学理论）、教育学（包括存在主义、后现代主义等各种教育理论和思潮、课程理论、教学理论等）、心理学（尤其是人本主义心理学、建构主义心理学、认知心理学等）、语言学、文学等多方面的理论，本研究也必然基于对这些理论的理解和认识。但由于相关研究的文献非常多，限于篇幅和必要性，笔者在此仅对与本研究关系最为密切的国内外文本解读理论的已有研究进行综述，而对其他相关理论只在后面的具体分析阐述中进行适当的应用。对于国内外文本解读理论的已有研究，从一般文本解读基本理论的研究、文学文本解读的理论研究和一般教育文本解读的理论研究三个方面来综述。

（一）一般文本解读基本理论的研究

对一般文本解读基本理论的专门研究自19世纪起已经形成了一门学科——解释学（有的译为"诠释学""阐释学""释义学"等）。它发端于西方，自最初对圣经和罗马法这样的特殊文本的解释进行研究起，就有了它的研究历史，但这时只是一种局部解释学。后来在18世纪出现了作为语文学方法论的解释学，它发展了语法的解释和历史的解释，从语言学和文献学的角度对古典文本进行分析和疏解，其代表人物是迈耶尔和阿斯特。真正使解释学作为一门正规学科，转向对一般文本解释原理的专门研究，是从19世纪初的施莱尔马赫开始的。在施莱尔马赫那里，文本被认为是作者的思想、生活和历史的表现，而解读（包括理解和解释）文本就是重新认识或重新构造作者的思想，解释学成为一门关于理解和解释的技艺学。到了19世纪中叶的狄尔泰，他使解释学的理解和解释成为精神科学（人文科学）的普遍方法论，他将文本看作是人类"精神的客观化物"，提出了"体验"概念，认为对文本的理解就是通过自身内在的体验去进入他人内在的生命，从而进入人类的精神世界。自20世纪60年代起，海德格尔《存在与时间》一书的完成，使解释学由原来以方法论为主要取向转向了以存在论或本体论为主要取向，认为理解不再是对文本的外在解释，而是人的存在方式的揭示，解读文本不再是对深藏于文本里的作者思想的探究，而是对文本所展示的存在世界的阐释。完成这一转向的是加达默尔①的哲学解释学，《真理与方法》这一代表作的问世便是标志。加达默尔吸收了狄尔泰和海德格尔的思想，并认为解读文本即是对文本的理解、解释和应用，其中理解是核心，解释是理解的发展和实现，应用是理解本身的特性；并指出理解具有普遍性、历史性、语言性和创造性；提出了"前见""视域融合""效果史"和"对话"等解释学原则，它们分别是理解的条件、本质、结果和方式；认为文本只有进入解释的空间才是"存在"的，文本的意义来自于读者与文本之间的"视域融合"。由于加达默尔强调了读者对文本意义的决定作用，使文本意义具有了开放性和不确定性，所以有些学者认为这样会使文本的意义陷入相对主义，并围绕着哲学解释学展开了论争，这种论争进一步促进了哲学解释学的发展，形成了贝蒂的作为精神科学普遍方法论的解释学、赫施的客观主义解释学、保罗·利科尔的文本解释学等。其中，贝蒂把文本称之为"富有意义的形式"，认为它是把解释中对立的两极——解释者和作品中的原有精神联系起来的中介，解释应立足于文本这一中介，并提出了著名的解释四规则；赫施在其解释学代表作《解释的有效性》中明确提出了"捍卫作者"的口号，重新把追寻"作者意图"和"文本含义"作为文本

---

① 注：由于是译名，有的文献译为"加达默尔"，有的译为"伽达默尔"。本研究中，除了所引用的文献须保留其原译法外，其余一律采用"加达默尔"这一译法。

解读的基本目标,并站在客观主义的立场上重申了理解和解释的客观性和有效性问题。利科尔以文本理论为核心,把哲学解释学的存在论探究与认识论思考结合起来,他认为对文本的解释必须要经历语义学层次、反思层次,最后达到存在层次,尤其强调了反思,他认为反思是介于文本与读者自我理解之间的桥梁。利科尔对文本就是"任何由书写所固定下来的话语"和解释是"思想的工作,它在于于明显的意义里解读隐蔽的意义,在于展开暗含在文字意义中的意义层次"这些概念的界定,成为本研究相同概念界定的重要理论来源。同时,以阿佩尔的先验解释学和哈贝马斯的批判解释学为代表形成的基于"交往"的解释理论,马克思主义的唯物主义解释学,以德里达的解构主义解释学和罗蒂的新实用主义视野下的解释学为代表形成的后现代主义解释学,也以其独特的视角和观点在解释学领域产生很大反响,与前述贝蒂、赫施、利科尔的解释学一起,裨补了以海德格尔和加达默尔为代表的本体论和存在主义解释学的不足。

上述关于西方一般文本解读基本理论的研究文献主要有以下三类:

1. 中译原著。伽达默尔著、王才勇译的《真理与方法》(1987);利科尔著、陶远华等译的《解释学与人文科学》(1987);赫施著、王才勇译的《解释的有效性》(1987/1991);加达默尔著、夏镇平等译的《哲学解释学》(1994);海德格尔著,陈嘉映、王庆节译的《存在与时间》(2000);洪汉鼎主编的《理解与解释——诠释学经典文选》(2001);加达默尔著、洪汉鼎译的《真理与方法:哲学诠释学的基本特征》(2004);伽达默尔、杜特著,金惠敏译的《解释学 美学 实践哲学》(2005);安倍托·艾柯著、王宇根译的《诠释与过度诠释》(2005);利科著、莫尾民译的《解释的冲突:解释学文集》(2008)等。

2. 我国学者对其进行梳理、评介、论述的著作。张汝伦的《意义的探究:当代西方释义学》(1986);殷鼎的《理解的命运》(1988);陈嘉映的《海德格尔哲学概论》(1995);严平的《走向解释学的真理:伽达默尔哲学述评》(1998);洪汉鼎的《诠释学——它的历史和当代发展》(2001)、《理解的真理:解读伽达默尔〈真理与方法〉》(2001);

章启群的《意义的本体论：哲学诠释学》（2002）；彭启福的《理解之思——诠释学初论》（2005）；潘德荣的《西方诠释学史》（2013）等。

3. 我国学者以其为基础展开进一步研究的著作或论文。著作类有：蒋成瑀的《读解学引论》（1998）；成中英主编的《本体与诠释》（2000）；何卫平的《通向解释学辩证法之途》（2001）；张能为的《理解的实践——伽达默尔实践哲学研究》（2002）；黄小寒的《"自然之书"读解——科学诠释学》（2002）；李河的《走向"解构论的解释学"》（2014）等。相关论文数量颇多，代表性的研究者有潘德荣、彭启福、王金福、成中英、张汝伦、张能为、何卫平等，研究的内容涉及解释现象尤其是文本解释中作者、读者、文本、方法论等多个基本向度及其相互关系，以围绕加达默尔的哲学解释学展开的进一步研究为多数，它们从不同的角度对哲学解释学作出了推动和发展，尤其是针对加达默尔理论的不足进行深入探讨的研究，对我们解决当前语文文本解读中存在的合理性与有效性难以判定、认知与精神发展目标难以并进等问题提供了极有价值的理论参考，限于篇幅此处不再一一赘述；其中，关注文本解释中的教化问题的代表性论文有：何卫平《伽达默尔的教化解释学论纲》[《武汉大学学报》（人文科学版）2011 年第 2 期]、潘德荣《文本理解、自我理解、自我塑造》（《中国社会科学》2014 年第 7 期）、牛文君《诠释学的教化和教化的诠释学》（《哲学研究》2015 年第 11 期）、李成龙《伽达默尔解释学中教化思想与理解理论的关系研究》（硕士学位论文，2015）、王艺蒙《论"教化"问题在伽达默尔哲学解释学和美学中的地位》（硕士学位论文，2015）等，这些为本研究的立论"语文文本解读有一种自我教育品格"提供了宝贵启发和参考。

同时，在西方解释理论的影响下，21 世纪初以来，也陆续出现了关于我国文本解读理论与方法的专门研究，并逐渐形成了中国解释学。主要研究者有：汤一介、李清良、周光庆、周裕锴、潘德荣、洪汉鼎、景海峰等。代表性成果有：汤一介在《中国社会科学》（2000）、《中国文化研究》（2000）、《社会科学战线》（2001）等刊物上发表的 4 篇论文，探讨了创建中国解释学的构想。李清良的《中国阐释学》（2001），从中国文化的基本观念出发,在吸收西方解释学理论的基础上,系统理清了中国阐释学理论,建立了中国阐释学的基本体系。周光庆的《中国古典解释学导论》(2002),认为中国古典解释学有自己的独特个性,较少进行本体论的探讨,而特别注重方法论的建构、变革和完善。而其方法论,主要可归纳为语言解释方法论、历史解释方法论、心理解释方法论。该书还对董仲舒《春秋》解释方法论、王弼《老子》解释方法论、朱熹《四书》解释方法论和戴震《孟子》解释方法论进行了个案研究。周裕锴的《中国古代阐释学研究》(2003),采用了时间和空间(纵向和横向)相结合的叙述方法,通过搜集分析散见于各种典籍中有关言说和文本的理解与解释的论述,演绎经学、佛学、禅学、理学、诗学中蕴藏着的丰富的阐释学理论内涵,由此揭示出中国古代阐释理论发展的内在逻辑以及异于西方阐释学的独特价值。潘德荣的《文字·诠释·传统:中国诠释传统的现代转化》(2003)立足于中国的语言、文字以及训诂传统,勾勒出了中国古代与近现代的诠释学基本状况与特点,建立了倾听与观的哲学;《经典与诠释——论朱熹的诠释思想》(《中国社会科学》2002年第1期)对朱熹的文本解读思想与方法论进行了深入的分析阐述。洪汉鼎、傅永军主编的《中国诠释学》专辑(2006),将"训诂"与"诠释"连接在一起,通过引入西方诠释学这一参照坐标,将传统"训诂学"这样一种汉语诠释传统(其所形成的经学、训诂学、考证学、文字学、注释学等)与西方的诠释学理论进行"格义"的讨论,把中国"训诂"理论从一门"地域性的"专门科目提升为一种普适性的学术传统,为建立有中国特色的诠释学探路觅径。总之,中国传统解释学很注重方法论层面的解释,而且有一种根深蒂固的"互文性"观念,在解读者的意识中,任何文本和其他文本都存在互文关系,故中国古代解释学实际上是一种"互文性解释学"。而李清良的《中国阐释学》则突破了中国古典解释学的方法论层面,从中国的文化精髓出发,通过"语境论"和"时论"将中国解释学发展到存在论。这些研究为我们了解我国传统的文本解读思想和方法提供了丰富的资料和理论启迪。

（二）文学文本解读的理论研究

文学文本解读的理论研究主要有以下几类：1. 直接以文学文本解读或接受为对象的研究。代表性的有：姚斯、霍拉勃著，周宁、金元浦译的《接受美学与接受理论》（1987）；沃尔夫冈·伊瑟尔著，金元浦等译的《阅读活动——审美反应理论》（1991）；斯坦利·费什著，文楚安译的《读者反应批评：理论与实践》（1998）；朱立元的《接受美学》（1989）、《接受美学导论》（2004）；金元浦的《接受反应文论》（1998）等。这些著作都是在阐述一种以现象学和解释学为理论基础、以人的接受实践为依据的独立自足的理论体系——接受美学，打破了原有文学文本解读研究中只关注作者、文本的局限，将文本解读或接受过程中读者的地位作了空前的提升。我们从中认识到读者在文本意义生成中的关键作用和能动性。另外，曹明海的《文学解读学导论》（1997），金元浦的《文学解释学》（1998）、《范式与阐释》（2003），龙协涛的《文学阅读学》（2004），王先霈的《文学文本细读讲演录》（2006）也都在强调读者在解读中主体地位的立场上对文学文本解读作出了自己的体系建构；王耀辉的《文学文本解读》（1999）从文体的角度对每种样式的艺术手法和特征进行了详细的分析阐述，给各种文学样式的解读提供了多种视角。尤其值得一提的是蒋济永的《文本解读与意义生成》（2007），该著作以什么样的解读才是文学的解读，怎样才能将文学文本的文学性解读出来为核心问题进行了探讨，通过批判语文学、文章学和各种现代文本解读理论，区分了"对文学文本的解读"与"文学的解读"两个基本概念，提出文学的解读必须建立在读者与文本共同建构起来的审美经验基础上，审美经验是一切文学性解读的基础；并分析了建立在审美经验基础上的解读之学理和有效性问题。这一方面让我们认识到以往的语文文本解读实际上主要是一种文章学的解读，另一方面启示我们只有让学生在解读中发生审美经验，才能解读出文学文本的文学性，进而才能最大限度地受到文学的熏陶和感染。2. 关于文学文本解读方法论的研究。代表性的有：胡经之、王岳川主编的《文艺学美学方法论》（1994）等。书中所阐述的文学批评方法的层次和维度，以及对各种批评方法如社会历史研究、解释学、接受美学和解构主义等解读法的介绍分析，对我们认识语文文本解读的维度和方法提供了参考借鉴。3. 关于文学文本解读心理的研究。代表性的有：朱光潜的《文艺心理学》（1996）；钱谷融、鲁枢元主编的《文学心理学》（2003）；童庆炳等主编的《文艺心理学教程》（2001）等。这些书中所分析的文学文本解读过程中读者的心理反应和变化，为我们认识语文文本解读对学生的心理所产生的影响提供了很大帮助。4. 关于文学文本的理论研究。代表性的有：赵志军的《文学文本理论》（2001）；刘顺利的《文本研究》（博士学位论文，2002）；傅修延的《文本学：文本主义文论系统研究》（2004）；董希文的《文学文本理论研究》（2006）等。这些研究为我们了解文本和文学文本的含义和特性提供了帮助。5. 关于文学文本解读的综合研究。代表性的有：特雷·伊格尔顿著、伍晓明译的《20世纪西方文学理论》（1987/2007）；郭宏安等的《二十世纪西方文论研究》（1997）；童庆炳主编的《文学理论教程》（1998）；王岳川的《现象学与解释学文论》（1999）；朱立元的《当代西方文艺理论》（第2版，2005）等著述。这些为我们比较全面地了解文学和文学文本解读理论提供了背景性帮助。另外，伊格尔顿、龙协涛、曹明海等人还对当代文本解读理论的发展变革进行了探讨、总结——伊格尔顿认为当代文学理论的发展大致分为三个阶段：全神贯注于作者阶段、绝对关注作品阶段和近年来注意力明显转向读者的阶段[①]；龙协涛也提出文学文本解读理论经历了三个明显的阶段，即由作者中心论发展到文本中心论，乃至读者中心论[②]；曹明海则指出当代文本解读理论的发展，主要是以本体论阐释学理论为基点，由过去只注重作家—作品转向对文本—读者的探究，并认为这一重大转移开辟了文本解读的新时代，促进了文本解读观的多层面变革[③]。

[①] [英]特里·伊格尔顿：《20世纪文学理论》，伍晓明译，北京大学出版社2007年版，第83页。
[②] 龙协涛：《文学阅读学》，北京大学出版社2004年版，第7页。
[③] 曹明海：《当代文本解读观的变革》，《文学评论》2003年第6期。

（三）一般教育文本解读的理论研究

这里所说的"一般教育文本解读的理论研究"是指没有限于教育中哪一类或哪一学科的文本解读，而是对文本解读这种教育活动或教育现象展开的原理性研究。这种研究对我们的语文文本解读研究有着最为直接的引领和启示价值。就笔者目力所及，以往对教育文本解读的研究主要限于认知心理学的视角，近年来转向从哲学解释学等多学科的角度来研究教育文本解读问题，但专门的研究成果还不是太多。

国外的研究主要有：汉特·迈克伊文（Hunter McEwan）的《教学与文本解释》（Teaching and the Interpretation of Text）一文[1]［但该文只是对文本的教学解释（或理解）进行了初步的概要性研究］；爱沙尼亚塔图大学的瑞尔里格·卡尔马斯（Veronika Kalmus）的博士学位论文"社会化研究领域中的学校课本"（Schooltexts in the Field of Socialzation）[2]（该论文从方法论的角度反思了学生与课本之间的互动关系问题，并认为课本的研究应注意多学科研究方法的综合运用。但它的研究范围仅限于课本的社会化媒介功能问题）。另外，史密斯的《全球化与后现代教育学》（2000）一书中的"阐释学想象力与教学文本"一文运用阐释学等有关理论对教学文本的解释问题作了一些探讨，以阐释学的视角认为阐释文本就是在进行平等的对话，教学文本阐释的目的在于通过创造意义来寻找自我，文本的真理也不是为某个人或某个集团的意识所独有。

国内的研究主要有：1. 关于教育文本解读的研究。周险峰《教育文本理解论》（2007）是目前国内第一本专门探讨教育文本理解问题的著作。该研究以哲学解释学等理解理论、接受美学等阅读理论、主体理论和文本理论为基础，对教育文本理解的历史作了考察，认为教育文本理解的实质是师生存在的一种扩充，并具体阐述了教育文本理解的对话结构和循环机制，最后对教育文本理解的尺度作出了自己的探索［该探索也见于其论文《教育文本理解的尺度：一种解释学的视角》，《华

---

[1] Hunter McEwan, "Teaching and the interpretation of text", *Educational Theory*, No. 1, 1992, pp. 59－68.

[2] Veronika Kalmus, *Schooltexts in the field of socialization*, Tartu: Tartu University Press, 2003.

东师范大学学报》(教育科学版) 2006 年第 4 期]。2. 关于教学文本解读的研究。主要有：石鸥的《教学别论》(1998) 专门以一章的篇幅分析、揭示了被选入教材中的文本从形成教学内容到教师接受、传授再到学生接受的整个教学过程中所发生的异变，指出这种异变一方面为学生创造力的培养带来了机遇，另一方面也使教学论研究面临着新的问题——教材文本接受中的多元理解和客观标准的问题，教师理解和学生理解的关系问题。[①] 这些带有前瞻性、预见性的问题在今天的教育文本解读研究中已经成为普遍关注的焦点问题，当前的好多文本解读研究尤其是语文文本解读的研究都是围绕着这些问题展开的，这在我们后面的综述中可以看出；舒志定《文本的敞开性与教师权威的瓦解》(《现代教育论丛》2003 年第 1 期) 指出文本的敞开性使教师在以往教材文本解读中的权威地位瓦解，教师的任务是帮助学生通过对文本意义的把握完成自身塑造的目的；辛丽春的硕士学位论文《论教师对教材文本的解读》(2005) 和期刊论文《诠释学视角下教材文本的解读》(《上海教育科研》2005 年第 5 期)、《当代诠释学视角下教材文本的意义》[《江苏教育研究》(理论版) 2008 年第 8 期]，对教材文本的特点和局限性作了分析，对教师解读教材文本的实然状况作了总结，提出了教师解读教材文本的应然追求是以教材为中心的"文本中心论"的解读；周险峰《科学教学认识论下的教学文本理解及其变化》(《大学教育科学》2008 年第 1 期) 分析了科学教学认识论在教学文本理解实践中的负面影响，指出了当代教学认识论的生活化转向使教学文本理解表现出新的特点，它更加关注人的完整性和教学主体的生命成长和精神世界的充实；谢国忠《教学文本解读中的问题与对策》[《常州工学院学报》(社会科学版) 2009 年第 4 期] 认为教学文本解读过程中存在文本概念认识不清、忽视学生发展等问题，强调教师应树立正确的文本观，加强师生对话，将主动权还给学生，在自主建构中培养学生的创新能力；许晓敏的《教学文本的教育意义生成初探》(硕士学位论文，2012) 认为教学文本是

---

① 石鸥：《教学别论》，湖南教育出版社 1998 年版，第 192—193 页。

具有一定结构的言语主体,学生正是在与文本的对话中实现着教育意义的建构,并将教学文本划分为三类,对各类文本的特点及教育意义生成的内涵和过程进行了具体分析阐述。3.关于课程文本解读的研究。主要有:高伟《课程文本:不断扩展着的"隐喻"》(《全球教育展望》2002年第2期);邓友超的《论教育的理解性》(2004博士学位论文,后于2009年以《教育解释学》为名出版)中提到了三种课程文本观:唯一权威文本观、装饰性文本观和讨论—调节性文本观,并主张对待课程文本,师生既要"实读",又要"创读",用"创读"整合"实读";于海英、黄传香《试论课程实施中教师对课程文本的解读》(《教育探索》2006年第11期);于海英、张君、滕妍《课程实施中文本解读效率的影响因素分析》(《辽宁教育研究》2008年第3期);季塞南《课程文本解释理论的回溯与延展》(《当代教育科学》2012年第19期);杨道宇《论课程文本的"意义"与"意味"》(《全球教育展望》2013年第2期);彭亮《课程文本解读中的"一元"与"多元"》[《华东师范大学学报》(教育科学版)2015年第2期]等。这些研究都强调了应该重视教师在课程文本解读过程中的主体性以及由此产生的对课程内容的重构,对我们探讨新课程背景下教师在文本解读教学中的定位问题提供了宝贵参考。

二 语文文本解读本身的研究

（一）论文类

自21世纪以来,直接以语文文本解读为研究对象的成果很多。2016年12月31日,笔者进入中国知网期刊全文数据库、博硕学位论文全文数据库,分别以"文本解读"为关键词和以"文本解读"为关键词且词频中并含"语文",对1949年至2016年的论文文献进行了检索,检索结果可见一斑：

附表一　　　　期刊全文数据库检索结果（1949—2016年）

年限	文本解读	语文文本解读
2010—2016	2167	684
2000—2009	1059	246

续表

年限	文本解读	语文文本解读
1990—1999	29	0
1980—1989	0	0
1949—1979	0	0

附表二　博硕学位论文全文数据库检索结果（1999—2016年）

年限	文本解读	语文文本解读
2010—2016	391	232
2000—2009	158	85
1999	0	0

可见，文本解读已引起语文教育界的广泛关注，这种关注的升温始于21世纪初的新课程改革，而在这之前对文本解读的研究多集中于文学理论领域。笔者对这些论文一一进行了阅读，发现这些研究主要集中在以下问题域或视角：

1. 关于多元解读的问题。自21世纪初以来，仅篇名中含"多元解读"一词的语文学科类论文就有80余篇。语文类期刊和《课程·教材·教法》《中国教育学刊》等重要的教育类刊物大都有此类的论文刊登，《语文教学通讯》（初中刊）2005年第8期和《浙江教育学院学报》2008年第1期还专设了"多元解读"的栏目，同时刊登了一组论文。所探讨的主要问题有：语文文本解读中多元解读的意义和策略问题，多元解读的维度、标准和边界问题，多元解读出现的误区，多元解读的理论基础问题，对待多元解读的态度问题等。代表性的论文有：干国祥《确定多元之界的四个维度》（《语文教学通讯》2005年第8期）；蒋荣魁《多元解读视角下的中学语文阅读教学研究》（硕士学位论文，2007）；王琪《新课程背景下文学文本的多元解读及其实践策略》（硕士学位论文，2007）；曾兵《新课标背景下中学语文文本多元化解读的探讨》（硕士学位论文，2007）；鲍道宏《文本多元解读：可能及其限度——从诠释学当代发展看新课程阅读教学》（《课程·教材·教法》2007年第4期）；夏静芳《中学语文阅读教学多元解读研究》（硕士学位论文，2008）；赵慧《中学语文阅读教学多元解读实践探索》（硕士学位论文，2014）；蒋爱雪《初中语文文学作品的多元解读教学策略研究》（硕士学位论文，2015）；钱晶晶《初中语文阅读教学多元解读研究》（硕士学位论文，2016）；席晓圆《文本多元解读：基础、问题、维度》（《上海教育科研》2016年第7期）等。

2. 关于个性化解读问题。所探讨的问题主要有：个性化解读的意义和策略；个性化解读实践中所出现的问题或偏差等。代表性的论文有：魏良焱《个性化解读的解读》（《中学语文教学》2006年第9期）；曹海永《阅读教学：我们失去了什么——"文本解读个性化"现状的问题凝视、成因透视与出路审视》[《语文教学通讯》（小学刊）2006年第10期]；郑国红《个性化解读：语文阅读教学的灵魂》[《中学语文教与学》（高中读本）2007年第7期]；曹海永《从"失真"到"归真"的理想践行——小学语文"文本解读个性化"存在的问题及思考》[《教育实践与研究》（小学版）2008年第1期]；于映潮《语文个性化阅读教学初探》[《中学语文教与学》（高中读本）2008年第3期]；杨泉良《阅读教学中教师对学生个性化解读的干扰》（《现代中小学教育》2013年第9期）；顾文伟《中学语文教学中经典文本个性化解读研究》（硕士学位论文，2011）等。

3. 关于文本在解读中的地位问题。对当前语文文本解读教学中疏离文本现象的反映和批判，强调了在解读中要立足于文本的观点。代表性的论文有：于龙《话语霸权与诠释过度——试论现代语文教育的文本误读》（《厦门教育学院学报》2003年第2期）；景洪春《是"张扬个性"还是"尊重文本"》（《小学语文教学》2005年第6期）；史大胜、马玉宾《文本地位的重建》[《北京教育》（普教版）2005年第6期]；陶成生《阅读教学"背离文本"现象的探讨——从语文课程内容的角度审视》[《中学语文教与学》（初中读本）2006年第3期]；边永朴、李玉山《文本在阅读教学中的地位和作用的再认识》[《天津师范大学学报》（基础教育版）2007年第3期]；王立根《语文教学的心痛："文本解读"的缺席》[《中学语文教与学》（高中读本）2007年第

4期］；余虹《语文文本解读之边界探寻》（《课程·教材·教法》2016年第9期）等。

4. 关于教师文本解读的问题。主要涉及的问题有：语文文本解读的教师赋权问题，如张弛《把课文的解释权还给教师》［《宁波大学学报》（教育科学版）2000年第1期］；语文教师如何解读文本的问题，如魏薇《教师何以解读文本》（《当代教育科学》2007年第1期）、冯为民《文本解读与教学设计》（《中国教育学刊》2008年第2期）、黄厚江《语文教师的智慧阅读——谈谈语文教师的文本解读》［《中学语文教与学》（高中读本）2008年第3期］、刘才利《小学语文对话教学中教师文本解读的策略研究》（硕士学位论文，2008）、庄照岗《论语文教师文本解读能力的提高》（硕士学位论文，2011）、孙晓燕《高中语文教师古诗文文本解读能力培养探究》（硕士学位论文，2014）、魏调平《高中语文教师教学文本解读现状及对策研究》（硕士学位论文，2015）等。

5. 21世纪初新课程改革以来语文文本解读实践中出现的偏差和问题。除上述多元解读、个性化解读和偏离文本等偏差外，还有过分偏向了"人文熏陶"、拔高文本的人文内涵、过分强调了学生在解读中的主体地位等问题。主要反映在如下文章中：李海林《"无中生有式创造性阅读"批判》（《中学语文教学》2005年第1期）；高家风《语文课堂：信马由缰向何方》（《语文建设》2006年第3期）；崔国明《文本解读的四大误区》（《中学语文教学》2006年第9期）；周雨明《语文教学不能在"人文熏陶"下迷失》（《中国教育学刊》2008年第7期）；吴迪、贾鹤鸣《把语文课上成语文课——从文本解读谈起》（《教学与管理》2013年第6期）；董旭午《高中语文教学缘何失真》（《语文建设》2013年第10期）；王红玉《中学语文文本解读存在的问题及其对策研究》（硕士学位论文，2016）；高香萍《初中语文文本解读的误区与解决对策研究》（硕士学位论文，2016）。

6. 对语文文本解读的理论性探讨。黄伟《重心转移与范式重建：当代阅读教学改革二题》［《皖西学院学报》（社会科学版）2003年第4

期,提出20世纪中叶以来阅读教学的范式是在历史主义—实证主义文艺批评理论、现代知识观和掌握普遍的真理为目的的教学观指导下建构的,并认为随着这三个方面的理论基础的动摇和转化,阅读教学范式必将实现历史性的跨越和重建。文中所谈的"阅读教学的范式"实际上是其中的文本解读范式,该文的分析思路对笔者思考文本解读的理论基础提供了借鉴];李维鼎《阅读理论的分歧:阅读理解的弹性与阅读教学策略》(《语文学习》2004年第2期,该文指出以作者为中心的阅读理论、以文本为中心的阅读理论和以读者为中心的阅读理论共同构成了一个以作者理论和读者理论为两极、文本理论滑动其间的阅读张力场,由文本的话语类型和读者阅读目的所决定,阅读理解在这个张力场中游弋,表现出相当的弹性特征。中学阅读教学应以基础性策略和互动性策略在这种弹性阅读中辩证定位。该文没有将文本解读和阅读教学区分开来,实际上谈的也是文本解读,他的分析为笔者区分文本类型及其相应解读策略提供了思路);王建峰《语文文本解读的自我教育性格》(2010博士学位论文,从哲学解释学的视角发现了语文文本解读具有一种自我教育性格);李本友《文本与理解——语文阅读教学的哲学诠释学研究》(2012博士学位论文,提出语文阅读教学要遵循哲学解释学的原理来处理文本与理解之间的关系);廖建秀《语文教育文本解读观的流变》(2016硕士学位论文,将我国百年语文教育中文本解读观发展的历程分为奠基、隐秘发展、显性三个阶段)等。

7. 从对话理论的角度探讨语文课堂文本解读。对语文文本解读中的各种对话关系和如何对话进行了探讨。代表性论文有:蒋成瑀《阅读教学的四种对话关系考察》(《中学语文教学参考》2004年第5期);刘谦《新课程背景下的多重对话与文本解读》(硕士学位论文,2004);史绍典《新课程背景下的文本解读》(上、下)(《湖北教育学院学报》2005年第1、2期,力图构建文本解读的对话策略);幕君《阅读教学对话研究》(2006博士学位论文,其中有一节从阐释学的角度分析了文本解读中的对话机制);唐挺《对话理论与中学语文文学作品解读》(硕士学位论文,2007);卫宇兰《试论中学语文阅读教学中的文本对话》(硕士学位论文,2008);李金国《哲学解释学关照下的语文"对话"阅读》(《学术探索》2013年第4期);郝丽琴《语文阅读教学中多重对话话题的确立及教学设计》(《课程·教材·教法》2013年第12期);邢秀凤《诠释文本意图:语文课堂合理对话的实现路径》(《教育研究》2016年第3期)等。

8. 对某类或某个具体语文文本的解读进行了研究。如程道明《高中语文文学文本读解研究》(硕士学位论文,2004);程尚《高中课本中鲁迅小说的文本解读问题与对策》(硕士学位论文,2008);高爱民《〈背影〉阅读史——兼论经典阅读的策略运用》(硕士学位论文,2007);侯昕燕《〈荷塘月色〉阅读史》(硕士学位论文,2008);王晓东《〈孔乙己〉阅读史》(硕士学位论文,2008);李凤林《中学语文教学中小说文本解读的策略研究》(硕士学位论文,2014);李宝毓《中小学语文朱自清散文文本的多元解读及其实践策略》(硕士学位论文,2014)等。

上述问题或研究视角基本上概括了当前语文文本解读研究的现状,为我们了解和把握21世纪语文文本解读的实然状况提供了宝贵的参考。

(二) 著书类

笔者所收集到的专门研究语文文本解读的著作大致上可分为以下几类:

1. 以解释学、接受美学等西方一般文本解读理论为基础展开的研究。主要有:曹明海、宫梅娟的《理解与建构——语文阅读活动论》[1998,该书的贡献是:改变了过去语文教育研究中普遍存在的认识论阅读观,摈弃了传统的语文阅读研究只注重作家—作品的知性化模式,而把语文阅读研究的重心转向文章—读者,将阅读活动作为一种文章与读者的对话。这在十年前的确在一定程度上起到了转变当时语文阅读观的作用。但是,书中除了举例与语文教学紧密相连以外,其他几乎完全是在谈一般的文学阅读活动,如果将题目中的"语文"两字改为"文学"好像也没有什么不可以。所以本书所持的研究立场是一种文论立场,没有站在教育的立场来谈语文阅读活动];蒋成瑀的《语文课读解学》[2000,该书的贡献是:模拟通讯系统的交流过程对文本读解系统进行了描述；将辨体、结构、语言列为三种读解要素并进行了阐述；对中西（尤其是西方）读解理论的历史源流和嬗变、发展进行了梳理和总结，并谈了它们对语文课文读解的意义启示，这对当时乃至现在的语文文本解读都有着一定的实际借鉴价值。但该书对语文文本解读的理论研究还只是一种对中西读解理论的介绍和引进，还不能算是一种真正的理论应用研究］；曹明海主编的《语文教学解释学》［2007，该书主要是借鉴和运用在哲学解释学基础上深化发展而来的文学解释学的理论与方法，在本体论现象学和读者反应理论的基础之上，研究教学文本特别是文学课文的理解与解释，探讨语文教学文本解释的原理。该书对当前最新的文学文本解读基础理论大都作出了独特的阐释、发展和应用，对语文文学类文本的解读实践具有很大的引领和启示价值］。

2. 以西方文学文本解读理论为基础展开的研究。主要有付丽霞、张西久的《多维视野中的语文解读学》［2007，该书主要是"运用当代文艺学理论来解读研究语文教材中的文学作品，建构一种具有当代中国特色的语文文学文本解读学理论。突破文本阅读教学的单一社会历史视角，把文本解读引向多元化、个性化的境地"。可以说，这本书对将语文文学文本的多元解读引向更为广阔的视野起到一定的作用，但语文文本并非纯粹的文学作品，这里面还有教育教学的大背景在引导把控着它，文学理论的方法固然为语文文本的解读丰富了视野，但将它们运用到语文文本的解读之中还要经过教育教学的过滤和转化，是不能直接照搬的。这本书好像就缺少这种过滤和转化］。

3. 对具体的语文文本进行解读或解读史梳理、分析、展现的研究。主要有：金振邦主编的《多元视角中的文本解读》［2005，运用不同的方法、从多元视角对国内外一些著名的文学作品进行了具体的解读］；王丽主编的《中学语文名篇多元解读》［2006，将不同的名家对中学语文教材中的同一名篇进行的解读编辑在一起，给中学语文文本解读以多元解读的范例和启发］；孙绍振《名作细读：微观分析个案研究》和钱理群《名作重读》［这两本书都是2006年第一版，后于2009年再版。这两位学者以其深厚的学养和积淀对中学语文教材中的名篇进行了自己独特而深刻的解读〕；阎苹编的《中学语文名篇的时代解读》〔2007，选取了《背影》《从百草园到三味书屋》《项链》《雷雨》四个中学语文教材里的名篇，不仅详细梳理了它们的阅读历史，而且运用新的文学理论成果、结合著者个人的阅读体验对文本解读作了有益的尝试，有的还附注了精心设计的教案。该书对本研究的最大价值在于它以具体实例的形式展示了某些语文文本的解读历史，不但为本研究提供了丰富而宝贵的语文文本解读史料，而且对理清语文文本解读的发展脉络有很大的启示意义〕；陈日亮《如是我读——语文教学文本解读个案》〔2011，主张文本解读需回归语文教学本质，回归日常教学实践，并于此基础上节选了中小学课本几十篇经典课文进行解读〕；闫学《小学语文文本解读》〔2013，分为上、下两册，在课堂教学实践的基础上，综合现行各版本教材的名篇进行比较性文本解读〕；詹丹《语文教学与文本解读》〔2015，精选语文教材中的名篇，从特定视角把语言的字斟句酌与文化的背景理解有机统一起来解读〕。这些著书都为本研究探讨中小学语文教师和学生的语文文本解读提供了非常有价值的多维视角和示例、方法启示。

  4. 关于文章类语文文本解读方法与相关知识的研究。主要有金振邦的《文章解读的理论与方法》〔2001，该书主要是通过介绍中国传统的和西方的文章解读方法来指导中学语文阅读教学。由于其介绍简洁明了，而且有大量的中学语文文本的具体解读实例，所以对语文文本解读实践有很大的方法论参考价值〕；曾祥芹主编的《说文解章：文章知识新建构》〔2005，书中始终将文章和文学对比着展开分析，通过阐明二者的区别，以期讲清文章的特性、功能等，为语文文章类文本的解读提供了大量关于文章文本的基础知识〕。

  5. 对语文教师文本解读的专门研究。代表性著作：张钧的《语文教师文本解读教学化研究》〔2015，该书主要解决的问题是"语文教师如何将自身中文学科层面的文本解读转化为文本解读课程"。在对一般中文学科层面的文本解读和语文教育领域内的文本解读内涵进行了界定和划分的基础上，提出"文本解读课程本质上是实践性课程，语文教师在文本解读教学化过程中居于关键地位"这一观点，并对"语文教师文本解读教学化知识"和"语文教师文本解读教学化心理过程"进行了探究①]。

6. 专门的语文文本解读教材。主要有：赖瑞云主编的《文本解读与语文教学新论》[2013，将文本解读作为语文学科教学的突破口，从文艺学美学的角度对语文文本解读的理论和方法进行了综合探讨]；荣维东《语文文本解读实用教程》[2016，从背景理念、基本原理、基本方法策略、基本原则等理论方面，结合主要文类、主要名家、重要名篇作为实践部分，多维度多层面展开。既要让一线语文教师懂得语文文本解读的目的宗旨，为什么这样解读的理论依据，更要让教师掌握如何去解读文本的实用策略和方法]。这两部教材对以往语文文本解读的理论与实践进行了全景式的知识综合与展示。

(三) 对已有语文文本解读研究的评论

1. 已达成的共识

已有语文文本解读研究基本上已经达成以下共识：看到了文本解读在语文教学中至关重要的独立地位和价值，而不是像以往那样只整体关注阅读教学；认识到当前语文文本解读的基本理念已由重作家—作品转向重文本—读者；认识到多元解读是打破以往一元化解读僵死局面、发展学生个性的必要途径，但多元并非任意的，而是有界限的，至于这个界限应该是什么还有待研究；已认识到随着读者主体地位的高扬，多元解读渐成泛滥之势，实际课堂解读中普遍出现无限衍义现象，于是"回到文本""以文本为中心"的主张渐成共识，但究竟怎样才算和才能"回到文本"还有待探究；认识到语文文本解读只有依靠适合它本身的基础理论指导才能改变当前盲目无序的现状，但它适恰的理论基础究竟是什么还需进一步研究等。

2. 主要存在的问题

(1) 从理论基础来看

已有研究大都以西方的解释学和接受美学等文学文本解读理论为理

---

① 张钧：《语文教师文本解读教学化研究》，中国社会科学出版社2015年版，扉页。

论基础,而对中国本土的解读理论与方法相对漠视;而且对西方文本解读理论的研究大都还处于一种引进和再现阶段,真正将之应用到教育研究中的还相对较少。本研究将对此作一种尝试性探讨。

(2) 从研究视角或立场来看

大多是站在"文论"或"阅读"的视角或立场来思考问题,把语文文本解读等同于纯文学接受或阅读心理的问题来研究,而没有站在教育的立场——从语文文本解读对"人"(学生)所产生的教育影响上去研究。本研究将立足于教育,从语文文本解读对学生自我发展所产生的教育影响的视角,去审视实然的语文文本解读,研究本然语文文本解读的内在规律或特性,并对应然的做法进行探讨。

(3) 从研究重点来看

多是将目光聚焦于当前语文文本解读中的某个或某些问题,而缺少从历史发展演变和古今中外比较的角度对语文文本解读作系统、全面的观照和研究;多从微观操作层面的方法、策略等方面研究怎样解读,而较少有立足于教育本身对为何解读和解读什么即解读目的和解读内容的深入探讨;多将文学理论中已有的解读理论和文本分析方法拿来探讨如何进行语文文本的解读,而少有从解读自身的内在机制出发去探讨它是如何让学生从中受到教育、获得发展的。本研究将针对这些研究的不足,从历史研究、比较研究、原理阐释和应用研究等方面对这些问题作出自己的探讨。

第三节 研究的问题与基本假设

基本问题:语文文本解读作为一种教学活动,如何最大限度地体现它的教育性,发挥它的育人功能?或者说,怎样才能使语文文本解读最大限度地促进学生的自我发展?

基本假设:只有让学生做解读的主体,使语文文本解读走向学生的自我教育,才能最大限度地发挥它促进学生自我发展的教育功能。

具体问题一:1949年以来实然的语文文本解读表现出什么特点,

它们给学生的自我发展带来什么样的影响？出现了哪些偏差，其根本问题是什么？基本结论：1949年后中小学语文文本解读先后表现出政治教化取向、知识能力取向和人文素养取向三种形态，它们分别给学生自我发展造成一定程度上的缺失、异化和平庸化的影响，相应地使学生自我在一定程度上成长为"社会人""工具人"和"浮躁人"。其根本问题在于以往的语文文本解读大都将学生自我与文本疏离开来，没有真正让学生意向性地走进文本并在解读中发生审美体验和自我思考。

具体问题二：我们的前人和国外语文文本解读是怎样做的，有无可借鉴之处？基本结论：我国前人和国外语文文本解读的实践大都凸显了学生自我的内在参与和主体地位，这为我们提供了宝贵的参考借鉴。

具体问题三：语文文本解读中凸显学生自我与让学生受到教育有什么关系？在语文文本解读中学生是怎样受到教育的？基本假设：只有让学生自我意向性地走进文本，与文本进行"深度接触"，即在其中展开体验、反思，发生二者的视域融合，才能让学生在文本解读中真正受到教育发生精神的转变，这种转变主要不是靠外在灌输而是靠学生自己完成的。所以，语文文本解读的本然机理就是让学生教育自我，它与学生的自我教育之间有一种天然的契合，二者的内在机制用哲学解释学的原理可以阐发。

具体问题四：在具体教学实践中怎样让文本解读走向学生的自我教育？或者说，怎样通过语文文本解读实践来实现学生的自我教育？基本假设：只要让学生做文本解读的主体，实现学生自我与文本之间的深度对话与交流，就可以让他们在文本解读中实现自我教育、自我发展。但这需要教师的帮助，是在教师的启发、促进下实现的，所以教师如何在文本解读教学中发挥积极恰当的引导、促进作用是关键。

第四节　基本概念界定

康德说："一切知识都需要一个概念，哪怕这个概念是很不完备或者很不清楚的。但是这个概念，从形式上看，永远是个普遍的、起规则作用的东西。"① "工欲善其事,必先利其器。"由于本研究中的几个基本概念都具有多义性,为了避免在下文讨论中概念的偷换和论题的转移,保证论述的严谨和逻辑的贯通,很有必要先将以下基本概念作以界定。又由于每一个概念的界定都是建立在对已有研究的分析借鉴基础之上的,所以这里把每一概念界定的过程也展示出来,以表明本研究每一概念界定的由来和依据。

一 文本与语文文本

(一) 有关领域中的"文本"概念梳理

在当今社会,"文本"是一个内涵颇为复杂泛化的概念,它被广泛运用于哲学、文学、语言学、美学、法学等各个领域,由于视角的不同,各领域对它的理解可谓迥然有别,见仁见智。在此主要将与本研究中的文本概念有关的理解作以梳理并在此基础上作出自己的界定。

哲学领域中的文本。主要指解释学和接受美学中的文本。"文本"是解释学的核心概念之一,在解释学发展的不同阶段,"文本"一词所包孕的内涵并不完全相同。在施莱尔马赫之前的古代和近代解释学里,文本指圣经和希腊罗马的古典著作,是关于上帝和人类的真理学说的传达;施莱尔马赫所说的文本主要指一种表现生命的心理的产品;自狄尔泰之后,"文本"一词不再仅仅指形诸文字的书面材料,它还包括一切人的精神的"客观化物";而在海德格尔对"此在"进行生存论分析的基础本体论里,诠释学的对象——"文本"已经不再是单纯意义上的"文本"(如古代和近代诠释学所理解的那样),也不再是人的其他精神客观化物的"文本"(如施莱尔马赫所认为的那样),而是人的"此在"本身。在加达默尔那里,文本不只是某个个人生活、心理状态和某个历史情况的单纯表现或表达,文本同时又是比某个纯粹的表达现象更多的东西,它不仅指文字性的,也指口头性的表达。正是因为对文本的理解不同,才形成了不同的解释学。

---

① 北大哲学系外哲史教研室:《西方哲学原著选读》下卷,商务印书馆1982年版,第196页。

文本在利科尔的解释学中更是核心概念，这从他给解释学的定义中可以看出："解释学是关于与本文①相关连的理解过程的理论。其主导思想是作为本文的话语实现问题。"②"文本"在利科尔那里专指书写的话语，是"任何由书写所固定下来的任何话语"③。由书写固定是文本本身的构成因素。书写使文本具有"间距化"的特点，它使文本实现了对原有事件、原说话者（即作者）、原听话者和原表面指谓限制的超越，使文本意义具有了开放性特点：一是使文本对于作者意图的自主性成为可能，即，使文本可能逃避开了作者有限的意向视界，或者说，"由于'书写'，本文的'语境'可能打破了作者的语境"④，从而使它自己在一种情境下可以"解除语境关联"并在一种新的情境下可以"重建语境关联"；这就同时赋予了读者再造文本意义的机会和权利——通过解读文本来克服与文本的距离"重建语境关联"，使读者在文本面前的能动性和主动权凸显出来。同时，文本是话语构成的一个作品，因此它是一个有着固定结构、类型和风格的意义整体，它不能分解为构成它的句子。所以，利科尔曾从文本本身的陈述中勾画出它的主要特征：1. 意义的固定；2. 从作者主观意图的分离；3. 表面资料的展现；4. 它演说的普遍系列。这四个特征加在一起构成文本的"客观性"。⑤ 此外，利科尔还从功能的角度定义了文本："本文是我们通过它来理解我们自己的中介。"⑥ 这种说法为我们研究通过语文文本来达成学生的自我教育提供了立论的基础之一。

在接受美学中，文本是指作家创造的同读者发生关系之前的作品本身的自在状态，是以由召唤性的语符结构组成的文字符号的形式储存着多种多样审美信息的硬载体，是独立于接受主体的感知之外的一种永久

---

① 注：由于翻译的原因，这里的"本文"即是指"文本"，过去对文本的这种译法容易产生理解上的混淆，现在基本上已被"文本"一词所代替。

② [法]保罗·利科尔：《解释学与人文社会科学》，陶远华等译，河北人民出版社1987年版，第41页。

③ 同上书，第148页。

④ 同上书，第142页。

⑤ 同上书，第219页。

⑥ 同上书，第146页。

性存在。接受美学的代表人物伊瑟尔认为:"本文的真正意味所在,是在阅读时我们反作用于我们自己的那些创造物的活动之中。正是这种反作用的方式,使我们将本文看作是一种实际的实践来体验。"①

文学理论领域中的文本。"文本"也是西方文学理论的核心概念之一。从最早在欧洲中世纪出现旨在规范和考证《圣经》的"文本批评",到20世纪的结构主义、"新批评"理论把文本当作最基本的范畴,再到"后现代"学人言必称文本的极端做法,逐渐形成了一门以文学文本为研究对象的学科——文本理论。

早在1993年,李俊玉曾对当代文论中文本理论的基本内容和主要观点作过如下总结:1. 文本是一个自足的意义客体和语言结构系统;2. 文本是一个开放的生产过程;3. 文本是一个待读者完成的生产—接受复合体;4. 文本是一个社会历史和文化的审美载体。② 后来又有以下几位学者从不同的角度对文本进行过定义:

刘顺利先生在他的博士学位论文《文本研究》中将"文本"定义为"广义的言语的运作,是固着在物体上或者通过各种媒介传输的符号","不仅仅是文字形态的文本,还可以包括口头、体态语,以及电影、电视等多种形态"。③ 这指的是广义的文本,它从符号与物质承载两方面来界定文本概念的方法对我们认识文本的外在构成要素有很大的启发。另外,作者认为20世纪对文本极端重视甚至到了无以复加程度的俄国形式主义、新批评等文本主义理论是对西方根深蒂固的"本质主义"和"工具理性"的反拨,它们将文本看作是独立于作者和读者的经验和意识之外的自足体,认为文本自身有其不可否定的意义,这意味着任何客观的存在对于人们来说都只能用特定的视角去观察,"观察者所具有的现在知识结构决定着观察的内容"④。这样就重新将人作为认识的主体。这种观点无疑对我们认识文本的独立性和自足性,看到读

---

① [德]伊瑟尔:《阅读活动——审美反应理论》,金元浦、周宁译,中国社会科学出版社1991年版,第155页。
② 李俊玉:《当代文论中的文本理论研究》,《外国文学评论》1993年第2期。
③ 刘顺利:《文本研究》,博士学位论文,中国社会科学院,2002年,第5页。
④ [爱]泰特罗:《本文人类学》,王宇根等译,北京大学出版社1996年版,第9页。

者在文本面前的主动性具有重要的启示意义。

　　傅修延先生在《文本学——文本主义文论系统研究》一书中是这样解释"文本"这个概念的：文本乃文学作品之"本"，它以语言文字等符号为媒介，运载作者所要表达的信息；"文本"一词的英文（text）来自拉丁词"编织"（texere），故其特点与"编织"有些相似：一根长长的绒绳可以织出一件毛衣，一个个线性排列的单词可以"编织"成一部作品；所以，不管是西方还是东方，"文"或"text"本身都寓含着一种"可拆解性"。① 这种解释让我们一方面了解到文本的内涵和价值，另一方面也从词源学的角度认识到文本的组织特点，为文本的可解读性提供了认识基础。

　　董希文先生在其同名博士学位论文基础上修改而成的《文学文本理论研究》一书中，分别从词源学、语言学、符号学、国内外文学批评界的文本观等方面对"文本"概念作了较为全面、清晰的梳理和厘定。其中，"文本"的词源学解释基本上与傅修延相同：从语言学角度看，文本既可以指一个句子，也可以为一本书，它是一个由文字符号构成的自主而封闭的系统；从符号学角度看，文本表示以一种或一套符码通过某种媒介从发话人传递到接受者那里的一套记号。② 董先生自己认为在文论中对文本的解释是受语言学理论影响的，它作为一种客观物质存在的"织体"，具有"词语"的类似存在方式，即也包含类似能指、所指的二重组合，能指是其语音、句法、结构，所指是其稳而不露的意指思想；其意指思想不是自明的，而是有多种多样意义生成方式，其意义效果因方法、立场的不同而有所区别。这些对我们理解语文文学文本的结构和内涵提供了很大的帮助。

　　蒋济永先生在其《文本解读与意义生成》一书中在肯定了董希文对"文本"的全面梳理后，又作出了自己的限定："文本不仅仅由文字符号简单罗列而成，而是由有一定的组织结构和意义的文字

---

① 傅修延：《文本学——文本主义文论系统研究》，北京大学出版社2004年版，第315—316页。
② 董希文：《文学文本理论研究》，社会科学文献出版社2006年版，第75—80页。

符号构成。"① 这种限定对前面提出的种种说法中的"文字符号"是一个很确切的补充，它更明确地指出了构成文本的文字符号所必须具有的特点。

王先霈先生在《文学文本细读讲演录》一书中对文本的定义是："作为术语的'文本'，指的是具有层次结构的能指系统，它由ECTs（entities that constitute text，即构成文本的实体）将特定意义传达给读者。"② 这种定义与董希文和蒋济永的定义基本上是一致的。

教育领域中的文本。教育领域中的"文本"是从前两个领域中引入的概念。由于文本这一概念的多义性，所以它在教育领域中也有不同的理解。有学者将"文本"理解为一切被理解的对象，因而将"教育文本"理解为教育中一切有待理解的对象，"特指存在于教育世界的一切人、事、物，大体分为两类：文化文本与人际文本。前者指与自然科学和人文科学相关的学习材料及其活动；后者指一切与自我关系和'你—我'关系（通过人际关系，涉及道德）相关的现象与活动"。③ 这是对教育文本的一种广义理解。有研究者就采用了对教育文本相对狭义的理解，主要指"文化类文本"，即以课本为核心的教材。④ 本研究即是采用这种狭义的理解。有学者将教学作为一种语言性沟通过程来把握，因而作为语言符号载体的"文本"就成为研究者用以理解这种教学过程的常用概念，把教学语言作为文本的一种——教学文本来把握。钟启泉教授把"教学文本"解释为："是在教学的沟通过程之中生产和接受的，可以视为会话文本与读写文本，以及对话文本和独白文本的总体。这种教学文本是教授者与学习者一起合作创造的及其复杂的产物。"⑤ 他还将作用于教学语言的种种文本分为了12种，并将它们分为四大类⑥：1. 影响教学但教师并不直接参与制作的、现成的文本。包括

---

① 蒋济永：《文本解读与意义生成》，华中科技大学出版社2007年版，第10页。
② 王先霈：《文学文本细读讲演录》，广西师范大学出版社2006年版，第8页。
③ 熊川武：《教育理解论》，《教育研究》2005年第8期。
④ 周险峰：《教育文本理解论》，广东高等教育出版社2007年版，第20—21页。
⑤ 钟启泉编：《学科课程论基础》，华东师范大学出版社2001年版，第276页。
⑥ 同上书，第276—277页。

课程标准指导纲要或是咨询报告之类的文本；课程标准所代表的赋予学校教学以方向的教育政策文本；教学指导书所代表的赋予教师的教学活动以方向的文本；提供教学内容的科学领域与文化领域的文本；以教科书和教学资料为代表的经过教学论加工的专业文本；以电视与录像广播为代表的同一定媒体结合的文本。2. 教师事先准备好的教学设计文本。主要指以教案为代表的沟通策略与沟通计划。3. 在实际的教学过程之中创造的文本。包括教学设计中所准备的教师的提问与问题设定之类的教师的语言行为；学生作业、考察报告之类的学生预先准备好的语言行为；教师的语言操作；学生的语言操作。4. 教学结束后所生产的文本。例如，教师的教学记录、学生的作文等。钟启泉教授还把教学中的文本相对划分为两种：一种是文献形式，作为一种相对现成的文本通过师生引进教学过程之中，体现教学内容的种种要素，而形成教学的媒介过程与习得过程之基础的文本。诸如教科书文本、资料文本、学生所生产的报告文本、练习文本、同种种媒介结合的文本等。另一种是教学沟通过程中所产生的种种文本。这两者的总体就是教学内容。① 这种复杂的对教学文本的分析，可能会大大有助于教学的构造原理与种种功能机制的揭示。

  总之，上述三个领域对文本的理解从不同的角度为本研究中的文本概念界定提供了依据和参考：哲学领域中的文本主要为我们把握文本的精神内涵和领会文本何以具有教育潜质提供了依据；文学理论领域中的文本主要为我们把握文本的外在组成要素和内在结构与意义特点提供了依据；教育领域中的文本主要让我们了解到教育文本的外延和种类，为我们从中确定语文文本的学科归属提供了依据。所以，本研究中的文本概念在内涵和功能、特点上基本上采用解释学中尤其是利科尔的定义，同时在对文本的外在组成要素和内在结构与意义特点进行界定时借用了文学理论领域对它的分析界定，在对其外延所指的界定上则吸收了教育领域对文本的类型划分。

---

① 钟启泉编：《学科课程论基础》，华东师范大学出版社2001年版，第277页。

(二) 本研究中的文本与语文文本

本研究中的文本是书写固定下来的有着特定的结构系统和意义的语言符号结合体或编织物，是人类精神的客观化物，是文化的物质表现形式，是我们借以认识自己和世界的中介；其意义具有独立性、开放性（即其意义从作者原意中独立出来，向所有的读者开放，等待着读者的建构）和自足性（即它暗含着自身被理解的方式，具有自身的规定性和意义的完整性）。

本研究中的语文文本有广义和狭义之分。广义上的语文文本指的是根据教育行政部门颁布的语文教学大纲或课程标准的要求，针对特定学生群体的需要而选编的、以语文教科书和教学辅助资料为代表的、用以实现语文学科之教育目的的言语材料。从言语所附着的材料上说，它指以纸质文本为主的，包括电子音像文本等在内的语文教学所用的交流媒介；从使用空间上说，它既包括课堂教学中所使用的教材文本，还包括课外主要供学生自学的自读教材等辅助性教学文本。狭义上的语文文本指的是语文教材中的一篇篇选文。如果没有特别说明的话，本研究主要指的是狭义上的语文文本。

语文文本与其他所有教育文本一样，一旦被当作教育教学的媒介，就不再是"某个具体作者自由书写的结果，而是国家意识形态、民族传统文化和社会需求共同作用的产品，被一个最具有可塑性的群体强制性地使用，目的是塑造其灵魂成为符合国家和民族利益的成果"。[①] 因此，语文文本与原生态的文本相比，经过了种种合理合法的主流价值观的过滤和筛选，被赋予了特定的价值取向，所以它实际上是一个时代的社会结构、主流文化和思想意识的镜子，它通过使学生以之为介形成对自己和自己所处的周围世界的认识来塑造学生的灵魂和精神，进而达成学生个体的社会化，使其成长为符合国家、民族和社会要求的人。所以任何原生态的文本在进入教科书成为语文文本之前，都要经过选择和改写，使其符合教育教学的目的和需要。这就使语文文本兼具原生价值

---

① 康海燕：《初中语文教科书的人生观研究——以人教版、苏教版和沪教版为例》，博士学位论文，上海师范大学，2009年，第194页。

（文本作为社会阅读客体而存在的价值）和教学价值（文本为达成课程与教学目标而存在的价值）的双重价值。语文文本的这种特点为对其解读设定了边界，要求解读不仅要建构其原生意义，还要注意其所建构的意义是否符合教育的价值取向，同时还要根据其在整个教科书体系中的具体教学任务进行选择性的、有所侧重的解读。

同时，还有必要对"语文文本"与通常所使用的"课文"这一概念作出区分。1988年《九年制义务教育全日制初级中学语文教学大纲（初审稿）》首次对"课文"进行了相关界说："指导学生阅读课文，是语文课堂教学的主要内容。讲授语文知识，训练语文能力，进行思想教育，培养审美情趣，主要以课文作为凭借和例子。"[①] 1996年《全日制普通高级中学语文教学大纲（供试验用）》在1988年界说的基础上对课文进行了界定："课文是教学内容的重要组成部分，包括选文（名家名篇、优秀时文等）和基础知识、能力训练的短文。选文是教学的范例，训练的凭借，也是使学生增长知识、陶冶情操的依据。"[②] 本研究所说的"语文文本"涵盖了"课文"的内涵所指，但与"课文"最大的区别就是它具有文本的开放性（即其意义需要读者来建构），它本身不是教学内容，而是教师和学生通过它来开发、构建教学内容的材料或载体，它远远超出了"课文"的"例子"或"凭借"功能，成为最重要的语文课程和教学资源。"语文文本"的说法凸显了学生作为解读者、学习者的主体地位，使学生成为文本意义建构的主体。

二 解读与语文文本解读

（一）解读

1. 解读

《辞海》中没有收入"解读"这一条目，只在"解"字的解释中有

---

① 课程教材研究所编：《20世纪中国中小学课程标准·教学大纲汇编·语文卷》，人民教育出版社2001年版，第350页。

② 同上书，第495页。

"解释"之义,然后又将"解释"解释为"分析说明"义。① 《辞源》也没有收入"解读"这一条目,也是在"解"字的解释中指出有"分析、解释;晓悟、理解"的意思,其对"解释"的解释基本上与《辞海》的解释相同,指"分析说明"。② 在第5版《现代汉语词典》中收入了"解读"这一条目,指(1)阅读解释;(2)分析、研究;(3)理解、体会。③ 这种解释比较全面准确地阐明了"解读"的一般含义。《现代汉语新词语词典》将"解读"解释为:分析或阅读;看懂较难看懂的文字内容。④ 对"解读"一词的词源,笔者搜索了全球最大的中国传统文化检索引擎——国学宝典,了解到这个词早在五代时期就已出现在古文字中:[子部·释家] 五代·静、筠禅僧《祖堂集》卷十/通行本记载:师云:"不信道向什摩处会?"因举六祖为行者时,到刘志略家,夜听尼转《涅槃经》。尼便问:"行者还读得《涅槃经》不?"行者云:"文字则不解读,只解说义。"尼便将所疑文字问之,行者云:"不识。"尼乃轻言呵云:"文字尚不识,何解说义?"行者云:"岂不闻道'诸佛理论不干文字'?"因举次,师云……,可见,其含义与今天大致相同,主要指通过分析、研究文字来理解意义,意义来自于文字。

元代学者郝经曾把解读比喻为"内游",读者"身不离衽席之上,而游于六和之外;生于千古之下,而游于千古之上"。他认为"解读"这种心智活动存在一个多方求解的思维空间:一解——读者与读物的距离。读物以陌生的面孔出现在读者面前,读者要理解它,必须进入读物之中,凭借有组织的语言系统,认识读物的体式、风貌,把握其内容。读者必须尽量缩短自己与读物的距离。二解——读者与读物中所反映的社会生活的距离。读物中所反映的是彼时彼地的社会生活,读者只能以文本为依据认识古今中外的社会生活,了解作者的所见所闻、所

---

① 夏征农主编:《辞海》,上海辞书出版社2000年版,第2383—2385页。
② 辞源修订组编:《辞源》(修订本),商务印书馆2006年版,第2856页。
③ 中国社会科学院语言研究所词典编辑室编:《现代汉语词典》,商务印书馆2007年版,第700页。
④ 林志伟、何爱英主编:《现代汉语新词语词典》,商务印书馆国际有限公司2005年版,第359页。

感所想,步入理解的殿堂。三解——读者与作者之间的距离。两者之间跨越时间、空间进行一场无声的对话。双方以读物为中介,以心换心,实现两个心灵的理智转换和情感交流。读者要明了作者的写作动机、意图,体察他的审美情趣,特别是要对字面背后的意义,作出合理的阐释。四解——读者自身的距离。那是阅读前的迷惑,对读物一无所知,与阅读后的快慰,得到了阅读的收获之间的距离,是"旧我"与"新我"之间的距离。读者通过自己的努力,沿着读物字词句的脉络,认识了读物中的社会生活,扩充了知识,更新了观念,陶冶了思想情操,学到了写作技法等。① 这种理解比较全面地道出了解读的过程与内涵。

本研究中的"解读"在字面意义上采用前述《现代汉语词典》和《现代汉语新词语词典》中的某些义项,指阅读、解释、分析、理解、体会等意思;而在深层内涵上指对文本进行认知、理解、解释和应用。其中,认知是切入和基础,它侧重于获知信息;理解是解读的核心,它贯穿于整个解读活动的始终并在其过程中不断加深,由感知文本的字面信息,到对语言信息进行深加工,体悟出文本的深层意蕴;解释是将理解到的意义用语言表达出来,是理解的实现形式;应用则指在理解过程中一种时常返回到自身的思想活动,这种活动使解读"把一种意义关系从另一个世界转换到自己的世界"②。简言之,解读指不仅要获知文本信息,还要理解其信息;不仅要知道发生了什么,还要将之和自己所处的具体境况联系起来去建构所发生事件的意义,并感悟到这些意义(尤其是对自我)意味着什么,并能够将所感悟到的这些表达出来。

2. 解读与阅读

这是两个经常被同义替换使用的词语,在好多研究著述中是被混同使用的。在传统的阅读和阅读教学理论中,解读被当作阅读过程中的一个阶段。如韦志成的《现代阅读教学论》一书就把一篇课文的阅读教

---

① 韦志成:《现代阅读教学论》,广西教育出版社2000年版,第160—161页。
② [德]汉斯-格奥尔格·加达默尔:《真理与方法:哲学诠释学的基本特征》,洪汉鼎译,上海译文出版社2004年版,第726页。

学过程分为感读、解读、品读、习读四个阶段①,认为解读是阅读教学过程中在感知认读课文基础上的推进,是教师指导学生"潜心会本文"(叶圣陶语),即要求学生全神贯注地钻研课文,以读懂课文、理解课文。为了突出本研究中"解读"的含义,很有必要将之与更加传统和惯用的"阅读"一词区别开来。但阅读至今也没有一个统一的定义。第5版《现代汉语词典》对"阅读"的解释是:看(书报等)并领会其内容。②《中国大百科全书·教育》中指出:"阅读是一种从印的或写的语言符号中取得意义的心理过程。阅读也是一种基本的智力技能,它是由一系列的行为和过程构成的总和。"张必隐的《阅读心理学》中认为:"阅读是从书面材料中获取信息并影响读者的非智力因素的过程。"③王继坤的《现代阅读学教程》中说:"阅读是阅读主体对读物的认知、理解、吸收和应用的复杂的心智过程。"④《义务教育语文课程标准(2011年版)》的"教学建议"部分指出:"阅读是运用语言文字获取信息、认识世界、发展思维、获得审美体验的重要途径。"⑤尽管对"阅读"的界定众说纷纭、莫衷一是,但我们可以发现众说之中都强调了"阅读"获取、吸收信息的特征;而"解读"在获取信息之后,更强调对信息的深入理解、解释和应用。蒋济永也曾专门探讨过文本解读与文本阅读或解释的区别,他认为:"一是,文本有许多不为一般阅读所能理解、解释的深层含义,解读就是更进一步去阅读、挖掘其意义,破解其中的特别含义;二是,同一文本有着不同的理解和含义,这就需要从学理上予以澄清、说明,从而使阅读中的歧义得到厘清,使解释本身得到理解和具有更加坚实的学理依据;三是,要把对文本的解读上升为对整个文学、艺术的形而上的理解,我们不能为解释作品而解释作

---

① 韦志成:《现代阅读教学论》,广西教育出版社2000年版,第155页。
② 中国社会科学院语言研究所词典编辑室编:《现代汉语词典》,商务印书馆2007年版,第1684页。
③ 张必隐:《阅读心理学》,北京大学出版社1992年版,第4页。
④ 王继坤:《现代阅读学教程》,青岛海洋大学出版社1999年版,第1页。
⑤ 中华人民共和国教育部制定:《义务教育语文课程标准(2011年版)》,北京师范大学出版社2012年版,第22页。

品，解释的根本目的在于对文学的理解。"① 当然，蒋先生这里所谈的"文本解读"指的是新批评所说的"文学研究"，他还借用新批评的观点进一步区分了"文学研究"与"阅读"：尽管广义的"阅读"也可以包括批评性的理解和感悟，但阅读艺术仍旧只是个人修养的目标，它不能代替文学研究，因为文学研究寻求的是用一套系统的知识、方法和学理去解读文学，不仅要展示读者进入作品、理解作品的过程，而且还要寻找之所以如是理解的技术方法和学理。由此，我们认为，"阅读"是一个比较泛化的词语，主要指对读物的一般性认知、理解和领会，"解读"相对来说更具有针对性，是带着某种目的或任务对读物的深入理解和阐释，"它在于于明显的意义里解读隐蔽的意义，在于展开暗含在文字意义中的意义层次"，② 解读往往有探究、研究之意。本研究之所以采用"解读"一词，主要是强调对待语文文本更应该以一种深入探究的态度去理解、解释和应用，而不是仅止于一般性的认知和领会，这样才能使之最大限度地发挥语文文本的育人功能。

3. 解读与鉴赏

这也是两个含义非常接近的概念。"鉴赏"在新版《现代汉语词典》中被解释为：鉴定和欣赏（艺术品、文物等）。③ 我们先通过王荣生先生的研究来看它们的区别。王荣生先生曾通过比较中日两国的语文教学大纲的主导取向，认为"我国语文课程中的阅读取向，是养成学生'鉴赏者'的阅读姿态、阅读方式，而日本语文课程中的阅读取向，则是养成'解读者'的阅读姿态、阅读方式"。"'鉴赏者'的阅读姿态、阅读方式，是'将别人的东西当做自己的东西来感受'④，所以还要'对课文的内容、语言和写法有自己的心得'。'心得'所指向的，一是思想的'高处'，二是文笔的'妙处'，与其说'理解意义'，不如

---

① 蒋济永：《文本解读与意义生成》，华中科技大学出版社2007年版，第175页。
② 洪汉鼎主编：《理解与解释——诠释学经典文选》，东方出版社2001年版，第256页。
③ 中国社会科学院语言研究所词典编辑室编：《现代汉语词典》，商务印书馆2007年版，第673页。
④ ［日］长谷川泉：《近代文学研究法》，孟庆枢等译，时代文艺出版社1991年版，第116—117页。

说是接受教育、鉴赏效果。""'解读者'的阅读姿态、阅读方式,是'将别人的东西当作别人的东西去理解'①。所以还要'理解文章所表达的见解和思考方式'。而别人的见解和思考方式,未必与自己相同相近,事实上也正因为别人的见解与自己有所不同,才需要阅读、才需要去理解,阅读和理解才能够'扩展自己的见解和思考方法',尽管作为读者未必要赞同作者的见解和思考方法。"②通过分析我国2001年的《语文课程标准》,王荣生先生进一步认为该课程标准在阅读取向上较之以往的教学大纲发生了质的变化,特别是在非文学作品的阅读目标上,第四学段提出的"阅读科技作品,注意领会作品中所体现的科学精神和科学思想方法""阅读简单的议论文,区别观点与材料(道理、事实、数据、图表等),发现观点与材料之间的联系,并通过自己的思考,作出判断"这两个条款,更接近"解读者"的阅读样式、阅读姿态。他认为:"'解读者'的阅读取向,是我们以往语文课程中所缺失的,而又是当前课程改革重头之一的'综合性学习'、'研究性学习'乃至学生今后的求学所必需的。""也只有居于'解读者'的取向,《标准》中的'逐步培养学生探究性阅读和创造性阅读的能力,提倡多角度、有创意的阅读,利用阅读期待、阅读反思和批判等环节,拓展思维空间,提高阅读质量'这句话,才会有合适的着落。在初中段以上的文章阅读教学中,倡导'解读者'的阅读取向,也许是本次语文课程改革借鉴国外经验的最重要成果之一。"③

根据王荣生的分析,笔者认为,"鉴赏"重在审美,以"鉴赏者"的姿态和方式对待语文文本,有一种先在的对文本、作者的仰视心态,在读之前就先认定了作品是好的、作者的观点是对的,读者的任务就是学习、接受文本、作者的教育,欣赏文本的高妙之处,这样读者在文本、作者面前就是被动的、没有自我的,鉴赏的结果只能是外在于自我

---

① [日]长谷川泉:《近代文学研究法》,孟庆枢等译,时代文艺出版社1991年版,第116—117页。
② 王荣生:《语文科课程论建构》,博士学位论文,华东师范大学,2003年,第93页。
③ 同上书,第94页。

的意义强加或灌输，既不能真正使自己与文本融为一体以形成自己的思想观点促进自我的自觉提升，也不能将文本意义拓展创新。而"解读者"在文本面前则全然不同，他与文本是平等的"你""我"关系，解读文本就是和文本"对话"，读者很清楚地认识到文本、作者所说不能代替"我"自己的思想、观点，他们的思想观点哪些是可取的、哪些是我不赞同的，对我意味着什么，"我"自己对此应该怎么看，这样解读者在文本、作者面前就是主动的、独立的，始终是一个清醒的有着自我意识的思考者。所以，只有让学生成为语文文本的"解读者"而不只是做"欣赏者"，才能使学生在文本解读中逐渐成长为有个性的、独立自主的自我主体，而这才是教育的最终目标。

（二）语文文本解读

根据前面我们对语文文本的界定，语文文本的解读可以指对单篇选文文本的解读，也可以指对整册教材或整个单元文本的整体解读，本研究将其限定在对单篇选文文本的解读上，而且主要指在语文课堂教学这一特定情境下的文本解读，是师生共同参与的通过它来实现育人目的的一种教育教学活动，它涵盖在课堂教学中学生个体所进行的文本解读和师生一起进行的文本解读教学。所以，它既要遵循文本解读的内在要求和规律，又要遵循教学的内在要求和规律，还要考虑到语文文本的特点，最终指向让学生获得自我发展的教育目的。

语文文本解读与一般文本解读最大的不同在于目的上，一般文本解读的目的是多种多样的，如为了实用、消遣、研究等，都是通过获取意义，实现文本的原生价值，是一种个人化的解读；而语文文本解读则是教学解读，其目的是为了教育，是教师通过引导学生建构文本意义来促进学生的精神成长和人格建构（既要实现文本的原生价值，还要实现文本的教学价值）。因而建构文本意义就不再是目的，而是成了语文文本解读这一教学活动的内容，或者说成了达成目的的手段。语文文本解读作为教学解读，要有一种整体意识，它必须根据教育教学的整体需要以及该文本在整个教材体系中所处的位置，选择适当的解读方向和定位。即它要始终围绕着教育教学的目标来进行，无论是解读目的、内容还是过程方法，都要考虑教育价值的选择取舍，以是否适宜教育教学为解读能否放行的尺度和标准。由于本研究所谈的语文文本解读就始终有教师如何引领学生解读的意味在内，所以本研究隐含的读者是教师，是在研究教师如何依照文本解读的内在规律，遵照学生的当前特点和解读实际（课前自己解读的初感基础）以及语文文本的特点的前提下，更加理性地去指导学生的解读，从而使学生在语文文本解读中获得最大限度的自我发展。

所以，我们同意这样的解释："中学语文教学中的文本解读，是指在教师的指导下学生积极感知、理解、评价、创获文本的过程。其价值在于教师和学生通过对文本与作者展开积极的对话，最终实现对文本建设性的体验，实现文本育人的终极价值。文本解读具有开放性、多元性、历史性、现实性、生成性、个性等特性。"①

三　自我与自我教育

（一）自我

"自我"是本研究中的核心概念之一，由于其内涵非常丰富和复杂，故对其进行界定显得尤为必要。但自从人类将自己与动物区别开来尤其是将自己与他人区别开来有了"个人感"之后，对"自我"的探索就从未中断过，以致出现了浩如烟海的相关专业文献②和形形色色的

---

① 《深研文本解读机理　提高教师素养——中学语文"文本解读"研讨会在福建泉州成功举办》，《中学语文教学》2009 年第 11 期。

② 早在 1986 年科恩的《自我论》（生活·读书·新知三联书店）中就曾谈到过这个问题，书中写道："仅以 1979 年这一年而论，国际资料索引《心理学文摘》在'自我概念'、'自尊'、'自我评价'和'自我知觉'这几项栏目中，就载录了一千多种学术论著（1969 年只有约四百种）"，并在脚注中列举了《自我概念》（同名著作有两本）、《社会心理学中的"自我"》、《自我概念社会心理学》、《"自我"心理学透视》等评述性著作。笔者又以"自我"为主题词检索了湖南师范大学图书馆藏书，共有 73 本，近年来代表性的有《自我的觉醒》（傅佩荣著，国际文化出版公司 2006 年版）、《自我的发展》（[美] 卢文格著，李维译，辽宁人民出版社 1989 年版）、《认识自我》（朱长超著，华东师范大学出版社 2003 年版）、《自我评论》（[意] 克罗齐著，田时纲译，中国社会科学出版社 2007 年版）、《自我实现：主体论人生哲学》（肖雪慧、韩东屏著，河南人民出版社 1988 年版）、《自我实现的人》（[美] 马斯洛著，许金生等译，生活·读书·新知三联书店 1987 年版）、《文化与自我》（朱滢著，北京师范大学出版社 2007 年版）、《论自我》（维之著，文津出版社 1991 年版）、《自我》（[美] 布朗著，陈浩莺等译，人民邮电出版社 2004 年版）、《认识自我·超越自我》（张德伦著，北京师范大学出版社 1993 年版）等。

自我观，这使我们界定"自我"这个概念极为困难。好在科恩的《自我论》、程文晋等的《自我教育论》和张晓静的《自我教育论》等著作比较全面清晰地对"自我"问题进行了梳理和厘定，这给我们探讨这个概念的内涵提供了很好的借鉴和启发。

迄今为止，虽然"自我"这一概念是个多学科的研究对象，但还主要为哲学和心理学所垄断，教育学基于它学科的交叉性，对"自我"的理解也主要是从其哲学和心理学含义中发现它所包含的丰富的教育意义。在哲学领域，一是由于东、西方哲学的差异，二是由于各自内部又存在不同的哲学观点，所以，对自我的理解和认识可谓是迥然有别。据张晓静研究①，东、西方哲学自我观的发展都可以找到各自的一条线索，西方：精神自我→物质自我→孤独的个体，逐步走入了对个体和主体自我内心世界的研究；东方：非自我→群体自我→个体自我的走向。如果说西方人是通过自己与他人的区别而认识自己，自己的生命就是实现自己原则的战场，其"自我"是一种摸得到的实在；那么，东方人就只能够在"我与他人"不可分割的关系中使自己获得实现，以此来确保自己的集团从属性，自己就是"自己的部分"或"自己的一份"，其"自我"并不是抽象的实体性的"自我"。但在当代，东西方哲学的自我观趋于统一，都把自我看作积极主动的主体，看作主体对自身的关系，使自我发展到"主体自我"的水平。自我不仅构成了世人眼中的世界的基石、前提和条件、出发点和归宿、手段和目的，而且成为人们与外部联想的纽带和全部人生态度的核心。总之，哲学是从"蕴含其内"的角度去看待和研究"自我"的，其含义可归结为："自我就是人对自身主体地位的自我感和自我意识。没有这种自我感和自我意识，也就没有关于对象的意识，没有自我与对象的区分，也就不可能形成主体和客体。"②

在心理学领域，对自我问题的研究是伴随着心理学从哲学中独立出来而逐渐展开的，可以说是对哲学理论中自我问题研究的补充和具体

---

① 张晓静：《自我教育论》，黑龙江教育出版社2004年版，第39—49页。
② 高清海主编：《马克思主义哲学基础》下册，人民出版社1987年版，第41页。

化。在众多研究中，弗洛伊德及其后继者关于"自我"的理论主张不管是从时间上还是影响上是无论如何也绕不过去的。弗洛伊德最先为"自我"的概念和结构下了定义，使"自我"具有了独特的精神分析含义。他把人格结构划分为本我、自我和超我这三个能够前后转化的部分，其中本我包含有一切与生俱来的本能冲动，是人格的一个最难把握而又极其原始的部分；自我是在现实的反复教训下的本我发展起来的，是人格结构中的管理和执行机构，它保持着人的心理的完整性，协调着机体与环境之间的关系；超我是从自我分化出来的人格最后形成的、最文明的部分，它监督、规范着自我的行动。因此，自我在现实、本我和超我之间处于一个调节者的位置，"只有当自我具备充分组织、辨析、批判、综合能力，才能保证人的理智的生活。在人格的组织结构内部，只有本我有自己的能量，自我也只有通过求同作用从本我的对象选择中吸收能量，自我也常同本我和超我发生冲突，这时就发挥自我防御机制，以求解除自我所受的压力"。① 所以，后期的弗洛伊德认为精神分析工作就是强化人的自我。弗洛伊德之后的新弗洛伊德主义也强调人后天的自我价值和自我对人格发展的重要性，认为自我具有自主性和独立地位。之后的哈特曼也主张"人的自我既不是本我的仆人，也不是现实环境的仆人，而是两者的主人，自我能够适应，甚至改造环境，有自己独特的生物学起源及其成就规律"。② 哈特曼使自我概念更为明确、更具主动性：他区分了自己（self）和自我（ego），认为精神分析注重研究的是自我而不是自己，自我是与本我对立的一种根据理想来压抑本能的心理结构；自我具有活动性，迂回的活动为自我的存在指明一种主动原则，使自我可以改造环境和本能活动以达到二者的统一；知觉、思维、活动、防御等与现实有关的机能是自我的重要机能；自我是人格结构中最具主动性的力量。哈特曼的强调主动性的自我观极大地加深了我们对"自我"的合理理解。此外，产生于20世纪40年代美国的人本主义心理学的自我观也不容忽视。针对当时盛行于心理学界的行为主义和

---

① 程文晋、渠长根、武彩鸿：《自我教育论》，气象出版社1998年版，第8页。
② 车文博主编：《弗洛伊德主义论评》，吉林教育出版社1992年版，第95页。

精神分析这两股思潮的不足，人本主义心理学强调自我概念，认为它"不仅是决定个体行为的要素，也是决定一个人智力、适应性、成熟和自我实现的重要因素"①，个体的所思、所为无一不受他的"自我"的操纵，"自我"的形成过程就是个性的形成过程，但"自我"不是靠外部的灌输或者行为的塑造，而是源于并根植于个体的先天"潜能"，因此强调自我意识，强调知情合一。这对我们教育如何培养学生的自我意识和个性无疑提供了指导。

上述哲学和心理学对"自我"的研究为本研究界定自我概念起到理论奠基作用。近年来"自我"问题的研究，多是以哲学和心理学中对自我的理解为基础的。对"自我"的定义主要有以下几种：

科恩："'自我'始终表示人称，亦即主体，它是独有的、第一的东西，它同心灵或者某种实体性的积极性载体相关联，但是只有在同某个别人的交往中它才具有存在的实在性。……'自我'一词离开具体的语境毫无意义可言。"②"人的'自我'本质不仅是由制约它和'进入'它的东西（心理生理素质、社会条件和教育等等）规定，而且还由'出自'它的东西、它的创造积极性所创造的东西规定。"③ 科恩对人自我的这种界说指出了自我的主体性、积极性，"自我"一词存在的语境性和它本质的规定性，这与本研究想要界定的自我内涵是基本一致的。

张晓静认为"自我"的含义包含着四个层次：身体的自我、认知的自我、社会的自我及主体的自我④，并将其定义为："自我就是具有反省能力的人对自身主体地位的自我感觉和自我意识。它是行为的调节者，亦是过程（知觉者，认识者）和内容（被认识者，被知觉者）的统一体。"⑤ 并指出对这一定义理解的关键词是：反省能力、主体地位和自我意识。这三者缺一不可，具有反省能力是前提，产生自我意识是

---

① 钟启泉、黄志成主编：《美国教学论流派》，陕西人民出版社1993年版，第237页。
② [苏联] 伊·谢·科恩：《自我论：个人与个人自我意识》，佟景韩等译，生活·读书·新知三联书店1986年版，第19—20页。
③ 同上书，第8页。
④ 张晓静：《自我教育论》，黑龙江教育出版社2004年版，第69页。
⑤ 同上书，第78页。

关键，确立主体地位是标志。这种定义主要是从作为个体的人要成为其自我所应具备的特征上来说的，这为我们界说自我的特性提供了借鉴。但这里将"自我"界定为一种感觉或意识，与本研究所说的"自我"有所区别。

教育学领域把自我看成是人类发展到一定历史阶段的产物，是人类教育有了相当的发展后，对教育对象作为个体所具有的独立性、积极性、主动性开始认识而出现的一个表述性概念。其内涵一般理解为："个人的社会选择和行为支配的主体，从而也是教育活动的主体，这一主体必然表现社会生活关系的一切方面"。因此，教育中的自我"并不是指个人，亦不是指'我'。'我'只是一个客观存在，是一个受环境支配的存在。而'自我'则是指被'我'所意识到的和在现实生活中表现出来的独立的主体，因此，不是环境支配'自我'，而是'自我'支配环境；不是环境选择'自我'，而是'自我'选择环境；不是环境先天定义'自我'，而是'自我'后天定义环境'。教育学的自我观就体现在将儿童作为'人'来看待，确立'自我'在教育过程中的'主体'地位，这是教育学提高到人学水平的标志，也是文明开化的标志"。①这种理解是从自我在教育活动中的位置和体现的角度来看的，本研究认为这只是自我内涵的一部分。

借鉴上述哲学、心理学、教育学领域对自我的理解，本研究这样来界定自我这一概念："自我"即是处在社会、历史、文化中的个体的人他自己或他自身所表现出来的一种积极能动的主体状态，它具有以下特性：

（1）具有与生俱来的天赋和秉性。这种禀赋是一个人之所以是他自己、是他与别人差异性的根本之处，是唯独属于他自己的东西，"这些差异注定了个人表现的确定方向之观念。把铁锯齿做成丝钱袋确是困难的"②；这种禀赋也是一个人个性发展的源泉，教育的任务就是发现学生（或让学生自己认识到自己）的禀赋因材施教，最大限度地使人禀赋中的东西扬长避短。

---

① 张晓静：《自我教育论》，黑龙江教育出版社2004年版，第58页。
② ［美］杜威：《人的问题》，傅统先等译，上海人民出版社2006年版，第163页。

（2）具有潜在性或可能性。由于自我既保留了个体本有的个性和能量，又能够接受他所处的社会、历史、文化的陶冶和教化，使自己具有人之为人类中一员的共通感和类本性，并且总是在向着超我的方向努力，所以，笔者认为自我不是一个永远静止不变的概念，而是一个不断发展变化的、存在着潜能和可能性的概念。正是由于这个特点，人性才会改变，才需要教育，也才能够教育，具有"可教育性"，这是教育得以存在的前提和条件。如果不是这一原因，就根本不需要教育了，一切教育的努力都注定要失败了。所以，教育的根本问题是怎样利用个体自我的这种特点去最大限度地实现他的潜在性或可能性，使人性得以提升。夸美纽斯曾说："人是'可教的动物'……只有通过恰当的教育，人才能成为人。"[①] 人天生具有学问、德行和虔信的"种子"，但这些"种子"不会自动地呈现给我们，需要用教育去播种、浇灌，使之开花结果，最终变为人的现实。

（3）是处在实践活动中的具有自主性、能动性、反思力和感受力的主体。人的自我在实践活动中的这些特性使人的生命成为一种自为的生命，一种能够支配生命的生命，它使人不再是生命本能的奴隶，而是生命活动的主宰者。自我就是在自为状态下的人，它能够外观内省，具有感受力、思考力和判断力等内在力量。诚如洛克所言，"'自我'是有意识的在思想的本质……它能够感觉到或意识到快乐或痛苦，能够成为幸福的或不幸的，并在意识可能达到的程度上关心自己由此产生了'自我观念'"[②]。正是因为自我的人有这种特点，人才能够教育自己、实现自己。

（4）自我是人个体与全体的辩证统一，或者说是小我与大我的结合。即一方面，自我是人类全体中的个体，是体现人的"类"特征的单个体；另一方面，自我个体又是完整的、独立自足的实体，它还具有个体自身的本质规定，是"自在存在"的，具有它自身之所以成为它自身的丰富

---

① ［捷］夸美纽斯：《大教学论·教学法解析》，任钟印译，人民教育出版社2006年版，第51页。

② 程文晋、渠长根、武彩鸿：《自我教育论》，气象出版社1998年版，第5页。

性、多样性、复杂性和独特性，它不能被肢解，一旦将完整的自我肢解，只保存部分的特性在它身上，自我就成了片面的、破碎的、异化的自我，马克思所说的大工业时代分工所造成的片面发展的工人以及马尔库塞所说的"单向度的人"，就是一种被异化的自我。教育如果只注重学生的认知而忽略非认知方面的发展，忽略精神的全面建构和心灵的涵养，也会造成学生自我的异化。自我只有作为人个体与全体的辩证统一体，才是完整的健康的自我，没有了哪一方面，都不能成其为自我。

总之，"自我"是处在社会、历史、文化中的活生生的、有血有肉的身体、认知与精神全面发展的单个的人（生命体）在社会活动中所表现的一种积极能动的主体状态，它具有自我意识和反省能力，它由人自身先天的心理生理素质、后天所受的社会影响与教育等外在因素，以及人自身的创造积极性所创造的东西所规定，并凭借它将自己与别人区别开来。由于除了先天素质之外的其他因素总是在发展变化的，所以人在不同的阶段也表现出不同的自我。

（二）自我教育

自我教育的词典解释。《中国大百科全书》网络版（www.ecph.com.cn）：在"全文检索"中输入"自我教育"，就会出现14条含有"自我教育"的检索结果，其中在"教育"的词条中，将自我教育看作是教育的一种形式，是这样解释的："指受教育者为了提高自己的知识和思想，发展智力和才能，形成一定的个性品质，而进行的自觉的、有目的的自我控制的活动。自我教育在人的发展中起着重大的作用，是人参与自身发展的重要形式。"

有关研究者对"自我教育"的界定或理解。

苏霍姆林斯基：自我教育的实质就是要善于强制自己；劳动和读书是自我教育最重要的途径；只有当一个人了解自己时，他才能够进行自我教育。[1]

罗进：人们有意识地、自觉地根据社会对他们提出的要求和他们所

---

[1] ［苏联］瓦·阿·苏霍姆林斯基：《少年的教育和自我教育》，姜励群等译，北京出版社1984年版，第97—107页。

处的社会地位，积极主动地利用各种教育媒介，加强科学文化的学习，不断提高自身的修养水平、改正自己身上的缺点，最终使自己不断趋近于完美的一种教育机制。这种教育机制强调了人在教育中的主动地位，适应了新的时代要求，它有利于人们在不断变革的社会中进行积极的自我设计和完善，促进人格的健全发展。[1]

程文晋等：自我教育的基本属性是活动，心理机制是自我意识，根本特性是教育主体与客体之统一。自我教育有广义和狭义之分，广义的自我教育是指个人有意识地影响自己的身心发展的活动；狭义的自我教育是自我德育和自我修养。自我教育是相对于教育而言的，教育是自我教育的前提，自我教育是教育的延伸和继续，同时又是教育的最为直接的目的，自我教育是一种高度自觉性的教育。开展自我教育有助于增强和巩固灌输教育的效果，有利于个体的角色内化，有利于激发个体的内在动因，有利于个体自我矛盾的解体。[2]

傅增文：自我教育就是自己教育自己，是指有意识地把自己培养成自己所期望的某种人的活动。否定了当时所流行的把自我教育仅限定在思想品德教育的范畴的观点，认为思想品德教育只是自我教育的一个重要内容，自我教育的范围实际上囊括了个人发展的各个领域。还认为学校、家庭和社会教育是自我教育的资源。[3]

周韫玉：自我教育是人对自身的教育，主体、客体同一性和主体客体化，是自我教育的本质特征。[4]

黄欣祥：自我教育是与他人教育相对应的一种基本的教育现象，指个人自觉能动地促进自己身心发展的活动。按照教育学习惯上将教育分为德、智、体、美、劳五个方面的理解，自我教育也分为自我德育、自我智育、自我体育、自我美育和自我劳动技术教育五个方面。考虑到教育学中多数人常将自我教育理解为自我德育或自我修养的传统习惯，也

---

[1] 罗进：《自我教育》，甘肃人民出版社1998年版，序第4页。
[2] 程文晋、渠长根、武彩鸿：《自我教育论》，气象出版社1998年版，第24—34页。
[3] 傅增文：《高中生自我教育》，中国社会出版社2000年版，第12—15页。
[4] 周韫玉：《简论自我教育》，《教育研究》2000年第2期。

将自我德育或自我修养作为狭义的自我教育。①

张晓静:"自我教育是个体作为教育主体,在自我意识支配下,把自我作为教育对象,按照社会的要求和自身发展的需要,发挥主体的能动性,主动求教,使自身在品德、才智、审美、体质等方面得到发展,从而成为一定社会所需要的人的活动,它是自教和自学的统一体,与他我教育相对应,互为依存。"这个概念是在以下前提下确立的:自我教育是教育的下位概念,和他我教育相对应;自我教育不等于自学,它是由自教(Self-Teaching)与自学(Self-Learning)从两个角度从事的同一活动;自我教育是德育的上位概念;自我教育不仅仅是一种途径和方法,而且还是一种教育观念或教育思想,它贯穿于教育活动的始终。作为活动,它是有目的地对自己实行教育的活动,这种活动在学校、家庭、社会中都存在,涵盖人自身发展的德、智、体各个方面,并且这种活动本身含有一定的原则和方法。②

冉乃彦:自我教育是指人通过认识自己、要求自己、调控自己和评价自己,自己教育自己。它是在一定的遗传基础上,在环境和他人教育的条件下生成和发展的。自我教育与他人教育是相辅相成的。没有自我教育的教育不是真正的教育,教育目的必须通过受教育者的内化才能真正实现,"内化"实际上就是自我教育的过程。要成为未来社会的主人,必须通过自我教育。自我教育是由自我认识、自我要求、自我践行、自我评价四个环节组成的动态结构,它最终要塑造自信、自强、自立、自尊的品质。③

加达默尔:自我教育一方面指的是自己学习、自己教育自己,另一方面指的是指向自我的教育,即指向学生个体的教育。自我教育具有"互惠特征",会话即是最好的互惠。④

---

① 黄欣祥:《从他人教育到自我教育:21世纪教育理论构架》,南海出版公司2001年版,第69—71页。
② 张晓静:《自我教育论》,黑龙江出版社2004年版,第113页。
③ 冉乃彦:《真正的教育是自我教育》,新世界出版社2004年版,第5—19页。
④ Gadamer, H. - G., "Education is Self-Education", *Journal of Philosophy of Education*, Vol. 35, No. 4, 2001, pp. 529 - 538. 转引自邓友超《教育在什么意义上是自我教育——读伽达默尔的〈教育即自我教育〉》,《中国德育》2008年第4期。

本研究对自我教育的界定。从上述梳理中可以看出，近年来自我教育内涵在逐渐扩大：从将它当作一种自我德育或自我修养的途径、手段到将之看作是与他人教育相对的教育必不可少的一部分，即一种把自我当作教育客体的教育，再到除此之外还将之理解为一种指向学生个体自我的教育。在综合借鉴各家之说的基础上，从本研究对象的特点和范围出发，本研究中的"自我教育"有以下三层含义：一是指向学生个体自我发展的教育。这是从教师的角度来说的。二是学生自己同时作为教育的主体与客体的教育，即学生在具体的课堂实践活动中有意识地、自觉地促进自己身心各方面的全面发展，自己教育自己。具体来说，就是指学生通过自主、能动的"我思"活动，对自己的心灵进行反观与认识、提升与超越，最终实现自身的本己可能性，成为他可能成为的自己的教育。这是从学生的角度来说的。三是学生的这种自我教育离不开教师的帮助，是与教师的他人教育相辅相成、相互依存的。在学生自我教育中，教师只能起辅助或帮助的作用，但这种作用却是必不可少的。

第五节　研究方法与研究设计

一　主要研究方法

（一）文献分析法

文献分析法是教育科学研究最基本的一种方法。实然语文文本解读是一种动态的活动，是以话语形式存在的，我们很难得到原生态的解读实况，尤其是已经成为过去式的文本解读；即便是当下正在进行着的文本解读，我们也没有条件能够经常走进课堂；即便是走进了课堂，看到的也只是一些个例，很难说它具有多大程度上的代表性。所以，为了能够比较客观、全面地了解、把握语文文本解读的历史与现状，阅读与分析大量的文献是本研究必不可少的、最主要的研究方法。而且，本研究是一项涉及教育学、哲学、解释学、心理学、文艺学、美学等多种学科的综合性研究，所以必须通过大量的文献阅读、整理、分析，一方面了解前人研究取得的成果和存在的不足，另一方面，也同时进一步明确自己想要解决的问题以及寻求问题解决的路径。

（二）比较研究法

比较研究法是指根据一定的标准，对某种教育现象在不同情况下的不同表现进行比较、分析、鉴别，以求得科学结论的一种研究方法。我们从马克思主义的实践观和哲学解释学关于文本理解和解释的原理出发得出一个前提假设：语文文本解读要想实现它促进学生自我发展的教育目的，必须让学生自我做解读的主体，让学生亲自和文本"打交道"，而不是被动接受他人的解读结论。我们正是从这一前提假设出发，发现新中国成立以来我国实然的语文文本解读之所以给学生自我的发展造成一定程度的负面影响，就是因为它在具体做法中没有让学生自我做解读的主体，而是将学生自我与文本疏离开来了。那么，从学生自我在语文文本解读中的地位这一角度出发，我们来放眼看看我们的前人和世界一些发达国家的语文文本解读是怎样做的呢？通过这样的比较，我们发现他们的解读活动大都特别凸显了学生的主体地位和学生自我对解读本身的亲历和参与。这样既验证了我们的假设是正确的，同时也为我们探求当下的语文文本解读应该如何去做提供了宝贵的借鉴和参考。

（三）案例分析法

案例分析法也是本研究的重要研究方法。语文文本解读研究属于教育教学活动研究，研究观点的提出除了对理论的演绎之外，还需要建立在对大量的解读案例进行分析的基础上。对案例的分析解读是本研究结论得出的重要来源和依据。

（四）访谈法和观察法

本研究必须将自己观点的提出建立在对实然语文文本解读的准确了解和把握的基础之上，对于过往的解读状况我们只能通过文献法去了解，而对于当前正在进行着的语文文本解读，我们除了对最新出版的期刊和著作进行分析以外，还通过亲自走进课堂进行观察了解和对授课教师进行访谈的方法获得一手资料。

二 研究设计

（一）研究思路设计

本研究整体上遵循以下研究思路：历史研究→比较研究→原理研究→应用研究。具体而言，除了导论部分之外，后面四章的思路是：疏离自我：1949年后语文文本解读的实然状况→凸显自我：古今中外语文文本解读的必然镜鉴→教育自我：哲学解释学视角下语文文本解读的本然机理→自我教育：语文文本解读的应然追求。

（二）研究的内容框架设计

导论部分主要从研究缘起与意义、文献综述、研究的问题与基本假设、概念界定、研究方法与研究设计等方面来介绍本研究的基本情况。

第一章，疏离自我：1949年后我国语文文本解读的实然状况。本章主要对我国语文文本解读进行历史研究。通过对1949年新中国成立以来实然语文文本解读的状况进行历史的梳理，将其归纳为新中国成立初政治教化取向的语文文本解读、新时期知识能力取向的语文文本解读和21世纪初人文素养取向的语文文本解读三种形态，并对每种形态的解读从目的、内容、方法和解读影响这几个维度展开分析阐述。新中国成立初政治教化取向的语文文本解读，在解读目的上以进行思想政治教育为旨归，在解读内容上以挖掘主题思想为中心，在解读方法上以社会学、文章学文本解读法和教师讲授为主的教学方法结合，这种解读将学生塑造为一种丧失了自我个性的"社会人"；新时期知识能力取向的语文文本解读，在解读目的上以让学生获取知识能力为指向，在解读内容上以解析文本形式为中心，在解读方法上以文章学、语义学文本解读法和师导生练的教学方法相结合，这种解读将学生训练为一种自我异化的"工具人"；21世纪初人文素养取向的语文文本解读，虽然在解读目的上指向了提高学生人文素养和发展学生个性，但由于在解读内容上主要以让学生阐发文本人文内涵为中心，在解读方法上主要采用的是接受美学和解构主义文本解读法和学生讨论发言为主的教学法，实际上却会让学生成长为一种自我平庸化的"浮躁人"。总之，1949年以来的语文文本解读都在某种程度上偏离了学生自我的健全发展。尽管这三种形态的解读特征各异，给学生的自我发展造成的影响也各不相同，但从哲学解释学的视角看，都有一个共同的特点，即将学生自我与文本的深层意蕴疏离开来，这是它们都在不同程度上造成学生自我扭曲的共同原因。

第二章，凸显自我：古今中外语文文本解读的必然镜鉴。本章主要对古今中外的语文文本解读理论与实践展开比较研究。尽管我国古代的语文文本解读在某些方面有着尊经、信师、本义等特点，但大量丰富的著述资料表明，它们同时也有着重视学生自我主体性能动参与的优良传统，最突出的表现就是非常强调学生在解读过程中的"自得"与"内悟"。主要体现在以下读书理论和方法中：庄子、王弼的"得意忘言"解读法；孟子的"深造自得"与"以意逆志"解读法；朱熹的"唤醒体验—浃洽兴起"解读法。另外，以"悟"为核心的禅宗拈花指月式的解读方式，宋代的读书"心解"传统和我国古代读书和教学最常用的诵读法等也都是很好的体现。我国近代的语文文本解读主要在"五四"时期凸显了学生自我，胡适、叶圣陶、孟宪承、朱经农、王森然等人的相关著述，以及当时的几个语文课程标准都强调了让学生自己自由解读、重视学生自我在解读中的主体地位的思想。而三四十年代叶圣陶、许寿裳、傅彬然等人则指出了如何让学生自我参与到文本解读之中。无独有偶，美国、日本、英国、法国、德国等一些教育较为发达的国家的母语文本解读也都凸显了学生自我。其中，美国的母语文本解读特别强调了学生的个体差异与自我发展；日本的母语文本解读特别重视学生自我在其中的自主与独立；而英、法、德等国家的母语文本解读则大都强调了学生自我的能动参与和自我思考。古今中外大量的语文文本解读理论和实践表明，凸显学生自我是语文文本解读实现其促进学生自我发展教育功能的内在要求。

第三章，教育自我：哲学解释学视角下语文文本解读的本然机理。本章主要立足于哲学解释学对语文文本解读展开原理研究。语文文本解读之所以要凸显学生自我，是因为它要真正实现其育人功能，必须遵循文本解读的内在规律依靠学生自我的自主能动的参与。哲学解释学作为一种专门研究理解和解释现象的比较成熟的理论，为我们提供了学理的依据和支撑。从这一理论视角去审视语文文本解读活动，我们发现本然的语文文本解读过程实际上是一个让学生在其中教育自我的过程：体验与反思让学生在语文文本解读中反观自我、认识自我；视域融合与解释循环让学生在语文文本解读中提升自我、超越自我；理解的应用让学生在语文文本解读中造就自我、实现自我。可以说，哲学解释学视角下的语文文本解读具有一种自我教育的品格。

第四章，自我教育：语文文本解读的应然追求。本章主要对语文文本解读展开应用研究。虽然哲学解释学意义上的语文文本解读具有一种让学生在其中进行自我教育的内在品格，但由于学生自身知识、能力、兴趣等"前理解"的限制，这种自我教育在实然语文文本解读中并不会自然发生，它需要教师在遵循上述规律的前提下，给学生以合理恰当的引导。为此，本研究提出语文文本解读教学应该采取如下做法：在解读目的上以学生的自我发展为指向；在解读内容上以学生自主建构文本意义为中心；在文本解读方法论上以哲学解释学为基础，在解读教学方法上以对话为基本的教学方法。在具体的教学对话中，教师可作出如下努力：精心设问"激疑"，引发学生在解读中的体验与反思；激活学生"前见"，促进学生与文本间深度视域融合的发生；引导学生在解读中不断地返回自身，实现理解的应用。

第一章

疏离自我:1949年后我国语文文本解读的实然状况

说明:

1. 关于语文文本解读研究的时间范围和阶段划分。虽然自1904年独立设科以来我国语文教育已有百余年历史，但由于社会历史的原因，1949年新中国成立是中国语文教育史上一个重大的转折点，1949年以后的语文教学在教学目的、方法、内容等各个方面的发展演变有着更为紧密的内在逻辑联系，当前语文文本解读中出现的各种问题或多或少都有着1949年后不同历史时期语文文本解读的惯性影响，而与1949年以前语文文本解读的联系相对来说就没有那么密切和直接。所以，本研究从1949年新中国成立后开始梳理实然语文文本解读的发展变化，以期能够发现其根本性的问题所在，为当前语文文本解读如何最大限度地发挥它的育人作用提供立论的靶子。而对1949年新中国成立后的语文文本解读，我们以社会历史文化和教育思潮的变革为依据，从语文文本解读的育人目的和功能的角度来划分类型，这样便于问题的分析和阐述。当然，每种类型都是根据当时主流的语文文本解读实践作出的判定，并不排斥其他特殊情况的存在。

2. 关于每个阶段语文文本解读研究的维度。以哲学解释学的文本解读原理为立论基础，以学生自我在语文文本解读中的地位（和所受教育影响）为视角，我们分别从目的、内容、方法、解读影响这几个维度去审视每个阶段的语文文本解读实践。其中，语文文本解读的目的是指为什么要解读语文文本，它指向哪里，目的是语文文本解读这种实践活动的出发点和归宿。语文文本解读的内容是指要从文本中或借助文本解读出来的那个东西，通过这个东西或对这个东西的阐发、归纳等来达到语文文本解读的目的。解读内容要针对的问题是对一篇文本解读或解读出什么，它是文本解读的依托或抓手。语文文本解读的方法是指解读文本和文本解读教学所用的方法，或者说怎样确定解读内容、得出解读结论并依托或借助它们实现预设解读目的的方法，它是语文文本解读借以达成目的的工具或手段。解读影响是指语文文本解读这种实践活动对学生自我发展产生的教育影响和结果。以上各因素中，解读目的是决定性因素，它为语文文本解读这种实践活动定向并规范着后者，是整个解读活动的方向标或指挥棒，解读内容和解读方法的选择始终要受解读目的的指引和规约。目的、内容、方法等语文文本解读的各维度都会不同程度地影响着学生的自我发展。

第一节 新中国成立初政治教化取向的语文文本解读

这里的新中国成立初是指1949—1976年，在语文教育史上一般被分为语文定名期（1949—1957年）和语文波折期（1958—1976年）两个阶段①，这两个阶段的语文教育教学在目的、内容、方法等方面有很大的不同，但在语文文本解读上却都有一个共同特点，即政治和意识形态都处于强势地位，都突出强调文本解读的政治思想教化功能（尽管相对来说，后一阶段在此方面比前一阶段更是强化有加，因为新中国成立初期对语言知识教育也比较强调），乃至形成了语文文本解读思想政治化思维的惯性而影响至今，所以笔者将这两个阶段归结在一起，以便对政治思想教化取向的语文文本解读作一个比较全面的历史梳理与分析。

---

① 这种划分在周庆元《语文教育研究概论》（湖南人民出版社2005年版）、陈黎明、林化君《20世纪中国语文教学》（青岛海洋大学出版社2002年版），王松泉、王柏勋、王静义主编《中国语文教育史简编》（社会科学文献出版社2002年版）等书中都可看到。

一 解读目的：以思想政治教育为旨归

语文文本解读作为一种教学活动，其目的始终是与教育总目的和语文学科的教育教学目的保持一致的。中华人民共和国成立后，毛泽东主席发布政府通告：中央人民政府一致决议，接受《中国人民政治协商会议共同纲领》为施政纲领。该纲领第五章"文化教育政策"明确规定了新中国教育的性质、任务："中华人民共和国的文化教育为新民主主义的，即民族的、科学的、大众的文化教育。人民政府的文化教育工作，应以提高人民文化水平，培养国家建设人才，肃清封建的、买办的、法西斯主义的思想，发展为人民服务的思想为主要任务。"并指出"有计划有步骤地实行普及教育，……给青年知识分子和旧知识分子以革命的政治教育，以应革命工作和国家建设工作的广泛需要。"[①] 根据"共同纲领"的要求，教育部在新中国成立初期先后拟定或颁布了几个中小学课程标准或教学大纲，我们从其表述中可以看出当时语文文本解读目的的思想政治教育倾向性[②]：

1950年《小学语文课程暂行标准（草案）》在"教材选编要点"中指出："课文必须多选取祖国所固有，足可发扬爱国主义思想、国际主义精神的资料"。在"阅读教学的注意点"中指出："好些课文的教学，应尽可能地引起儿童的爱国主义情绪，使儿童热爱祖国，憎恨敌人，产生民族自尊心、自信心，以提高儿童的道德品质。"

1952年《小学语文课程暂行标准（修正草案）》在"目标"中指出："通过语文内容思想的训练和自然、史、地常识的介绍，使儿童逐渐认识到祖国文化、生活以往的真面目，未来的新发展；到毕业时，能热爱祖国和人民，具有为祖国效忠、为人民服务的新道德和新思想。"在"教材选编要点"中又强调，"课文内容，必须有正确的思想性和政

---

① 参见陈黎明、林化君《20世纪中国语文教学》，青岛海洋大学出版社2002年版，第200页。
② 注：以下所引课程标准或教学大纲等材料中的内容，除1952年《小学语文课程暂行标准（修正草案）》中的是转引自陈黎明、林化君《20世纪中国语文教学》（青岛海洋大学出版社2002年版，第239页）外，其余全部来自课程教材研究所编《20世纪中国中小学课程标准·教学大纲汇编·语文卷》（人民教育出版社2001年版）。

治性","课文应多取祖国所固有,足可发扬爱国主义思想、国际主义精神的资料"。在"教学方法要点"中,第一项就明确提出"语文教学要联系实际,贯彻新民主主义思想和爱国主义教育……并应该注意到当地当时一般社会上所存在甚至会影响儿童观点的思想问题,通过教学适当地予以解决"。

1954年《改进小学语文教学的初步意见》在开篇"小学语文科的目的、任务和内容"中指出:"语文是小学的主要学科。小学教育的目的在以社会主义思想和现代科学知识教育儿童,培养他们成为社会主义社会全面发展的成员。小学语文科的任务就是在这个总目的之下,对儿童进行:……通过文学作品、科学知识等的教学,培养儿童的社会主义政治方向、辩证唯物主义世界观的基础和共产主义的道德。"在"阅读"部分又强调:"阅读是小学语文科的主要内容。儿童理解祖国语言的能力和对祖国的文学的爱好,主要靠阅读课来完成。同时,阅读课负有培养儿童具有社会主义思想、辩证唯物主义世界观的基础和共产主义道德品质的任务。通过文学作品及科学知识文章的阅读,使儿童在政治上、人生观上及品格的形成上得到良好的教育影响,从而培养他们具有爱国主义国际主义的精神,热爱劳动,热爱劳动人民,爱集体,守纪律以及坚韧、勇敢、节俭、朴素、老老实实、勤勤恳恳等道德品质。从儿童时代起就准备着献身祖国,成为社会主义社会的建设者和保卫者。……为了符合小学教育的目的,对于入选的教材,首先要考虑它的思想内容,而用社会主义思想做尺度。"

1956年《小学语文教学大纲(草案)》是在1955年《小学语文教学大纲草案(初稿)》的基础上修改而成的,较之前面大纲它有了很大的改进,明确在"说明"中指出"小学语文科的基本任务是发展儿童语言,——提高儿童理解语言的能力和运用语言的能力"。"要在发展儿童语言的工作当中"完成"树立对社会主义的信心"等思想教育的任务。但仍突出了这样的表述:"小学语文科是以社会主义思想教育儿童的强有力的工具。""阅读教学是凭借阅读课本来进行的。阅读课本是按照教育的目的组成的有系统的教学材料。这些材料必须体现以社会主义思想教育儿童的目的。""课外阅读指导的进行要重视读物的选择。选择的标准,首先是要求符合以社会主义思想教育儿童的教育目的。"很清楚地表明了对思想政治教育的偏重。

新中国成立之初尚无中学语文教学大纲,但 1950 年由中央人民政府出版总署编审局按照《中国人民政治协商会议共同纲领》指出的教育目标,以陕甘宁边区的《中等国文》为样本编辑出版了第一套全国统编教材《初级中学语文课本》和《高级中学语文课本》。该套教材的"编辑大意"说:"语文教学应该包括听话、说话、阅读、写作四项。……无论哪一门功课,都有完成政治思想教育的任务。这个任务,在语文科更显得重要。要通过语文科来完成思想政治教育的任务,不能单靠几篇说理的论文。一种思想内容或一个政治道理,可以用一篇说理的论文来表达,也可以用一篇小说,一首诗歌,一个历史故事,或者一个自然科学的故事来表达。……要这样,才能够完成通过语文教学来进行思想政治教育的任务,才能够使学生得到深切的感染,对学生发生切实的作用。"① 这段话十分鲜明地界定了语文科的首要任务是政治思想教育的宣传,可以将其看作是当时中学语文科的教学目标。

时至 1956 年,"汉语""文学"分科教学,颁布了初中汉语、初中文学和高中文学教学大纲,从教养和教育两个方面对各科的"教学任务"作了详尽规定。这些"教学任务"实际上就是"教学目的"。其中两个文学大纲的"教学任务"就是语文文本解读的目的。两个大纲都明确表述文学"是帮助年青一代认识社会生活的重要手段,是对年青一代进行社会主义教育的有力工具",进行文学教学的总目的是"培养学生成为社会主义社会的新人"。并做了如下具体规定:教养任务方面,初中有三条,其一,学更多文学作品;其二,结合作品讲必要的文学理论常识和文学史常识;其三,在学的过程中丰富语言知识,并用来表达思想感情。高中则是在初中的基础上提高,其一,系统学习文学史上的重要作品和外国某些重要作家作品;其二,学习经典性文学论文,

---

① 宋云彬、朱文叔、蒋仲仁等编:《初级中学语文课本》,人民教育出版社 1950 年 6 月新华书店原版,1950 年 10 月第一次修订原版,1951 年 1 月重庆初版,第 1 页。

结合作品教学讲文学理论和中国文学史基本知识;其三,在学习过程中熟悉文学作品语言及各主要阶段的作品语言的特点,并指导表达复杂细致的思想感情(为了节省篇幅,只摘要说明)。并且都指出,通过这样的教学,提高学生阅读、理解和欣赏文学作品的能力和语言运用的能力,养成阅读文学作品的兴趣和习惯,扩大对社会生活的认识。就教育任务来说,初中:"帮助学生树立社会主义政治方向;培养辩证唯物主义世界观;培养共产主义道德,特别是爱国主义精神,共产主义劳动态度,集体主义精神,自觉地遵守纪律的精神,爱护公共财务和坚韧、勇敢、谦逊、诚实、俭朴等品德,热爱祖国语言和文学的感情,提高认识能力,发展想象能力;培养正确的审美观点,特别是对社会生活的明确的是非、善恶观念和热烈的爱憎感情。"高中,则是在初中的基础上继续提高。而且,两个大纲都强调,文学教学完成了上述的教养任务和教育任务,就能同别的学科互相配合,达到"以社会主义思想教育学生、培养他们成为社会主义社会全面发展的成员"的总教学目的。

新中国成立之初语文文本解读的思想政治教育取向不仅在当时的教学大纲中体现出来,在当时的一些有关研究中也可得到印证。如刘溶的《略谈中学文学教学问题》一书中讲道:"文学教学的目的,一面是要对学生进行共产主义的政治思想教育,一面也要培养学生的欣赏、艺术兴趣和创作的能力。这二者有密切的联系,但是后者是要在前者的基础上才能进行的。""教师必须以此培养学生高尚的情操和美学的感觉,达到在文学教学中进行政治思想教育的目的。"[①] 江苏省教育厅曾在1956年编辑过一本书,名字就叫《语文教学中如何加强思想政治教育》(江西人民出版社);刘溶、谢阁编著的《略谈小学语文阅读教学》中也专门有一篇文章题目就是《在语文教学中进行思想教育的问题》[②]。高宗达在《江苏教育》1954年第3期撰文《我是怎样在语文教学中贯彻思想政治教育的》中谈道:"课堂教学贯彻思想政治教育最基本的形式是课堂教学。而在各科课堂教学中,更以从语文课中贯彻思想教育最

---

① 刘溶编著:《略谈中学文学教学问题》,湖北人民出版社1955年版,第3页。
② 刘溶、谢阁编著:《略谈小学语文阅读教学》,湖北人民出版社1957年版,第16—20页。

为便利，因为语文教学内容丰富，接触面较多，它的本身就富有强烈的说服力量。因此我们应该在讲解课文时挖掘教材本身的思想性，并通过语文形式来贯彻思想政治教育。在我们的语文课本中，无论哪一课都有它一定的思想性，甚至在每一个句子每一个词语里都有它一定的思想政治教育的内容。"杨汝熊也在《江苏教育》1954年第10期《略谈在语文教学中正确地贯彻思想政治教育问题》一文中指出："向学生进行思想政治教育，是学校里各种功课共同的任务。但是因为语文教材能够形象地反映生活各个方面，最容易联系学生的生活和思想，影响学生各方面的道德品质，而且语文课在整个教学中所占时间最多，所以语文课更应担负起贯彻思想政治教育这一重要的任务。"类似的研究还有很多，在此我们就无须再列举了，但都可看到当时思想政治教育即为语文文本解读的主要出发点和归宿。

另外，当时语文教材中的助读话语和语文教学参考书的引导性解读都能体现语文文本解读目的的思想政治教化倾向。以1952年人民教育出版社出版的初中语文第四册《祝福》一课为例，其课后有一段这样的提示："这是一篇小说，其主人公是受了封建社会的种种迫害而死的一个劳动妇女——祥林嫂。作者详细叙述了她的后半生，这里面充满了血泪的事迹。作者的用意是可以了解的：在封建制度和旧礼教统治之下，妇女的生命不值一钱，像祥林嫂这样悲惨牺牲的，实在是到处都有。可是封建制度和旧礼教是什么人支持的呢？这自然有它的阶级基础。如果不挖出根来，这些受害者将永远找不出真正的元凶，找不出致死的原因。这一篇名为《祝福》，作者着重描写鲁四老爷的架子和他家的排场，使我们认清祥林嫂就是死在这个人物的手里。只要地主阶级存在，吃人的旧礼教就会继续维持下去，劳动人民的生命就绝对没有保障。我们能体会到这一点，才可以认识作者思想的深刻与伟大。"这样的提示，分明就是告诉作为读者的教师和学生，解读这篇小说的目的就是要找出祥林嫂的死因和害死她的元凶，挖出封建制度和旧礼教害人的根源——有像鲁四老爷这样的地主阶级存在，并激起学生对地主阶级的憎恨。如果不能达到这样的目的，就是没有认识到作者思想的深刻与伟大。这其实就是在进行向地主阶级斗争的号召。再如 1956 年初级中学课本《文学》第二册教学参考书指出《从百草园到三味书屋》一文的教学目的,也就是文本解读的目的是:"使学生认识封建教育是束缚和损害儿童身心的发展的,因而感到自己生活在今天的新社会里受着新教育是很幸福的,必须好好学习。"① 这种解读的思想政治教育目的更是一目了然。

伴随着 1958 年 9 月 19 日中共中央、国务院《关于教育工作的指示》(它明确地指出了党和国家的教育工作方针是"教育为无产阶级政治服务,教育与生产劳动相结合"②)的发布,1958 年至 1960 年,在当时各行各业"大跃进"的洪流中,教育掀起了一场"教育大跃进",过分夸大了"为无产阶级政治服务"和"与生产劳动相结合",并机械地要求它体现在每一项具体的教学内容中,这使得本来已经很"左"的教育工作变得更"左"了。在语文教学尤其是阅读教学方面,这种思想更为严重,好多地方把阅读课上成了蹩脚的政治课,政治运动式的阅读教学充斥课堂,背离了语文学科的性质和它特有的目的任务。这种极端做法引起了广大教育工作者的忧虑,于是展开了 1959 年至 1961 年历时两年半的的"文道之争"。1963 年 5 月,教育部颁布了《全日制小学语文教学大纲(草案)》和《全日制中学语文教学大纲(草案)》,明确指出,"语文是学生学好和从事各种工作的基本工具",中(小)学"语文教学的目的,是教学生能够正确地理解和运用祖国的语言文字,使他们具有现代语文的阅读能力和写作能力,具有初步阅读文言文的能力"。"一般不要把语文课讲成政治课,也不要把语文课讲成文学课。"这可谓是对过分偏向思想政治教育的一种纠正,语文教学在后来的几年里进入了积极调整时期。但尽管如此,语文文本解读也从来没有离开过思想政治教育这个方向标,这从 1963 年中学大纲中"语文的重要性和语文教学的目的"部分的表述中仍可看出:"当然,阅读能力和写作能

---

① 张毕来等主编:《初级中学课本〈文学〉第二册教学参考书》,人民教育出版社 1956 年版,第 112—117 页。
② 陈黎明、林化君:《20 世纪中国语文教学》,青岛海洋大学出版社 2002 年版,第 268 页。

力的培养,不仅是语言文字问题,也有思想问题。所以选入中学语文课本的文章,要包括各种题材、体裁、风格,要用生动活泼新鲜有力的语言文字,论述阶级斗争、生产斗争和科学实验,表达进步的思想和健康的感情。这些文章的思想内容和语言文字都应该是学生学习的典范。有计划地讲读这些文章,就可以……并运用这个工具更好地为革命事业服务。"讲读教学"不应该脱离文章的词句篇章,架空地分析思想内容;也不应该不管文章的思想内容,单纯地讲解词句篇章"。尤其是"选材标准"的思想政治教育倾向仍很突出:"就思想内容而言,应该注意选取有助于培养坚强的革命后代的文章。注意对学生进行爱国主义和国际主义的教育,进行社会主义建设总路线、大跃进、人民公社三面红旗的教育,进行社会主义和共产主义的教育,进行阶级斗争的教育和反对现代修正主义的教育,培养学生的共产主义道德品质和革命意志,反对和防止资产阶级思想和其他反动思想的侵蚀,为逐步树立马克思列宁主义的世界观打下基础。"小学大纲也有类似的表述。但无论如何,政治思想教育独占语文文本解读目标之鳌头的局面已被打破,知识和能力这些语文本体的东西也受到了重视。

然而好景不长,正当语文教学刚步入正轨取得一些成绩时,灾难性的"文化大革命"发生了。语文课几乎变成了政治课,全面承担起对学生进行思想政治教育的任务,本体论意义上的语文课根本就不复存在了。1966年6月教育部《教材处理意见报告》中规定:"以毛主席著作作为基本教材,选读有关'文化大革命'的文章和革命作品。"在上海市1972年《初中语文课本》第一、三、五册中,毛主席文章和诗词、马恩列斯文章、鲁迅杂文占59.2%,样板戏选场、评论、总结、家史和通讯占37.3%,古代诗文占2.4%。其他各地教材也无一例外地以"阶级斗争为纲,片面强调语文学科的思想政治性。[①] 语文文本基本上完全是"政治挂帅",文本解读就成了"阶级斗争"和"路线斗争"的说教。例如,1973年8月赣州地区教学参考资料编写组编写的《中学

---

① 陈黎明、林化君:《20世纪中国语文教学》,青岛海洋大学出版社2002年版,第338—339页。

语文教学参考资料》（鲁迅作品部分）的《〈从百草园到三味书屋〉浅析》的"题语"中就对该文的学习定了如下基调："本文虽然是一篇回忆散文，由于它具有强烈的战斗性和高度的艺术性，当我们正在深入'进行一次思想和政治路线方面的教育'，开展批修整风运动的时候，学习这篇文章仍有重大的现实意义。"① 其实我们都知道，《从百草园到三味书屋》根本不是"政治挂帅"的文章，没有什么"强烈的战斗性"，这里却生拉硬拽地将其解读目的往"思想和政治路线方面的教育"上靠拢，简直不是在上语文课，不是在进行语文文本的解读！

总之，在新中国成立初近30年里，在强调思想政治教化的教育总目的的指引下，尽管在新中国成立最初几年和60年代中期也曾有过对语文知识、能力等语文本体内容不同程度的重视，但语文文本解读最突出的特点就是在解读目的上指向思想政治教育，基本上变成了思想政治教育的工具和手段。这种解读目的直接影响着以下语文文本解读的内容与方法等方面。

二 解读内容：以挖掘主题思想为中心

如前文所述，进行思想政治教育是新中国成立初近30年语文文本解读的主要出发点和目的地，那么，这个目的是怎样达到的呢？这就首先涉及对语文文本的理解和阐发：文本被看作思想政治教育的材料，思想政治教育的目的就是在阐释文本内容的过程中实现的。所以，1956年初中语文教学大纲的"文学作品的教学"中规定："阅读和分析，是一篇文学作品的教学过程的主要阶段，目的在使学生全面地深入地领会作品的思想内容和艺术形式"；高中语文大纲也在"中国文学的教学"中规定："分析作品，主要是分析作品的艺术形象，阐明作品的思想内容。"蒋仲仁曾在《江苏教育》1959年第9期《小学的阅读教学（下）——小学语文教学大纲（草案）学习笔记（三续）》一文中也指出："阅读的质量决定于理解的程度。理解越深，阅读的质量就越高。

---

① 赣州地区教学参考资料编写组编：《从百草园到三味书屋浅析》，转引自闫萍《中学语文名篇的时代解读》，广东教育出版社2007年版，第79页。

阅读教学要求的理解，是理解读物的基本内容，理解读物的基本思想。"① 语文文本的内容，在过去通常被称作"思想内容"，顾名思义就是说文本的内容里总是包含着某种思想或感情，这种思想感情是作者寄托在作品中的。因而解读文本就是要追寻作者的原意，将他所寄托在作品中的思想感情像挖掘地下宝藏一样"挖掘"出来，并以之作为教育学生的真理。据当时河南师范学院的刘溶等人的研究，这种思想内容在当时包含"主题"和"主题思想"两个概念，其中"主题"对应"内容"，是指题材的主要部分，即"作者在作品中所写的事件"②，就是教学大纲里所讲的也是直到现在还常说的"课文大意"③；"主题思想"对应"思想"，是"主题的中心意义或作品的主旨"，是作者对于他"所描绘的事物所要吐露的话，是他的评价"，是作者"通过描绘的事物所要灌输给读者的生活态度"，也就是文章的主要精神。④ 刘溶先生还举了《毛主席小时候怎样学习》（初小语文第三册）一文的例子：这一篇文章的主要思想内容是写毛主席小时候热爱劳动、刻苦学习的精神，所以它的主题就是叙写毛主席小时候的一些生活表现，如听老师的话、读书很用功、帮爸爸干活、休息时还努力学习等；而这篇文章的主题思想则是：通过本文的叙写，表现出毛主席在小时候就是一位热爱劳动、刻苦学习的人。后面还指出，"很显然，作者所写的关于毛主席小时候的这些优秀品质，正是要引起我们的敬爱的感情，以便向他学习的"⑤。由此看来，主题概括的是文中所写事物的"现象"，主题思想就是从这

---

① 蒋仲仁：《小学的阅读教学（下）——小学语文教学大纲（草案）学习笔记（三续）》，《江苏教育》1959年第9期。
② 刘溶、谢阎编著：《略谈小学语文阅读教学》，湖北人民出版社1957年版，第35页。
③ 注：其实对"主题"这种理解是很片面的，后来好多研究者对主题的理解都与此不同。如王纪人主编的《文艺学与语文教学》（上海教育出版社1995年版）第66页就专门谈了语文教学中对主题的理解问题，他认为主题不能一概而论，文学作品的主题不同于非文学作品的主题，后者的主题就是中心思想，它往往以明确的语言直接在文中出现，或者可通过归纳判断而获取；而前者的主题是多种意义的融合，内涵丰富而活跃，它不是直接显露在作品中，但又能在作品中发现它的踪影，它不靠归纳和抽译，而更多依赖于直觉感受和体悟。并认为将主题看作是文学作品的意义核心要比单纯的中心思想更为可靠。这种理解在文学理论界较为普遍。
④ 刘溶：《略谈中学文学教学问题》，湖北人民出版社1955年版，第34页。
⑤ 刘溶、谢阎编著：《略谈小学语文阅读教学》，湖北人民出版社1957年版，第36页。

种"现象"中所提炼出的"本质",主题思想才是实现当时通过文本解读进行思想政治教育目的的"抓手",是直到现在在解读文本时还有其市场的"中心思想"中的"表现了……""赞扬/歌颂/批判了……"中的宾语部分,也就是要突出的部分。而主题则是概括提炼主题思想的背景来源,是"中心思想"中的"通过……"所要总结的部分。可见,"主题"和"主题思想"这两个概念对现在文本解读所带来的影响之"深远"。所以,在当时看来,解读一篇文章,就是分析并概括其主题和主题思想,尤其以"挖掘"主题思想为重心。因为"文章不论长短和错综复杂,它的主题思想只有一个。一切情节、语言、细节、景物、穿插……都是直接或间接地为突出主题思想而存在的。我们分析作品若把主题思想确定了,研究作品组织结构、写作技巧等等的作用,那就容易明白了。因此,我们要挖掘作品的主题思想,必须要分析文学作品,从分析中去阐明和理解作品的思想内容,才能够正确地达到目的。……分析作品就是更好地概括和综合作品的思想内容,同时也是更好地发掘作品中的热烈情感、崇高的意志和优美的语言风格"[1]。所以,当时刘溶编著的《略谈中学文学教学问题》一书中专门有一节就是探讨"怎样挖掘作品的主题思想"[2]的,足见"挖掘主题思想"在当时语文文本解读中的地位。

将"挖掘主题思想"作为语文文本解读的中心内容,从现代西方解读理论的角度看,它是一种以作者为中心的解读观念。这从前文所述当时对"主题"和"主题思想"概念的理解中也可以看出。在当时,教师们就普遍认为"我们在讲授中,就是代表了作者来传达他的意图的"[3],所以在实际的语文课堂中,"挖掘主题思想"基本上是和"追寻作者原意"画等号的,二者几乎是混同使用的。然而,事实上,作品是作者彼时彼地创作的产物,它一经脱离了作者进入市面或被选入语文教材被作者以外的人阅读就成了文本,就和作者创作的时、境有了距

---

[1] 刘溶:《略谈中学文学教学问题》,湖北人民出版社1955年版,第34—35页。
[2] 同上书,第34—37页。
[3] 刘溶、谢阎编著:《略谈小学语文阅读教学》,湖北人民出版社1957年版,第38页。

离，而且语文文本尤其是文学文本的语言又那么含蓄、多义，甚至模糊，"形象大于思维"，往往作者想表现的是一回事，而是否表现了又是一回事，当时作者是如何想的，谁能完全确切地知道？诚如黑格尔所说："没有人能够替别人思考，正如没有人能够替别人饮食一样。"① 那为什么解读者却还要痴痴地去寻找那个"原意"？这里面，除了人们都信奉的"文如其人"说之外，还有一个重要的原因，那就是和解读内容紧密相连，并支配着解读内容的解读目的。在新中国成立后的近三十年间，语文文本解读实际上是进行意识形态教育的主要工具，国家根据当时的社会形势需要而进行相应的爱国、革命、思想政治等教育。"解读本身具有权力的意味。"② 将主题思想或作者原意作为唯一正确的解读结果，有利于对进行语文文本解读的教师、学生们进行意识形态控制，因为所谓的主题思想或作者原意，其实是经过意识形态过滤后的主题思想或作者"原意"，是掌握着"话语权"的权威们总结出来的作者"原意"，已很难说其中有多少真的是作者的原本意图。这种以"追寻作者原意"为旨归的解读模式中，教师成了"传声筒"，学生成了被动的"接收器"，其教育结果只能是培养出毫无个性和创造力的"顺民"。时至今日，"追寻作者原意"或"挖掘主题思想"的解读虽经多元解读的批判与冲突，但一看到语文文本，就想总结其"中心思想"、"主题思想"或"作者意图"，并且仍采用带有很强的政治意识形态话语的人，还大有人在。

而且，将"挖掘主题思想"当作主要的甚至是全部文本的解读内容，这种解读思维本身就有问题。因为语文文本是一个笼统的概念，具体到每一个文本它都有自己的特点和归属，如果它属于语言符号的能指与所指的含义具有相对稳定性的文章文本（非文学文本），如论述类文本、实用类文本等，那么可以以它的中心意思或主题思想作为解读内容，但这个主题思想却不需"挖掘"，而是往往以明确的表述直接在文章中出现，或者可以通过概括或归纳判断而获取；但如果某一文本属于

---

① 参见蒋成瑀《读解学引论》，上海文艺出版社1998年版，第100页。
② 蒋成瑀：《语文课读解学》，浙江大学出版社2000年版，第197页。

第一章 疏离自我：1949年后我国语文文本解读的实然状况

语言符号的能指和所指的含义复杂不定、意蕴非常丰富的文学作品，再将"挖掘主题思想"当作其解读内容，就不符合文学作品的特点了。因为"主题思想"只能是文学作品某个方面的归纳、概括或提炼，而不能涵盖作品意蕴性内容的全部。如果在解读文学文本时，一味强调作品的主题思想，仅用单一的概念或思想政治性很强的话语来概括丰富而复杂的内容，也就将文学作品变成了某种思想的图解。按照思想图解作品，就否认了文学形象、情感等有自身的价值意义，而把他们仅仅看作是为主题思想服务，是为表现主题思想而存在的（这种观点从前文表述中可以看出），这样无论作品意蕴有多么丰富，也都会被遮蔽，而变得枯燥无味，味同嚼蜡了。比如1956年的初中文学教学大纲将安徒生的《卖火柴的小女孩》的主题思想概括为："这篇童话反映了旧社会里贫苦儿童的生活，揭露贫富悬殊的社会现象。"[①] 本来面对同一文本，不同的读者不同的视角可以有不同的理解，甚至同一个人在不同的时间和语境下也会有不同的理解，如有人从小女孩在临死前对奶奶的幻想中读出了对人间温暖亲情的向往，这种向往是超越时代和社会的；有人从与小女孩悲惨命运的对比之中感受到了自己当下生活的幸福，从此涌出对幸福生活的热爱和珍惜之情；刘铁芳先生则从自己重温这篇童话时的具体境遇中深刻地领悟到"人性中永远洋溢的对美好事物的无条件的渴望"。[②] 这篇童话的意义本来就是丰富的、耐人寻味的，这也就是它之所以成为经典的原因，哪里仅仅是"揭露贫富悬殊的社会现象"一种理解！但这样一个主题思想概括出来，它就成了唯一理解，丰富的意蕴变成了干巴巴的一句话，就像一个活生生的有血有肉的人被抽干变成了一个骨架或几条筋一样。这种"挖掘主题思想"的做法造成了语文文本解读的单一化、教条化、图解化，并形成一种解读模式而影响至今。

还需要注意的是，所谓"挖掘主题思想"的说法，是指在课堂上教师对学生进行解读教学时所做的中心工作，是对这一中心工作的一种

[①] 课程教材研究所编：《20世纪中国中小学课程标准·教学大纲汇编·语文卷》，人民教育出版社2001年版，第372页。

[②] 刘铁芳新浪博客，http://www.edu11.net/78，2008年12月28日。

描述，表明师生在解读文本时都在做些什么、朝什么方向围绕着什么去做的。实际上，最后得到的"主题思想"并不是在课堂上教师和学生共同"挖掘"出来的，而是教师在上课前都已准备好了的。"教师在思想上必须完全明确了主题思想，才可以上课堂去进行教学。有的教师由于对主题思想的认识还是似是而非的，那么，他在课堂上一定不可能把重点讲得很突出，因此，同学们听起来也是模糊不清的。至于有的教师事先不准备好，等到讲完全课文，才勉强得出一个主题思想来，这就更是错误的了。"① 这就是说，一篇课文的主题思想是事先预设好的，它往往是将作品中的某些内容生硬地与政治、伦理、道德或当时的某些政策相联系、相比附，有时在微言中找大义，企图从作品中抽绎出宏大的主题或者什么惊人的思想，有时甚至是将某个外在的政治口号生搬硬套地强加给作品，以突出或强调作品有强烈的思想性，借以达到进行思想政治教化的功利目的。如1955年的初中语文教学参考书对《故乡》的主题思想概括是："目的在使学生认识半封建半殖民地社会里农民生活日趋恶化的痛苦和作者对农民的深厚同情，学习作者热爱劳动人民的精神，培养为劳动人民服务的品质。"② 又如1973年版的《吉林省语文教学参考书》对《祝福》主题思想的概括更是典型："这篇课文通过祥林嫂这个人物，集中地反映了旧中国农村劳动妇女勤劳淳朴的品德和在封建礼教束缚下受尽歧视迫害的悲惨遭遇，对吃人的封建礼教的毒害提出有力的控诉。毛主席在《湖南农民运动考察报告》里指出，政权、族权、神权、夫权这四种权力，'代表了全部封建宗法的思想和制度，是束缚中国人民特别是农民的四条极大的绳索'。要引导学生理解，祥林嫂的悲惨遭遇不是个人的问题，是整个社会制度问题，应该仇恨旧社会，仇恨万恶的封建剥削制度。"③ 然后，在课堂上，教师所做的工作就是用类似故意捂着谜底让别人去猜谜一样的方法，和学生一起去到作品

---

① 刘溶、谢阎编著：《略谈小学语文阅读教学》，湖北人民出版社1957年版，第36页。
② 《初级中学课本文学教学参考书》第三册，人民教育出版社1955年版，第72页。
③ 参见薄景昕《中学鲁迅作品的接受历程》，博士学位论文，东北师范大学，2007年，第78页。

中找材料加以印证，或者说，明明主题思想已经在那里了，却故弄玄虚、煞有介事地再去"挖掘"。之所以这样做，一是要显示教师的"博学"与权威，表明此时"真理就在我手中，我代表作者来传达他的声音"，让学生怀着崇拜、敬畏之心去听从教师的"谆谆教导"；二是便于在这一过程中见缝插针地进行思想政治教育。这样的解读是一种预设性解读，其思维是一种聚敛式思维，它把课堂教学中的一切活动都收拢到"挖掘主题思想并借之进行思想政治教育"这一焦点上了，就好像是写议论文先确定观点然后再围绕它找论据来论证观点一样，课堂中对人物形象、故事情节、细节描写、结构安排等的分析都是为了印证或支撑主题思想的，这样学生的思维就被限制在这一封闭的锁链之中了，学生自我却被排除在锁链之外，这根本就是一种"目中无人"的活动！

那么，一般在课堂上教师是怎样领着学生"挖掘"主题思想的呢？具体地说，在作品中找哪些材料去印证、做哪些工作去获得主题思想呢？根据当时的认识，"作品中的每个人物形象、故事细节和作品的全部艺术组织，都包容着作品的主题思想"①，而人物形象、故事情节等又都是用语言来表现的，所以通过语言分析人物形象、故事情节和作品的艺术形式，就成为挖掘主题思想的主要途径。"只要能够从教授语言出发，把语言所构成的形象分析透彻，思想教育的目的可以说基本上达到了。"② 同时，"作品是作者因感受了现实才写出来的"，还要尽可能地从下列方面入手去分析作品的主题思想：一是"作者写作本文时的现实社会面貌"，二是"作者的立场和生平简历"。③ 这些认识是新中国成立初期在前苏联文学教学程序的影响下形成的。所以，1956年的《初级中学文学教学大纲（草案）》规定④：一篇文学作品的教学过程，一般可以分为以下四个阶段：起始，阅读和分析，结束，复习。起始阶段的主要内容，是介绍作家、作品的时代背景及同作品有关的其他材

---

① 刘溶：《略谈中学文学教学问题》，湖北人民出版社1955年版，第35页。
② 刘溶、谢阎编著：《略谈小学语文阅读教学》，湖北人民出版社1957年版，第17页。
③ 刘溶：《略谈中学文学教学问题》，湖北人民出版社1955年版，第36页。
④ 课程教材研究所编：《20世纪中国中小学课程标准·教学大纲汇编·语文卷》，人民教育出版社2001年版，第340页。

料,解释词句等;阅读和分析阶段,阅读主要在课外完成,让学生掌握课文大意,课堂上主要是分析作品,必须通过作品的艺术形象分析来阐明作品的思想内容,之后还要密切结合作品的艺术形象和思想内容着重分析作品里的艺术形式的某些特点,而分析艺术形式的特点也是为阐明思想内容服务的。大纲中还举了例子:"分析'王冕'里的翟买办的语言,就要指出它如何符合翟买办的身份,如何暴露了他的卑劣的品格,如何恰当地表现了他的思想感情。"不要离开这些具体内容来凭空称赞作品的人物语言。"至于分析富有文学风趣的论文,应该着重通过论文的结构和语言的分析来阐明思想内容。"在结束阶段,一般是教师对作品的思想内容和艺术形式加以概括,以使学生有个综合认识。复习主要是让学生巩固已经获得的知识。有了这样的规定,实际教学中的语文文本解读就有了作者和写作背景简介、结构层次分析、写作特点和主题思想总结这样的既定程序与模式。虽然该大纲明确指出"并非每篇作品的教学都要经过每个阶段。教师应该根据每篇作品的特点和本班学生的具体情况灵活运用"。但由于我国课程教学的制度化、教师们自身的能力水平限制、传统文化的求同心理等种种原因,我们的教育教学一向表现出趋同化特点,所以这种解读程序与模式就成为多年以来固定不变的千篇一律的"标准"模式,它"把鲜活的文本解读变成了一种生硬死板的工艺流程"[①]。由于各种原因,这种模式影响至深至远,以致在当前的常规语文课堂文本解读中,还在被为数不少的教师们运用着。殊不知,这种解读完全忽视了学生个体理解的自主性和能动性,严重限制了学生的思维能力和创新精神的发展和形成,当前备受批判的"模式化""程式化"解读,其源头就在这里!

三 解读方法:社会学、文章学与讲授法联姻

在上述解读过程中,所用的解读方法可以从两个方面来分析,一是单就对文本的解读所用的方法来说,运用的是社会学解读和文章学解读

[①] 闫萍主编:《中学语文名篇的时代解读》,广东教育出版社2007年版,第58页。

方法；二是就课堂解读教学中所用的方法来说，主要运用的是以教师讲授为主的讲读法。

先看文本解读的方法。社会学解读和文章学解读是两种不同视角下的解读方法，前者是从文本产生的社会历史背景、条件及功用视角去解读，后者是从文本的结构体式视角去解读。具体来说，社会学解读方法是一种文学作品的研究方法，在文艺学研究中一般被称为"社会历史研究方法"，其主要特征是：1. 注重作品与作者、社会历史环境的关系，善于透过作品而试图窥见其所得以产生的社会历史背景，并凭借这种背景去解释作品。前面所述中小学课堂语文文本解读或语文教参解读中往往一开始就先介绍作者的文化背景、相关生活经历等情况，作品写作的时代、社会背景，以及作者自己对作品的说明和解释等，就是社会学解读这一特征的体现，它们常常成为解读作品的重要出发点和根据。2. 注重从作品所产生的社会结构（以生产力、经济基础为根本）去解读作品。马克思对巴尔扎克的《人间喜剧》的分析是这种方法的典型范例：他没有过多地停留在作品本身的情节、形式等问题上，而是深入剖析其中所映现的社会结构，从而发现这部作品总体上交织着新型资产阶级与没落贵族阶级两大力量的尖锐冲突，而这一点正是对法兰西社会结构的真实反映。① 在语文文本解读中也经常见到将作品中的人物归为某个社会阶层或阶级，给他贴上是哪一类人的标签，然后超越个人看其所归属的那个阶层、阶级或社会的特点，或者将人物所归属的阶层或阶级的共同特点看作是他个人的特点等类似的解读，就是社会学解读注重从社会结构的角度去解读的体现。比如1956年《初级中学文学教学大纲（草案）》中对《一件小事》的解读，将车夫看作劳动人民的代表，将"我"看作革命知识分子；对《渔夫和金鱼的故事》的解读，认为老太婆这个形象是"对贪婪、傲慢、残暴的人的谴责，是作者对封建统治者的讽刺"②；等等。3. 注重作品产生的即时性、历时性的社会价

---

① 胡经之、王岳川主编：《文艺学美学方法论》，北京大学出版社1994年版，第37页。
② 课程教材研究所编：《20世纪中国中小学课程标准·教学大纲汇编·语文卷》，人民教育出版社2001年版，第350、372页。

值和意义。在语文文本解读中主要是以文章的主题思想来显现的。这与中国古代诗学历来注重诗人的修身、作品的教化作用和读者接受作品时的功利态度的传统观念是密切相关的。社会学解读法的实质是"透过现象看本质,即帮助我们了解围绕某个事物的种种社会力量,以及整个机制如何运转,通过对事物外表下面潜在因素的深刻分析,加深或得出对事物的准确把握"①。运用这种方法解读中小学语文文本,有利于开掘文本的社会内容和思想意义,显示时代的鲜明特征,尤其是对一些政治性、思想性较强的文章而言,这种方法是很必要的。比如《在马克思墓前的讲话》《纪念刘和珍君》《为了忘却的纪念》等。所以在新中国成立初近三十年语文教材选文大都政治性、思想性较强的情况下,社会学解读方法成为最主要的文本解读法。但这种方法"对于文章其他方面文化底蕴的开掘显得软弱无力,有时候会忽略或淹没文章的艺术特征和文学价值"②。"文化大革命"时期,由于社会学解读方法"体现时代性,强调政治性,注重社会性,挖掘思想性"③的特征正好契合当时政治大气候下的教育教学需要,所以被一刀切地非正常运用于所有的语文文本解读,达到了一种难以想象的极端偏至,随意附会和上纲上线,造成语文文本解读的扭曲和对文本意义的践踏,使语文文本成了"政治的传声筒,形势的化妆品"④。

　　文章学解读方法将任何文本都看成一个静态的实体,是可以认识的、客观对象性的文本存在,由内容和形式构成,形式包括语音、字句、表达形式、篇章结构、体裁形式以及表现方法等;内容包括文本选取的题材、意象,塑造的形象,描写的情节和表达的中心思想;内容决定形式,形式为内容服务,形式和内容是统一的,都环拱一个中心。这种文本观是进行文章学解读的前提。然后,具体的文章学解读过程就是通过对字词句含义的解释、段落层次的划分、表现手法和修辞技巧的探

---

① 闫萍主编:《中学语文名篇的时代解读》,广东教育出版社2007年版,第61页。
② 金振邦:《文章解读的理论与方法》,东北师范大学出版社2001年版,第171页。
③ 同上书,第172—173页。
④ 闫萍主编:《中学语文名篇的时代解读》,广东教育出版社2007年版,第85页。

第一章　疏离自我：1949年后我国语文文本解读的实然状况

讨来揭示文本的基本构成，从这些基本构成中分析出文本的意象、人物形象、情节等内容要素，最后再总结概括整个篇章的整体意义和中心主题。也有的将表现手法和修辞技巧的分析放在中心主题总结之后，目的是探讨作者写作时的技巧，以便为写作提供借鉴。文章学解读的过程通常被称为"因文解道，因道悟文"的过程，这就是从现象到本质，再从本质到现象的领悟过程。① 文章学解读方法基本上等同于传统的语文学解读，只是语文学关注的主要是语言文字、修辞手段，而文章学关注的是篇章意义，重视的是文章的构成要素如何构成一个意义整体和中心主题的。② 现代文章学创造了一个行之有效的分析、提炼中心主题的方法和固定模式，这就是：

记叙文体：通过记叙或描写A，表达（表现、反映）了B，揭示（批判、歌颂）了C，寄托（体现）了D（其中，一般地，A指文本的题材内容，B指作者的情感态度，C指作品所体现的社会人生价值、意义，D指作者想要寄托的情感、理想或文本所体现的哲理等）。

说明文体：通过介绍A，说明了B，体现（表现）了C（其中，A指文本介绍的事物或事件等内容，B指文本说明的主题中心，C指作者的思想感情）。

议论文体：通过论述A，阐明（指出）了B（其中，A指论述的内容，B指文本阐明、指出的道理，或者作者想要表达的观点或告诉读者的道理）。

后两者是记叙文体的变式。这种分析、提炼中心思想的基本方法，包含了三个基本的部分：作品中的基本信息（题材内容）、基本信息所体现的意义或价值、作者的意图或情感倾向。基本信息就是从文本的字词句篇的含义中总结概括出来的，而后两者往往是混在一起的。除了有些作品作者明确说明写作意图外，作者的意图或情感倾向往往是读者以作者的文化背景、作品写作的社会时代背景等外部因素作为依据去推测的，对于有些作品来说，其主旨的确与这些因素有关，或者说作品本身

---

① 曾祥芹主编：《说文解章：文章知识新建构》，中国海洋大学出版社2005年版，第58页。
② 蒋济永：《文本解读与意义生成》，华中科技大学出版社2007年版，第74—75页。

就是作者为了某种用途或在特定情况下表达特定的思想情感而作，但好多时候这些外部因素与文本本身的含义并无直接或必然的联系，尤其是文学作品，并不都是有着"诗之为用"的实用目的的，它本身就是"为艺术而艺术"的自由表达，在这种情况下，所谓"作者意图"其实就是读者的某种推测或从自己想要或惯用的视角所做出的某种阐释，这种阐释往往也就成了读者对文本的意义或价值的总结。所以，读者站在什么样的立场或视角上去解读文本，就会给文本总结出什么样的中心主题。比如前面所述社会学的解读方法，就是读者从社会学的视角去解读文本，其思维方式就会将文本的基本信息指向社会结构、社会价值和意义，文本的意义和价值就变成了对社会结构的剖析和社会价值、意义的反映。这样，《阿Q正传》的中心主题就被总结为：通过描写末庄的情景和阿Q的形象来反映和批判当时的社会现实、国民性；《卖火柴的小女孩》的主题思想是："这篇童话反映旧社会里贫苦儿童的生活，揭露贫富悬殊的社会现象。"[①] 同样地，如果读者从生命哲学的视角去解读，文本的意义和价值就变成了对人生意义和价值的反映；从性别主义视角去看，文本的意义和价值就会显示出性别歧视、性别差异等的价值和意义。总之，文章学解读的思维方式就是用对待实用文本的方法去对待所有的文本，把文本的意义和价值看成是某一种思想、情感的体现。因此，就将所有的文本，尤其是意蕴丰富的文学文本，都变成了意义唯一和绝对的封闭文本，把本可以有众多意义的文本解读变成只能有唯一正确答案的解读，对文本的理解也因此停滞在某一权威解读上，作品也因此失去被解释的空间。

这样，社会学解读与文章学解读联姻，社会学解读方法将解读者的视野限定在对社会结构和社会意义价值的关注上，文章学的解读方法则保证了这一视野的唯一正确和权威，二者共同将某种符合思想政治教化目的的解读推上了唯一权威的宝座。但这只是文本解读的方法，语文文本解读还要涉及课堂中的解读教学，为了保障思想政治教化目的的实

---

① 见1956年《初级中学文学教学大纲（草案）》，课程教材研究所编《20世纪中国中小学课程标准·教学大纲汇编·语文卷》，人民教育出版社2001年版，第350、372页。

现,思想政治教化型解读在课堂教学中所用的方法主要是以教师讲解或讲述为形式的灌输法。因为根据哲学解释学的原理,一切理解都源自读者自己的"前理解",一切理解同时都是人的自我理解,人在文本中看到的总是和他自己有关的东西。身为未成年人的学生由于其年龄、阅历、兴趣点等原因,他们在解读时关注的是和自己的生活、学习、阅历等有关的信息,读出的是和自我有关的意义和价值,不太可能自发自觉地从文本中读出思想政治方面的意义和价值。所以,要想通过文本解读达到思想政治教化的目的,只能采取强制性的手段——将用社会学和文章学方法得出的思想政治性解读结论当作知识从外面硬性灌输到学生头脑中去。灌输所依附的形式就是教师讲解或讲述。从当时的几个语文教学大纲中我们可以看到对教师讲解或讲述的强调:在1955年《小学语文教学大纲草案(初稿)》和1956年《小学语文教学大纲(草案)》中都强调:"阅读教学的进行采取讲读法。讲读就是讲解的阅读,……讲读的基本特点在于阅读教学的一切活动都要以教师讲解为主导。"1956年《初级中学文学教学大纲(草案)》的"初级中学文学教学法"虽然表述为"教师进行文学教学的时候,应该依据这门课程的特点和学生的年龄特征,适当地运用讲述、谈话、指导阅读、指导做练习"等方法,但在后面的教学过程要求中实际上还是以教师的讲读为主。《高级中学文学教学大纲(草案)》也在"关于高级中学文学教学法的一些指示"中强调,评述作家和评述作品都"主要应该用讲述法"。1963年《全日制中学语文教学大纲(草案)》在"教学中应该注意的几点"中也指出:"讲读教学必须把课文讲解清楚",虽然也提到"讲读教学包括教师和学生两方面的活动",但还是强调"教师应该有计划、有重点地把课文讲解清楚",学生的活动主要是"认真地积极地听讲和完成作业"。这种以教师讲解或讲述为形式的灌输式文本解读法,除了在大纲中有所反映外,在相关语文教育教学史料、当时的课堂记录和一些亲历过当时语文教学的人的回忆感受中,我们都可以了解到。如1953年《人民教育》第7期发表短评《稳步地改进我们的语文教学》,其中谈到三年来的语文教学是走着从旧有的那一套注入式的方法到"课堂的民主讨论",又到教师在课堂上唱"独角戏"的"之"字路。① 这里所说的注入式和教师唱"独角戏",都是指语文课堂中的灌输式文本解读法。虽然在20世纪60年代"文化大革命"开始前的几年里经过叶圣陶、吕叔湘、张志公等著名的语文教育家的探索和努力,有过短暂地对学生自读、自学的重视,强调教师要"少讲、精讲",而让学生"多练",并在辽宁黑山北关小学、上海育才中学等地取得了一些教改经验,② 对当时的语文文本解读起到了重要的促进作用。但这些成绩很快被"文化大革命"期间完全被政治所左右的异化的扭曲的语文文本解读所扼杀,课堂文本解读基本上变成了传递、灌输政治、意识形态的工具。总之,灌输成为新中国成立初近三十年课堂语文文本解读的主要方法。"教师的政治觉悟越高,就越能深入钻研教材,也就越能以马克思列宁主义的观点、毛泽东思想作为指导,实事求是地讲解课文,讲得深,讲得透。把课文讲得越是深透,学生对于课文的思想和语言也就理解得越深刻,受益也就越多,语文教学质量也就越能获得进一步的提高。这样,语文教师也就能更好地完成党和人民交给的光荣的教学任务。"③

这样的语文文本解读方法,方便了教师的教学,却是一种残酷的"目中无人"的解读,它自始至终将本应是解读主体的学生自我拒之门外,使学生只能像一个没有思想的容器一样站在文本之外被动地接受着、听从着,听老师讲作者说了些什么、表达的是什么思想、文中的人物形象怎样、应该怎样向他们学习等,根本没有机会意识到作为个体的自我在课堂中的存在,"我"自己有什么感受和观点! 灌输保障了教师在文本解读教学中充当"真理拥有者""说教者"的角色和霸权地位,保障了用社会学和文章学方法得出的解读结果的唯一正确的权威地位,保障了教师将这一解读结果以知识的形式简便快捷、省时高效地强加给学生,保障了在解读过程中不会因学生个人"旁逸斜出"的见解而影响以思想政

---

① 张鸿苓、陈金明等主编:《新中国中学语文教育大典》,语文出版社2001年版,第126页。
② 王松泉、王柏勋、王静义主编:《中国语文教育史简编》,社会科学文献出版社2002年版,第265—274页。
③ 徐仲涛等编著:《谈谈中学语文教学》,江苏人民出版社1962年版,第3页。

治教化为主要解读目的的顺利达成。所以,灌输在新中国成立初近三十年里备受语文教师们的青睐,并在后来新时期知识取向的语文文本解读中也被广泛运用,甚至在新世纪以来的语文文本解读中仍有它的市场。但它唯独没有保障学生作为一个未成年人本应在文本解读中得到的自我提升和发展,反而将人简化为单纯的认知体,甚至异化为没有也不能有任何思想、只会被动接受的容器!所以它最大的缺点和最致命的弱点就是忽视或压抑了学生的积极主动性,导致学生自我主体性的丧失。这是思想政治教化取向的语文文本解读导致学生自我丧失的一个重要原因。对于这种解读方法对学生产生的教育影响,我们将在下文作具体分析。

四 解读影响:"社会人"的塑造——学生自我的丧失

上述语文文本解读,用社会学文章学的方法、程式化的过程解读出唯一权威正确的主题思想,然后再以教师讲解讲述的形式灌输给学生,构成了完整、严密、封闭的文本解读体系,以确保思想政治教化目的的实现。整个体系中几乎没有给学生留下任何让个体自我进入文本的空间,只在解读活动的尾声处才最后看到作为被灌容器的学生!为什么会这样呢?任何行为的背后都有一定的理念在作支撑。我们可以一步步推下去:上述语文文本解读之所以有这样的内容、过程、方法,都是由于其进行思想政治教化(外加知识传授)的解读目的导向和规范所致;这样的解读目的又是受了当时语文教育和整个教育目的的规约;而教育目的又是根据什么来决定的呢?是根据新中国成立初期我们党巩固和维护无产阶级政权的需要而制定的有关教育方针、政策。"语文教学的目的任务,决定于党的教育方针,决定于这一学科的特点。因此,语文教学必须为无产阶级政治服务,又必须根据它的特点进行教学。""语文教学的目的任务必须是:在完成语文教育的同时完成政治思想教育。语文教师应该在正确的政治方向指引之下,以正确的观点讲解教材,使两方面的教育互相渗透,互起作用。"[①] 新中国成立后近三十年间,党和

---

① 徐仲涛等编著:《谈谈中学语文教学》,江苏人民出版社1962年版,第1页。

政府先后提出了三个有关教育的方针①：1949年公布的《中国人民政治协商会议共同纲领》第四十一条第一次明确提出了新中国教育的总任务是："中华人民共和国的文化教育为新民主主义的，即民族的、科学的、大众的文化教育。人民政府的文化教育工作，应以提高人民文化水平、培养国家建设人才、肃清封建的、买办的、法西斯主义的思想，发展为人民服务的思想为主要任务"，鲜明地体现了新政权的人民性，提出了肃清旧政治对教育的影响和使教育为巩固新政权、发展社会经济服务的现实任务。1950年，人民政府更明确地宣称："为工农服务，为生产建设服务，这就是当前实行新民主主义教育的中心方针。"1958年，在《中共中央国务院关于教育工作的指示》中对教育方针作了如下新的表述："党的教育工作方针，是教育为无产阶级的政治服务，教育与生产劳动结合；为实现这个方针，教育工作必须由党来领导。"这三个方针规定了教育服务于政治的附庸地位和工具性质，直接影响着教育目的的制定，导向和规约着具体的教育教学活动。语文文本解读作为一种教育教学活动，必然会受到这种导向和规约。具体表现就是要在文本解读活动中对学生进行政治思想教育，使学生形成与政府相一致的政治立场、思想意识、观点、情感、态度等，从而认可并自觉地维护社会中现存的政治等种种关系。从语文学科的特点来讲，在语文文本解读中进行一定的意识形态教育是必要的，因为任何一个人作为一个社会成员都不是生活在没有政治意识形态包围的真空之中，每个人都不能也不应该把政治从他的生活中排除掉，每一个群体（社会）中的个人都要对他所在群体（社会）的政治意识形态（文化价值观）等有所了解，这样才能使他更好地融入他所在的群体（社会）。这在任何国家任何时候都是合理的，是符合教育发展的客观规律的，列宁曾多次谈到，世界上没有脱离政治的教育，教育总是服务于一定的政治目标的。②邓小平也说过："不继续提文艺从属于政治这样的口号，因为这个口号容易成为对文艺横加干涉的理论根据，长期的实践证明它对文艺的发展利少害多。

---

① 参见叶澜《教育概论》，人民教育出版社1991年版，第148—149页。
② 参见鲁洁《教育社会学》，人民教育出版社1990年版，第110页。

但是，这当然不是说文艺可以脱离政治。文艺是不可能脱离政治的。任何进步的、革命的文艺工作者都不能不考虑作品的社会影响，不能不考虑人民的利益、国家的利益、党的利益。"① 学校教育由于主要承担着培养新生一代的任务，历来被统治阶级当作进行社会控制的重要政治工具。但是，政治对教育的作用和教育对政治的服务是有限度的，这种限度表现为不能违背教育自身的发展规律，更不能以政治代教育。② 上述教育方针从字面上看并没有什么严重的问题，但联系当时的宣传和在方针（尤其是1958年方针）指导下开展的教育革命实践来看，确实存在"左"的倾向。表现在具体的语文文本解读中就是几乎将政治思想教育当作了整个活动的中心，所有的因素几乎都是围绕着它来进行的。当政治意识形态教育成为语文文本解读的出发点和目的地并作为主色调而贯穿其整个过程时，语文文本解读就远离了语文本体的东西（语文学科及课程内容本身的特点）而异化为"政治化"的语文文本解读——在这种解读中，语文文本成为政治教化的材料，语文文本解读就成了政治教化的直接工具，而失去了它作为一种教育活动本应尽的职责——促进人自身充分而自由的发展。

其实，这种做法的背后有一种根本的思想原则或理论在作支撑，那就是以社会为本位来思考和进行指导或起支配作用的社本主义。社本主义的基本理论要点是③：社会是高于个人的；人是环境和教育的产物；人的本性即社会性；阶级性、政治性又被视为社会性的基本内容；由此，与社会性相对的"人性"在这里被否了，人被简约为一个认识体。在社本主义的指导或支配下，教育的实质被认定为人的社会化，是受政治、经济等社会因素制约的，是为统治阶级服务的。所以，教育的任务就是把人从一个自然人改造成一个符合统治者要求的具有社会性的"社会人"，一切与统治者权威意识形态相悖或有碍人的社会性养成的、人与生俱来的自我本性的东西，无论其多么明显与重要，在这里都是不

---

① 《邓小平文选》（1975—1982年），人民出版社1991年版，第220页。
② 叶澜：《教育概论》，人民教育出版社1991年版，第162页。
③ 张楚廷：《课程与教学哲学》，人民教育出版社2003年版，第228—237页。

能存在的，不是被抹杀，就是被歪曲；所有个人的丰富情感、思想、观点都必须不能表现或把它们消灭在萌芽状态，否则就会被认为有"资产阶级思想倾向"，每个人都必须"一颗红心"向着党、向着集体和社会，人本身在这里被挤压到最小化，甚至没有个人表现的任何机会。因而在上述语文文本解读中，从牢笼似的固化的主题思想、程式化的解读过程到单一的社会学解读方法，都是将学生自我排除在外的，它们构成的解读体系是那样封闭、严密，简直滴水不漏，不给学生自我的进入留下任何机会和空间。

但有一个问题是，就中小学生的年龄段来说，他们对政治有多少感觉和认识？他们怎么会从文本中解读出"兴无灭资"之类的政治意识形态的东西？所以，外在强制性的灌输就成了文本解读教学时教师所用的法宝。因为能够灌输的只能是知性的东西，所以灌输与上述文本主义将人简约为一个认知体是一致的，人的多样性、丰富性、复杂性在这里被扼杀了，人成了一个知识接收器，一个需要被改造的适应当前执政者所控制的社会的工具。灌输培养的是人的服从性、适应性和奴性，正如保罗·弗莱雷曾深刻地指出的：①

> 灌输式教育认为人是可以适应现状、可以控制的存在，这不足为奇。学生对灌输的知识存储得越多，就越不能培养其作为世界改造者对世界进行干预而产生的批判意识。
>
> 他们越是原原本本地接受强加于其身上被动角色，就越是只能适应世界的现状，适应灌输给他们的对现实的不完整的看法。

教师将政治意识形态话语向学生灌输了之后他们也不能真正理解消化，他们没有、也不会有、更没有权利有自己的见解，只能被动地机械地接受，久而久之，脑袋里除了被灌进去的政治意识形态化的知识之外别无他物，发展到最后就会出现"文化大革命"中常见的那种只会讲政

---

① ［巴西］保罗·弗莱雷：《被压迫者教育学》，顾建新等译，华东师范大学出版社2001年版，第26页。

治政策类的公共话语而没有个人自身的丰富性和独特性的、现在看来简直是精神病人一样的可怜可悲的"怪物"。马里坦(Jacques Maritain)曾说过:"要求过着奴役生活的人去完成解放的任务,这是十分荒谬的,而教育工作本质上是一个解放的任务。"① 爱因斯坦也说:"一个由没有个人独创性和个人志愿的规格统一的个人所组成的社会,将是一个没有发展可能的不幸的社会。"试想,如果学生都成了这样只会听话、适应而没有个性、不会创新的"顺民",未来社会的发展要靠谁来推动?

总之,新中国成立初近三十年的思想政治教化取向的语文文本解读,是一种在社本主义思想支配下的教学活动,它在主要进行思想政治教育这一解读目的的引导和规约下,用独断的社会学、文章学解读视角与方法将学生的视野限制在对作品的政治意识形态方面的价值与意义的追寻上,遮蔽了文本原本丰富的真实意义,严重阻隔了学生本应同文本进行的心灵的对话与交流,剥夺了学生本应从文本中获得的人性的提升;将学生的价值思维拘捕于对整齐划一的人的社会性的关注与赞同上,使学生的思维机能僵化,思维进入一种偏执的愚昧之中,而成为"非我"的"社会人"。同时,解读教学中的灌输方法有一种将权威解读强加给学生的教育暴力倾向,它把人引入到一个僵化的思想和行动之中,使人不能进行反思并求得改变,它甚至将人简化为单纯的认知体,异化为没有也不能有任何思想、只会被动接受的容器,严重忽视或压抑了学生个体自我本应具有的自主性、能动性、反思力和创造力,却相反地培养的是学生的服从性、适应性和奴性。按照心理学家弗洛姆的观点,如果人只是听从他人、他物(如技术)的控制或摆布,或顺从某种无名的权威(如宗教或世俗思想等),他就丧失了自我。② 我们所看到的现实生活中的好多人总是喜欢"随大流",喜欢按照别人的意见生活,没有自己的独立思考,总是为外在的事务而忙碌,没有听从自己的内心去生活,就是丧失自我的表现。这样的语文文本解读,最终导致的

---

① 华东师范大学教育系、杭州大学教育系:《现代西方资产阶级教育思想流派论著选》,人民教育出版社1980年版,第296页。
② 程文晋、渠长根、武彩鸿:《自我教育论》,气象出版社1998年版,第8—9页。

是学生自我的丧失。

第二节 新时期知识能力取向的语文文本解读

自1976年10月粉碎"四人帮",1977年8月中国共产党第十一次全国代表大会宣布"文化大革命"结束,尤其是1978年12月中国共产党第十一届三中全会提出了"解放思想、开动脑筋、实事求是、团结一致向前看"的指导方针后,党和国家的工作重心转移到社会主义现代化建设上来,各项事业进入了一个新的时期。我国的整个教育事业走上了健康发展的道路,语文教育也相应地步入新的改革发展期。这一时期的语文文本解读,主要围绕着教育为社会主义现代化经济建设培养所需人才这一核心功能任务而展开,其总的特点就是以让学生获取知识能力为取向。这种取向在解读目的、内容、方法中都有所体现。

一 解读目的:以学生获取知识能力为指向

语文文本解读的目的始终是以国家的教育目的为导向的。根据国家教育方针政策和教育目的的变化,新时期语文文本解读的目的也在不同程度上有所变化。大致的变化趋势是:突出思想政治教育目标同时重视知识目标(1976—1980年)→知识能力目标和思想政治教育目标并举(1980—1986年)→以知识能力目标为主(1986—2000年,中间在1990年、1991年前后加强过思想政治教育目标)。总的来看,新时期的语文文本解读主要是以让学生获取知识能力为指向的。而知识能力这两个指向中,又先后有着由知识到能力的侧重点变化。具体情况如下:

在"文革"之后的最初几年内,教育领域的思想仍然残留着"文革"前和"文革"中因袭下来的许多积弊,特别是"阶级斗争"思维。无论在教育方针还是在教育政策中,都要求教育"必须为无产阶级政治服务"。这从1978年的《中华人民共和国宪法》提出的"教育必须为无产阶级政治服务,同生产劳动相结合,使受教育者在德育、智育、体育几方面都得到发展，成为有社会主义觉悟的有文化的劳动者"① 可以看出。这种要求直接在1978年的中小学语文教学大纲中体现出来。《全日制十年制学校小学语文教学大纲（试行草案）》中明确指出："语文这门学科，它的重要特点是思想政治教育和语文知识教学的辩证统一。"② 《全日制十年制学校中学语文教学大纲（试行草案）》也指出："语文课的思想政治性很强，历来都是为一定阶级的政治服务的。我们的语文教学，必须高举毛主席的伟大旗帜，坚决贯彻执行党的十一大路线，深入批判'四人帮'，全面贯彻党的教育方针。"③ 这种表述仍带有明显的"左"的倾向。所以它们在"教学目的和要求"中都特别强调对学生的思想政治教育。因而在当时的课堂语文文本解读中，思想政治教化目的还是很突出的。

拨乱反正阶段（1978—1986年），教育服务的重心逐渐从"无产阶级政治"转向"社会主义建设"，为了适应这一需要，1980年的中小学两个教学大纲对1978年大纲作了进一步修订，明确指出："语文是从事学习和工作的基础工具。"这是对1963年大纲优点的继承，再次强调了语文的基础工具性，明确了对语文知识教学和语文能力培养的重视，虽然思想政治教育仍是重要的内容，但特别指出"思想政治教育必须根据语文课的特点进行，必须在读写训练的过程中进行"，这就将语文教学回归到本体上来了，弥补了"文革"对教育的创伤。所以，在20世纪80年代实际课堂中的语文文本解读目的一般由两部分组成：一是文本中的相关知识和技能学习；二是相关的思想政治教育。为此，笔者查阅了当时一些比较有影响的教案选，里面的具体记录很能说明这一点。如1981年北京师范大学出版社出版的黄岳洲主编《中学语文教案（初中第一册）》中将《从百草园到三味书屋》的解读目的定为④：1. 理解课文运

---

① 程亮：《改革开放以来我国教育价值理念的更新——基于基础教育宏观决策的分析》，《国家教育行政学院学报》2008年第11期。
② 课程教材研究所编：《20世纪中国中小学课程标准·教学大纲汇编·语文卷》，人民教育出版社2001年版，第176页。
③ 同上书，第437页。
④ 黄岳洲主编：《中学语文教案（初中第一册）》，北京师范大学出版社1981年版，第236页。

用对比手法突出中心思想的写法；学习细致观察、抓住特点，具体、真切、生动地描写事物。2. 学习鲁迅先生从小热爱大自然、热爱自由生活、探求各种知识的优良品质；认识封建教育束缚儿童身心的健康发展。1984年云南人民出版社由黄岳州主编，张志公、张寿康担任顾问的《中学语文参考教案（高中第二、四、六册新篇）》里面选录了来自全国各地的优秀教师的教案，应该比较有说服力。其中《雷雨》一文的解读目的是①：1. 认识资产阶级自私、伪善、残忍的本质以及三十年代前后旧中国黑暗的社会现实和工人阶级的初步觉醒；2. 了解课文所显示的戏剧个性化的人物语言和戏剧结构的基本特点，初步掌握阅读和欣赏话剧剧本的方法。《景泰蓝的制作》一文的解读目的是②：1. 学习以景泰蓝的制作过程为顺序、综合运用多种说明方法，准确明白地说明景泰蓝的制作方法和生产特点的写法，培养学生的自学能力和概括思维能力。2. 领会课文中所体现的对劳动人民的智慧和才能的赞佩之情。1985年出版的北京电化教育馆编《课堂录像选辑：中学语文教学纪实》记录了北京景山学校的魏而玲老师将《挖荠菜》一文的解读目的定为③：1. 学习本文，引导学生写文章时注意选取新的角度，挖掘深刻的思想意义。2. 通过对课文的具体分析，使学生懂得只有体会深刻，观察细致，才能写出细腻、生动，真切感人的好文章。3. 结合课文的学习，启发学生正确对待当前两代人见解、行为的不同，自觉接受教育，继承革命传统，热爱生活。

  需要注意的是，这一时期语文文本解读的能力目的中很重要一点就是为了提高写作能力，即"以读带写"或"以读导写"，具体做法就是在解读过程中分析总结出作者的写作手法或特点，然后在本课文教学的最后进行一个相关的写作练习或以作业的形式到课下去完成练习。这从前文所列举的具体解读目的中也可以看出。这种特点在整个新时期的语

---

  ① 黄岳州主编：《中学语文参考教案（高中第二、四、六册新篇）》，云南人民出版社1984年版，第210页。

  ② 同上书，第41页。

  ③ 北京电化教育馆编：《课堂录像选辑：中学语文教学纪实》，北京师范大学出版社1985年版，第53页。

文文本解读实践中具有很大的普遍性，几乎形成了一种传统而被后来多年的阅读教学所延续，乃至今天还有好多教师有这种认识和做法。笔者从自己读小学、中学和后来做中学语文教师的体验，以及当时的教学参考书和公开发行的影响较大的教案选中，都可以得出这种结论。如《雷雨》一文的解读教学结束后布置的作业之一是："用概括叙述的方法写一篇题为《反动资本家周朴园小传》的短文。"[1]《景泰蓝的制作》一文的解读教学结束后布置的作业之一是："在课外实践的基础上按照工作（动作）的顺序抓住它的特点写一篇程序说明文。题目如：怎样使用显微镜；怎样制作××标本；怎样腌制鸭蛋等等。"[2] 这种做法在后来世纪之交的语文教育大讨论中遭到批判，有人称之为阅读教学的"写作情结"[3]，说它以写作为目的和归宿[4]，使文本解读变成了对文本写作思路、方法的分析与学习，成为写作知识教学的附庸，从而失去了文本解读的独立地位和价值。

1985年5月27日，中共中央发布《关于教育体制改革的决定》，明确提出了"教育必须为社会主义建设服务，社会主义建设必须依靠教育"的根本指导思想；规定"教育体制改革的根本目的是提高民族素质，多出人才，出好人才"；要求教育"面向现代化、面向世界、面向未来……"在改革教育体制的同时，"还要改革同社会主义现代化不相适应的教育思想、教育内容、教育方法。"1986年4月12日，六届人大四次会议通过了《中华人民共和国义务教育法》，自同年7月1日起实施。它规定："义务教育必须贯彻国家的教育方针，努力提高教育质量，使儿童、少年在品德、智力、体质等方面全面发展，为提高全民族的素质，培养有理想、有道德、有文化、有纪律的社会主义建设人才

---

[1] 黄岳州主编：《中学语文参考教案（高中第二、四、六册新篇）》，云南人民出版社1984年版，第224页。

[2] 同上书，第51页。

[3] 王俊鸣：《阅读教学三思录》，载钟晓雨主编《问题与对策：中小学语文教育改革》，人民教育出版社2000年版，第274页。

[4] 赵大鹏：《现代阅读意识与阅读训练思路》，胡明道：《阅读教学的现状与对策》都对此进行了批评，见钟晓雨主编《问题与对策：中小学语文教育改革》，人民教育出版社2000年版，第265、291页。

奠定基础。"① 这些政策法规的制定，完全将教育服务的重心转向了"社会主义建设"，教育目的也就转向了为社会主义建设培养所需人才。在这种形势下，国家教委在1986年下半年制定并颁布了全日制小学、中学语文教学大纲。这是新中国成立以来首次制定的正式的语文教学大纲。这两个大纲非常明确地突出了语文学科的工具性质，强调了对学生语文能力的发展。就阅读教学来说，小学文本解读的目的主要是：理解掌握文本中的词句；能按要求朗读、默读或背诵、复述指定课文；有初步地分析和概括文本的能力；培养独立阅读的能力和良好的阅读习惯。中学文本解读的目的主要是教学生学习必要的语文基础知识（包括记叙文、说明文、议论文等的文体知识和词句等语言知识），培养学生的阅读能力（正确领会文章词句的含义和特点，理清文章的脉络层次，把握各类文体课文的中心思想和写作特点等）。大纲的这种规定直接体现在课堂语文文本解读之中。

至此以后的十几年间，除了在1990年、1991年对思想政治教育有过强调之外，语文文本解读基本上摆脱了它"政治传声筒"的地位，而将目标指向学生知识和能力的获取。而且在阅读能力的内容方面，越来越较之以前更加丰富、合理，如1988年大纲增加了"初步掌握基本的阅读方法"；1992年大纲将这一点更加具体地表述为"初步掌握精读、略读的方法"，并在"能力训练"中比较具体地列出了各项"阅读训练"目标，新增加的有："根据不同表达方式和体材的特点阅读课文"；"就课文的内容、语言、写法提出自己的看法或疑问"；"集中注意力默读课文，不动唇、不指读；用一定的速度（每分钟500字左右）阅读浅易的文章，把握大意；用圈点、批注的方法精读课文；用摘录或制作卡片等方法积累阅读的材料；写读书笔记"。这些表述表明已经将阅读的策略和方法列为阅读能力的目标之内，对学生阅读技能的提高有了很大推动。2000年大纲的阅读能力目标在以往的基础上又有所增加，主要体现在以下几点：整体感知课文，体会作者的态度、观

---

① 参见陈黎明、林化君《20世纪中国语文教学》，青岛海洋大学出版社2002年版，第345—346页。

点、感情；在阅读中了解叙述、描写、说明、议论、抒情等表达方式；学会浏览、检索、摘录、制作卡片、写读书笔记等读书方法。我们还可以从 20 世纪 90 年代后半期一些特级教师的课堂教学实录中来领会一下当时文本解读的目的指向：如朱泳燚老师将《荷花淀》一文的教学解读目的定为①：

> 通过教学，学生应当理解这篇小说的故事内容和主题思想，理解对话描写、景物描写在小说中所起的作用；了解本文语言的主要特点。
> 通过对作品修改实例的研讨，引导学生了解作家严肃认真、精益求精的创作态度，学习一些写作的方法和锤炼语言的技巧。
> 通过多种形式的自读、自练和研讨、交流，进一步提高学生读、写、听、说和对照、比较、推敲、辨析的能力。

程翔老师将《在烈日和暴雨下》一文的学习重点定为②：1. 环境描写与人物的关系；2. 正面描写和侧面描写。将短篇小说《落棋有声》的学习重点定为③：1. 理解题目的含义；2. 描写人物的方法。

再如俄国作家托尔斯泰的著名文学作品《跳水》④，它主要讲述的是船长和水手机智、勇敢地救助处于生死危难关头的少年的感人故事，为读者展现了一幅惊险、动人的场面。但其解读目的却被定为：通过对课文的学习理解，达到完成单元"训练项目"——"注意事物之间的关系"这一训练目的。

这些语文文本都是典型的文学文本，还将它们的解读目的完全指向了知识和能力，那非文学文本的解读目的就更不用说了。

---

① 刘国正主编：《中国著名特级教师教学思想录·中学语文卷》，江苏教育出版社 1996 年版，第 173 页。
② 程翔：《语文课堂教学的研究与实践》，语文出版社 1999 年版，第 194 页。
③ 同上书，第 212 页。
④《小学语文教科书第十册（五年级下学期）》，人民教育出版社 1997 年版，第四单元。

二 解读内容：以解析文本形式为中心

新时期的语文文本解读随着它解读目的的变化，其解读内容也相应地有所变化。"文化大革命"结束后的近十年里，以挖掘主题思想或追寻作者原意为中心内容的"作者简介——划分段落大意——概括主题思想或作者原意——总结写作特点"式解读仍然非常普遍，多数在这样的解读过程中再加上课文字词句等语文知识学习的内容。这样一方面能够进行知识教学，另一方面还能完成思想政治教育的目的。这从前述所列举课文的解读目标中也可以看出。这种以概括主题思想为中心的解读内容与过程，在20世纪80年代后期尤其是20世纪90年代仍然存在，但已逐渐不再是重点内容，取而代之的是解析文本的语言、结构、体裁、写作技巧等形式，从中发现语文知识"点"和能力训练"点"，以实现让学生获取知识能力的目的。主要表现在以下方面：

按照具体文本的文体特点进行元素肢解式分析。众所周知，自50年代起（除十年"文化大革命"）到80年代末，我们的语文教材几乎都是以文体划分单元，这种单元编排方式很大程度上影响着文本解读侧重于按照文体特点来进行。于是形成了这样的解读思维定式：只要是小说文本，就会按照小说故事情节的开端、发展、高潮、结局这几个部分将其进行结构上的切割，按照人物、情节、环境这三大要素进行内容上的解剖；只要是散文，就会按照"形散神不散"的特点去寻找课文的"神""文眼"或贯穿全文的线索；是记叙文就会将文本划分为时间、地点、人物、事情的起因、经过、发展这六要素；是议论文就会按照论点、论据、论证三大要素去分析；说明文就会找它的说明方法、说明顺序、说明特点；等等。这样文本解读的内容就局限在各个文体要素上，解读的过程就变成了对各文体要素的寻找、确证过程。尽管实行九年义务教育以后的语文教材突破了原来的老套，采取了以内容划分单元等多种编排方式，但以往的解读思维形成了强大的惯性，教师们往往仍从某一课文的文体特点来确定解读内容、展开解读过程。以人民教育出版社1990年版高中语文教材第一册中《祝福》一文的"预习提示"和"思考练习"中的导读指向为例。"预习提示"在概述了该文的主题之后指出:"鲁镇是封建礼教笼罩下的整个黑暗社会的缩影,这种典型环境的描写既展示了当时的世态风情,又突出了人物品格。阅读时,应在理解这种典型环境的基础上,深入体会人物的品格特征,分析人物品格的成因,探究造成旧社会劳动妇女的悲惨命运的社会根源。"后面的"思考练习"则出了这样四道题目(为了节省篇幅,这里只作概述):1.根据作品中对当时社会环境的描写,说明祥林嫂的故事是在怎样的社会环境中发生的。2.就作品中对祥林嫂的肖像、语言、经历等的描写来回答问题。3.指出小说在叙述方式上所用的手法以及它对表现主题的作用。4.作者多次描写祝福的景象,写祥林嫂在年终祝福时凄苦地离开人世,并把该小说取名为"祝福",有什么深刻含义?我们可以看出,教材对该文的解读内容安排将重点放在了对小说三要素的学习上。再联系该课文的单元编排,可以看出编辑的意图是通过《祝福》这样的小说文本来力图构建一个小说阅读的知识训练体系,从环境分析到人物分析,通过情节梳理明确小说主题,将学生的思维引导到预先设定好的训练框架中来,以达到对该类文体的文本进行阅读训练的目的。另外,我们从前文对《荷花淀》《在烈日和暴雨下》等文解读目的引述中也可以看出同样的解读内容要求。这样的解读,实际上深受了叶圣陶先生"课文无非是个例子"思想的指导和影响,通过对课文这个例子的解读,来形成学生对各种文体的认识,进而养成相应的阅读能力。事实上,解读一个文本先从它的文体特点入手,这是非常必要的,因为不同文体的文本的确有着不同的解读内容和方法,如果不按照它的文体特点去解读,是很难对文本内容作出较为准确合理的理解把握的。比如,我们不能将《愚公移山》这样的寓言故事当成一篇写实的文本去分析愚公移山的行为是否合理。但是,不能因为必要就千篇一律,尤其不能把这种文体特点当成解读这类文本的全部内容,因为这种按其要素进行肢解的做法只是进入该类文本的门径,进去之后对文本的整体意蕴进行细致深入的体验揣摩才能把握文本解读的真意。

对语文文本进行段落层次的划分。相信每一位在新时期接受过基础教育的人都会有这样的记忆：从小学高年级到初中、高中，随着课文的逐渐加长，好像每一篇课文的解读都离不开段落层次的划分和段落大意的概括，这些东西成为语文文本解读家常便饭式的内容，即便是现在这种做法依然大有市场。其实，如果运用得当，划分段落层次本来是有利于学生把握文章各个部分之间的联系，有益于从整体上理解文章的精神的，但实际上常规的课堂语文文本解读中，却将其片面化了，"不是把目标规定在文章的整体精神，基本特点和作者的特殊创造上，而是机械地规定某种划分为唯一标准，各自然段之间的界限需要绝对分明。非此即彼——不是属于上一个大段落，就属于下一个。这种绝对界限的划分往往把学生的注意力集中在文章部分与部分之间的分界上，而忘记了文章各部分之间的联系"。① 这样，划分这种手段本身就成了目的，文本丰富而深刻的意蕴被忽略了，划分也就失去了它原本的意义和价值。

在段落解读中，字词解析"包打天下"。如果说前面的按文体肢解分析和段落层次的划分是将整个文本进行肢解、切成"大块"的话，那么，字词解析就是从细处进行再肢解，将"大块"再切成"小块"、小点。由于新时期一直在强调语文是"学习和工作的基础工具"，是"最重要的交际工具"，所以几乎包容承担了所有语文教学任务的文本解读教学理所应当地也将语言文字的教学放在了首位，字词解析成为具体段落解读的核心内容。语言文字是文本这一肌体的细胞，是文本精神和作者思想的承载者，解读文本首先要抓住语言文字，这是合乎事物规律的。但凡事贵在恰当与适度。当老师们把字词教学强调到了不适当的地步，"几乎每一课都要花很多时间和精力正音、正字、释词，大量搞语法分析，不分青红皂白地搞字字落实，句句落实，不厌其详地灌"②的时候，这种做法就把一篇篇完整的课文解析得支离破碎，生动的课文解读变成了干巴巴的认字、解词、训诂、语法分析，没有了丰富的文本内涵理解，必然使学生感到文本解读索然无味，还谈何理解能力的提

---

① 孙绍振：《直谏中学语文教学》，南方日报出版社2003年版，第104页。
② 易山：《中学语文课字、词、句教学小议》，《云南师范大学学报》（哲学社会科学版）1982年第2期。

高？所以有研究者说："在当今语文教学实践中，分析作品中的情感靠词语；分析意境靠词语，讲写景之妙靠词语；理解人物抓关键词……似乎学生理解了词语，也就理解了作品的方方面面。这种误导直接造成了学生语文能力低下，理解能力发展缓慢。"① 当然，在文本解读中如果字词解析做得恰当合理，无论怎么强调都是不过分的，它都不会对学生理解文本造成不好的影响。问题的关键在于文本解读中的字词解析出现了种种偏差，常见的有：1. 脱离了具体语境按照字词的词典含义来解析，把文本语境中的字词理解变成了单纯的字词学习；而且往往将这种单纯的字词学习变为解读文本的前提准备，把它放在解读文本之前，并在解读文本过程中不再讲解这些词语。这样严重影响了学生对课文内容的准确理解与把握。2. 忽略了字词含义的真正理解不仅与语境和学生的语言基础有关，还与学生的生活阅历及认识能力有关，认为只要将字词的含义告诉学生，他们就会理解，如解读《从百草园到三味书屋》一文时，将"其中似乎确凿只有一些野草"这句话中的"似乎确凿"这样连成年人都难以理解的词语作为重点来让学生理解，这样只会让学生对文本产生深奥难懂、不可捉摸的感觉，失去对语文的兴趣。3. 夸大字词的表达作用，过分强调文中字词的不可替代性，强调答案的唯一性。我们经常见到课后题中有这样的题目：某句话中的加点词用得好不好，好在哪里，把它替换成括号中的词语可以吗，为什么作者要用这个词语而不用另外一个词等。这样就将丰富的文本内容理解变成了词语的比较与欣赏练习，而且这样做也告诉了学生只有作者用的这个字词是唯一最好的，这无疑限制了学生的思维，压抑了他们的批判意识。4. 学究气地深挖词语含义，甚至成了文本解读中的程式化内容——"无论什么文体，无论课文难易程度，无论学生的知识基础和认识水平怎样，甚至无视必要性和课文的学习目的，每课必'深挖'字词含义（尽管有的词语并不重要）"②。我们经常见到这样的问题：在这句话中，"这"指代什么，"这些"指代什么，甚至连语言非常直白的说明文

---

① 张承明：《中外语文教育比较研究》（修订版），云南教育出版社2005年版，第150页。
② 同上书，第147页。

也不放过。这无疑是在故弄玄虚,浪费了时间又让学生感到语文的无趣、无味。

另外,在这样的解读中,除了字词解析外,还常常伴随着对文本中所蕴含的语法、修辞、文化知识等的深入挖掘和反复讲析。这也是我们都曾体会感受到的,此处就不再赘述。

总之,新时期的语文文本解读是以解析文本形式为中心内容的。事实上,合理恰当的形式解析是文本解读所必要也是必需的,因为语言、结构、文体等形式要素往往是一个文本的"外貌",是一个文本成为它自身的依据。正如加达默尔所说:"使艺术作品成为艺术作品的,并不是体验的纯真性或体验表现的强烈性,而是固定的形式和表达方式的富有艺术性的安排。"① 卡希尔也曾指出:"在人文科学中我们所要认识的,其实不过就是'形式',就是一些对其原因加以认识之前必须先对其纯粹的结构加以认识。"形式分析可以让我们了解作品的深层含义,是我们解读文本过程中的必要组成部分,文学理论中的新批评流派就特别强调了对文本的细读。尤其对于语文文本的教学解读来说,对语言、文体、段落结构等文本形式的解析的确可以让学生进入文本的意义深处,并且在解读过程中掌握相应的语文知识。但应该清楚的是,解析文本形式不是语文文本解读的重点更不是全部内容,文本的意义才是对学生更加有教育价值的东西。而新时期主流的语文文本解读在知识能力取向的解读目的导向下,将解析文本形式当成了解读的中心甚至全部内容,这样本来意蕴完整丰富的一篇课文,就变成了字词句段篇、语修逻文等知识点的拼盘组合,成了学生获取知识能力目的的训练基地。这种技术性的解读使学生对作品只是初涉皮毛,与文本丰富的精神内涵和人文价值疏离开来。因为这样的解读内容和活动过程使得学生自我在与作品文本尤其是文学文本接触时,始终需要与作品保持一定的距离(即站在第三者的立场),并把注意力放在对文本词句、情节发展、人物行为等的分析和挖掘主题与中心思想上。这样就无暇顾及文章的细节,不

---

① [德]加达默尔:《真理与方法:哲学诠释学的基本特征》,洪汉鼎译,上海译文出版社2004年版,第92页。

能深入揣摩或体察人物微妙的心理心情变化。人自身内在情感心理的丰富性、复杂性就被忽略了，久而久之，孩子们的心灵就被简化了。

三 解读方法：文章学、语义学与师导生练结合

前面说过，新时期语文文本解读的内容重心基本上可以分为两类：在"文革"结束后的十多年间以解读主题思想和语文知识并重，而在20世纪80年代中后期尤其是90年代则主要以通过解析文本形式让学生获取知识和技能为主。在文本解读方法上，相应地也有所侧重：先是承继了解放初期的社会学、文章学解读法，后来逐渐转向了文章学、语义学解读法，尤其以语义学解读法为主。前面已经对文章学解读法做过简述，这里就主要谈一下语义学解读法。

语义学解读的特点主要有：以文本为中心，把文本看作是一个封闭自足的客体，通过对文本进行细致深入的语义分析来把握作品意义；重视语境对语义分析的影响，强调通过某个词、句或段与上下文之间的联系，来确定特定词、句或段的具体意义；把文本解读的重点聚焦到文本内部的组织结构方面，注重文本的语言文字尤其是词语的多义性等的分析。语义学解读的主要方法有：从字、词、句含义的释读入手，认为这样就能逼近作者的原意，从而获取文本固有的潜在历史信息；细致分析表达手法和修辞技巧；层层解剖文本的内在结构层次；通过对语句的具体解读来开掘文本多侧面的主题意义。① 笔者根据自己当时做中学语文教师时引领学生进行文本解读的切身体验，和现在对当时课堂文本解读相关记录文献的查阅，都可确认这种语义学解读方法。比如面对一篇新的课文，经常会按照解释生字词、划分段落层次、逐段进行解析的顺序进行；在解析一段课文时，又经常按照文字的顺序，逐字逐词逐句地进行分析，中间遇到什么知识点就随即解释或让学生练习一下，然后再回到段落中来。其中经常会处理的一些问题是：某个字、词或句子是什么意思、表现了什么内涵，某句话用了什么修辞手法、是什么语法现象，

---

① 金振邦：《文章解读的理论与方法》，东北师范大学出版社2001年版，第204—214页。

前后两个段落或句子之间有什么关系，某个具象象征着什么，作者的情感或观点是怎样表现的，等等。这种语义学解读法正好符合了语文是工具、课文是例子的思想，因为逐句逐段进行语义解读的过程，恰巧能够让人发现课文中的语文知识点，并给教师提供训练学生语言能力的平台和机会。

总之，语义学解读的思维特征就是从文本自身的构成要素入手，对文本进行细致的、条分缕析的解读，从中揭示文本的意义。相对于文章学解读法侧重于篇章解读，通过对文本各组成部分的分析来获取一个中心思想来说，语义学解读法侧重的是对语句、语段的解读，通过逐字逐句的分析来获取语句段落的含义。语义学与文章学的共同之处在于都是将文本或段落看作一个可以解剖的物品，通过剖析部分来获取整体的含义；都是抛开了解读者自身的主观意向而追求文本自身固定的、确切的客观意义，所以解读时要解决的主要问题是课文写了什么（有时经常将文本含义当作作者的意图、观点），怎样写的？而很少引导学生考虑"我"有什么看法？文本所写对"我"有什么意义、价值？如果"我"是作者或文中的人物会怎样？这样学生自我就始终是以外在于文本的第三者或旁观者的身份出现在解读之中，而不是将自我融入文本之中，因而文本对于学生来说是一种外在的认知性存在，而不能进入学生的内在心灵或精神。这样的解读类似汉代的训诂，以寻章逐句为根本，它让人淹没在对文本的原子式切割之中，而忘记了对文本整体意义的追逐，忘记了自己为何要解读文本，丢弃了文字背后的深远意义，看到的只是语言的碎片。这是一种主客二分的思维，一种以文本为用的思想，它仅仅将文本看作是进行听说读写等语文训练的例子，看作是外在于人的可以利用来获取语文知识和能力的工具，而忽略了文本自身是人类的"精神客观化物"，是对人类生生不息之生命的书写与记录，也是作者自身生命与精神的外在体现，忽略了解读文本实际上是在与文本中他人生命与精神的无声交流，也是在对自己生命的检视与提升。这样不仅折损了语文文本的内在精神文化价值，更重要的是扼杀了人自身的丰富性和多样性。这样的文本解读在学生应付了一次次的考试结束了十几年的基础

第一章 疏离自我:1949年后我国语文文本解读的实然状况

教育走上社会之后,除了残留在脑海中的模糊的课文情节大意、一些字词等东西之外,还能给他们的未来人生带来些什么呢?相对于这些少量的知性的东西,人的一生更需要的是什么呢?这是新时期工具性的语文文本解读留给我们的思考。

在课堂文本解读教学所用的方法上,整个新时期也有着前后的变化。在20世纪80年代,仍以教师串讲为主。顾黄初先生曾在研究中指出:"现在,教学内容变了一些,什么时代背景、段落大意、中心思想、写作特点、现实意义等等,但教法没有多大改变,还是教师讲、学生听,教师写、学生抄,教师考问、学生答问这一套办法。这样的办法,能切实有效地提高学生的阅读能力,养成学生良好的阅读习惯吗?恐怕不能。"① 1987年,中央教育部曾对全国六大区的15个省(自治区、直辖市)的572所中学,2893位教师,49260个初中三年级学生,进行了课堂语文教学调查。"师生在课堂上的活动情况"是这次调查的内容之一。调查的结果是,教师常用的教学方法,以串讲式为主的占52.4%,以谈话法为主的占20.2%,讨论式为主的占15.2%,训练式为主的占10.9%。表明当时课堂教学总的情况还是教师讲得多,学生活动少,常用的教学方法还是传统的串讲法。"② 这种注重教师"讲书"的结果是:不但"剥夺"了学生"读书"的权利,更重要的是"剥夺"了学生在阅读中思考、体验,从而提高思维能力、改善思维品质、获得情感陶冶和精神提升的权利。学生在这样的解读中收获的主要还是知识,虽然当时语文界对培养学生的语文能力的呼声甚高,语文文本解读也以提高学生的阅读能力为目标,但其中所进行的能力训练,实际上只是语文知识的例证。比如解读一篇小说文本,主要是让学生通过它来了解小说的三要素、学习小说的描述性语言、所用的修辞手法等;解读一篇议论性文本,主要是让学生辨识什么是论证方法、论证方式等。文本解读中大量的时间主要用在对知识点的挖掘上,所以当时学生的语文能力也并没有真正地提高。1987年国家教委曾对15省市的语文教学进行抽样调查,

---

① 顾黄初:《对阅读教学的思考》,《课程·教材·教法》1983年第5期。
② 高玉珍主编:《语文比较教育研究》,教育科学出版社1993年版,第95页。

调查结果表明学生的遣词造句能力和阅读理解能力是很令人担忧的，而表现为强项的则是语法、修辞、文体等知识的掌握。对此，上海的同志在调查报告中做了非常深刻的分析："我们认为，语法、修辞、文体知识成了现代文阅读的强项，并不是可喜的现象。如果说，这是因为我们在教学中对之产生浓厚的兴趣、花大量的时间所致，那么恰恰是语文教学'失重'的表现。"①

所以，以教师讲授为主的教学解读法让学生收获的主要是知识，这是不适应当时国家重点发展经济、追求速度、讲求效率的大形势和科学技术日新月异带来的所谓"知识大爆炸"这一新时代的要求的，必须改变这种教师串讲的教学方法让学生切实获得语文能力才行。其实，钱梦龙、蔡澄清、洪镇涛、洪宗礼、魏书生等一批特级语文教师早在20世纪80年代初期就开始了对如何提高学生语文能力的探索，认识到"能力是练出来的，而不是讲出来的"②，在解读文本时必须以学生活动为主使他们从中得到解读技能等语文能力的训练。他们各自在自己的语文教学实践中探索出一套独特的文本解读教学方法，如钱梦龙的导读法，蔡澄清的点拨法，洪镇涛的八字教学法，洪宗礼的引读十法，魏书生的课堂教学六步法，等等，虽然各种方法形式不一侧重点也各不相同，但都共同体现了一种"导学思想"，形成了一种导练方法论③：在文本解读教学中，学生是语文实践活动的主体，他们通过学或练（实际上，学就是练，练即是学）这样的语文实践活动来形成语文能力；教师的作用就是引导学生进行练习，因而课堂文本解读的过程就变成了教师引导学生进行语文能力训练的过程。在这些特级教师的带动和影响下，20世纪90年代的语文文本解读教学在方法上逐渐由以教师讲述为主转向以教师引导学生进行能力训练为主。这种方法较之以往的教师串讲，的确在一定程度上改变了以往学生在文本解读教学中像

---

① 王光祖：《全国初中语文教学调查与分析》，转引自高玉珍主编《语文教育比较研究》，教育科学出版社1993年版，第55—56页。
② 高玉珍主编：《语文比较教育研究》，教育科学出版社1993年版，第116页。
③ 李冲锋：《语文教学范式研究》，华龄出版社2006年版，第108页。

接受知识的容器一样的被动地位，而使他们成为自己主动获取知识能力的主体，在人格上也得到了尊重，有了发言权和表现自己的机会，人自身的积极主动性和能动性得到较好的发挥。但是，在这种师导生练的教学解读中，学生主要是按照老师的指导去进行学或练的主体而已，并没有完全被当作生命主体去看待，他们在被教师指导和训练的过程中仍然是受教师支配、控制的，他们主要是被告知"怎么做"，按照教师给的"渔"（方法）去获取更多的"鱼"，因而其主体性也只是体现为是解读行动的外在主体，是按要求去做的主体或被老师"牵着鼻子走"的主体，至于为什么做（解读），解读什么，朝什么方向解读，解读到什么程度，其价值和意义何在，对自己的成长有什么益处等这些价值层面的思考和判断并没有参与到解读中来。所以从根本上说，学生仍旧是被动的，他们只是在解读中获得了认知和技术性的东西，并没有真正促进自己包括情感、价值观、兴趣、态度等非认知性东西在内的精神的全面提升。尤其到20世纪90年代后期在应试教育愈演愈烈的情况下，好多教师为了片面追求升学率，对教材文本进行几乎纯技术化的处理，语文文本解读教学几乎完全沦为理解词句、划分段落层次、找中心句、概括句意文意等解读技能的训练，"以学生为主体、以教师为主导"的导学思想流于形式，实际上仍是以教师为中心，所谓导练成为一种变相的授受甚至灌输：对文本的理解只能以教参或教师的解读为唯一正确的标准答案，虽然教师给了学生发言的机会，但并没有重视学生发言的内容和质量，最后总要把学生的思维引到或归结到教参的标准答案或教师自己的解读上来，让学生就范或强行接受。这样的解读使学生缺乏自我思考和判断的能力，并在很大程度上相信别人的观点是绝对正确的，因而也就不能形成健全的自我意识。而只有具备健全自我意识的人才能被称为主体，所以在这样的文本解读中学生并没有成为真正的解读主体。正如扈中平先生所说："教育中的当事人并不会因为他们是'人'就自动地获得'主体'资格——是主体的充分展现（意味着人的存在出场）使得'人'成为'主体'。在教育现实中，很多'人'并不具备'主体资格'，因为他们并不是作为一个意义性'存在'，而仅仅是作为一个存在者'存在'。"①

　　这样的解读技能训练，正是利用了语义学、文章学解读方法所提供的通过肢解部分来获取文本整体意义的思维，把蕴含着丰富的人类情感和价值依托的生动活泼的语文文本当成了无情的死板枯燥的语文技能训练的材料，把关涉生命体验和精神建构的充满人情味的语文文本解读当成了机械、刻板、程式化的单纯提高知识和技能的训练场，也把人当成了不断接受刺激和强化的"驯养动物"，它不但浪费了学生的大好青春时光，而且还如刘国正先生所说："消损了兴趣、闭塞了聪明，加重了负担，却不能真正地提高语文能力。"②

四　解读影响："工具人"的训练——学生自我的异化

　　上述新时期语文文本解读的各维度中，语义学和文章学解读方法保障了整个解读过程能够以肢解语言、段落层次、文体特征等这些文本形式的构成成分为中心内容来进行，而这样的解读内容又为教师对学生进行解读训练提供了凭借和抓手，从而保障了让学生获取知识和能力这一解读目的的实现。应该说，这种做法修复了新中国成立初期尤其是"文革"时期给人们带来的知识创伤，是符合当时国家发展经济、教育为国家培养经济建设所需要的人才、语文教育则要提高和发展人才所必须具备的语文知识和能力这一系列的要求的，这也是新时期语文文本解读所做的最大贡献。因为让学生获得基本的知识和能力永远是教育，当然也是语文文本解读这一教育教学活动的主要任务之一。要注意我们这里说的是"主要任务之一"，而不是全部或唯一，因为更确切地说，教育的目的是培养人——认知与精神全面发展而又有个性的人，知识和能力只是属于认知的范畴，除此之外，人更需要具备丰富、高尚的精神才是一个真正意义上的完整的人。所以我们通常认为教学过程是一个"特殊的心理过程"③，其特殊之处就在于它既包括了认识过程，又不只

---

① 扈中平：《教育的本体解释——评〈教育解释学〉》，《教育研究》2009年第9期。
② 参见阎立钦《一个迫切需要解决的问题》，《教育研究》1999年第1期。
③ 张楚廷：《教学论纲》，高等教育出版社2008年版，第110页。

第一章 疏离自我:1949年后我国语文文本解读的实然状况

含认识过程,还是一个包含情感、意志等情意因素在内的活动过程。故作为一种语文教学过程,新时期语文文本解读的不足之处就在于它基本上将目光完全聚焦于认知因素上,而相对忽略了对学生情意因素的发展。

早在20世纪60年代,苏联教育家赞科夫就曾发现,在知识技能的掌握与儿童的发展之间存在"剪刀差",即在知识技能的掌握方面取得了优异成绩的儿童,其整体发展并没有相应地进步。为什么会出现这种"剪刀差"现象呢?钟启泉教授认为"这是由于教学仅仅定位于知识技能的掌握。单纯聚焦知识技能的教学是无助于儿童的整体发展的"。[1]这是因为一般教学中所追求的知识是一种科学范式下的知识,它是确定的、普遍的、价值中立的"客观真理",是将个人自身的东西排除在外的,它要求个人在涉足它时要将自我主观的情感、价值等情意因素"悬置"起来,因而个人的主体性被消解,人也就在其中失去了进行整体发展的机会。所以,几乎完全将目光聚焦于知识技能的新时期语文文本解读,使学生自我在解读中始终需要站在作品之外,以第三者或局外人的客观立场,与作品保持一定距离,把注意力放在对字词句、文体特征、情节发展、人物行为等知识点的分析和掌握上,他们可能收获了一些语文知识和客观地依据文中提供的内容、进行正确分析概括的技能,但却失去了与文本整体意蕴"亲密接触"的机会,失去了走进作品、走进作品中人物内心去与他们共同体验感受喜怒哀乐的机会,失去了到语文文本解读中去自由驰骋想象的乐趣,失去了与作品碰撞的瞬间产生的主体的、自然的、本真的感受和感动,也就失去了对自我人生意义的反思与建构。尤其在考试的驱使下,学生的一切感觉全都被考试这种"粗陋的实际需要"禁锢了,对知识技能产生一种强烈的占有欲望,正如"贩卖矿物的商人只看到矿物的商业价值,而看不到矿物的美和特性"[2]一样,学生只看到文本解读的考试价值,执着于挖掘文本中的知

---

[1] [苏]赞科夫:《小学新教学体系实验(1964)》,转引自钟启泉《凯洛夫教育学批判——兼评"凯洛夫教育学情结"》,《全球教育展望》2001年第1期。

[2] 中共中央马克思恩格斯列宁斯大林著作编译局编译:《马克思恩格斯全集第三卷》,人民出版社2002年版,第305页。

识点和技能训练点，而忽略了它所蕴含的远远比考试更为重要的对人自身的心灵涵养和精神建构的价值。在这样的文本解读中，占有知识技能成了第一位的目的，如鲁洁教授所指出的："知识被扩张为人性的全部，人性中的其他部分如伦理道德、审美情操等等则都被虚无化。""于是就产生了这样的结果：知识得到之时，也是人自身、人的生活被异化之时。这是教育的悲哀！"①

新时期的语文文本解读不是把语文文本当作人的情感、价值等精神生命的存在，而是当作了传递信息的手段和知识、技能的训练场，将文本丰富的人文价值压缩到最小化，凸显了它所蕴含的知识价值，以及在提高学生解读技能中的例子和工具价值，并通过肢解训练来让学生获得对知识技能的掌握，以最终满足国家对人才所必需的基本语文知识和能力的要求。这是一种工具理性和技术主义的思想和做法。"科学技术不能显示事物的隐蔽性。"② 这种工具理性和技术主义下的解读技能训练，只能让人抓住文本在场的东西（字面含义），而不能获取文本真正隐藏在背后的"意义"，因而扼杀了学生丰富真实的情感，简化了学生丰富善感的心灵。这样的解读把本应是让人获得解读意义从而获得自身发展的手段的知识和技能当作了目的，却把本应是文本解读这种教育活动目的的人当成了取得成绩的工具和为国家发展经济而服务的工具；让本应个性丰富、复杂的人接受统一僵死的标准答案和统一的知识技能教育，从而变成批量生产的标准化人才。这样的解读消解了学生对文本、解读乃至人生意义和价值的追问，只是一味地告诉或要求学生怎么做，却没能让学生知道为什么要这样做；只是让学生拼命地去攫取更多的知识技能，却让他们不知道获取这些东西的价值除了考试、升学之外还有什么；因而它压抑了人的情感、意志等感性品格，忽视了人的个别性、独特性和丰富复杂性，把人从一个生机勃勃的生命存在简化为一个整齐划一的生硬机械的功能性、工具性存在。弗洛姆曾深刻地指出：人征服了自然，具有了关于物质的全部知识，但对于人自身存在之最重要、最基本的问

---

① 鲁洁：《一个值得反思的教育信条：塑造知识人》，《教育研究》2004 年第 6 期。
② 张世英：《哲学导论》，北京大学出版社 2002 年版，第 131 页。

第一章 疏离自我:1949年后我国语文文本解读的实然状况

题——人是什么,人应当怎样生活,却茫然无知。① 反思我们的语文文本解读,它让学生"认识很多东西,懂得很多东西,但是他不认识、不懂得他自己"②,遗忘了自身生命的存在,丧失了对自我的感觉和意识。正如海德格尔所说:"知识产生了,思却丧失了。"③ 学生失去了真正的生命之思,便失去了真正的健全的自我,而成为只会执行而没有思想的"工具",以"他人的标准"去过着"他人的生活",不仅将个体自我的可能生活抛诸脑后,而且丧失了寻求个体生活意义的兴趣与能力。"知识既未使我们变得更加优秀,也未使我们变得更加幸福"④,反而扼杀了学生本有的灵性与情感,让他们感到人生的虚无和无意义。

这种基于工具理性和技术主义的解读训练,基本上只是让学生自我的认知因素参与了解读,而将他自己之所以成为他自己的情意因素疏离在外了,学生在文本解读中所表现的只是一个认知的自我,而不是一个完整的全面的自我。马克思说:"个人怎样表现自己的生活,他们自己也就怎样。"⑤ 加达默尔也谈道:"人其实是通过他做什么和他怎样行动才成为这样一个已成为如此地,但也是正在成为如此地以一定方式去行动的人。"⑥ 马克思所批判的"异化劳动"便讲了机器大工业时代的工人由于长时间甚至一辈子都在从事某种单一机械重复的劳动,这种劳动抽掉了人的意识和目的,只剩下非本身的"异己"的被动劳动,它将工人变成了畸形物,从身体到心理到精神都发生了异化:没有了好奇心,没有了独立思考的能力,更没有了创造力,甚至感觉都麻木了,没

---

① [美] 弗洛姆:《为自己的人》,孙依依译,生活·读书·新知三联书店1988年版,第25页。
② [苏联] 瓦·阿·苏霍姆林斯基:《少年的教育和自我教育》,姜励群等译,北京出版社1984年版,第97页。
③ [德] 海德格尔:《论人道主义》,转引自刘放桐等编著《现代西方哲学》(修订本),人民出版社1990年版,第615页。
④ [法] 埃德加·莫兰:《复杂性理论与教育问题》,北京大学出版社2004年版,第98页。
⑤ 人民教育出版社教育室编:《马克思恩格斯列宁论教育》,人民教育出版社1993年版,第66页。
⑥ [德] 加达默尔:《真理与方法:哲学诠释学的基本特征》,洪汉鼎译,上海译文出版社2004年版,第405页。

有了任何审美的心情和力量，简直变成了机器的一部分。而劳动本身应该是自由自觉的活动，是有意识有目的的，里面包含了丰富的情感，劳动是为了人本身。当一个活动从属于外在目的时，劳动本身处于异化状态，长期从事异化劳动的人也就成了异化的人。因为按照康德的观点，人自我个体是完整的、独立自足的实体，具有个体自身的本质规定，是"自在存在"的，具有它自身之所以成为它自身的丰富性、多样性、复杂性和独特性，它不能被肢解。一旦将完整的自我肢解，只保存部分的特性在它身上，自我就成了片面的、破碎的、异化的自我。马克思所说的大工业时代的工人以及马尔库塞所说的"单向度的人"，都是一种被异化的自我。教育如果只注重学生的认知而忽略情感、意志等非认知因素的发展，忽略精神的全面建构和心灵的涵养，也会造成学生自我的异化。新时期工具主义的解读技能训练，由于它以外在于学生的知识技能为目的，在解读过程中只注重了学生认知因素的参与，而忽略了非认知的情意因素，所以也会造成学生认知因素的片面发展，其心理和精神方面也会像大工业时代的工人那样被异化。

所以，雅斯贝尔斯、杜威等教育家都非常反对在教育中进行这种行为主义的训练。雅斯贝尔斯认为教育不是训练，"训练是一种心灵隔离的活动，教育则是人与人之间的精神相契合，文化得以传递的活动"①。杜威也指出："我们可能有训练，但不可能有教育。因为训练与教育不同，仅是某些技能的获得。本性上的才能可训练到一个更高效率的程度，而无新的态度和倾向的发展，但后者正是教育的目标。不过，这种训练的结果是机械的。正像一个音乐家可能通过练习获得更大的技术能力，但他不能从音乐和创作的某一境界提高到另一境界。"② 因而，如钟启泉教授所说："课堂教学不能像驯兽师训练动物的过程，而是由种种要素构成的复合过程。"③ 专门技术训练将人变成了纯粹的客体，变

---

① [德] 雅斯贝尔斯：《什么是教育》，邹进译，生活·读书·新知三联书店1991年版，第2页。
② [美] 杜威：《人的问题》，傅统先等译，上海人民出版社2006年版，第162页。
③ 钟启泉：《新课程背景下学科教学的若干认识问题》，《教育发展研究》2008年第15期。

成了最有用的工具。这就违背了康德曾经提出的那个人是目的的伟大命题：“不论是谁，在任何时候都不应把自己和他人仅仅当作工具，而应该永远看作自身就是目的。"① 让人从工具式的生存中解放出来，成为自己行动的主体，恢复自己人之为人的尊严，从而使人自身得到全面而自由的发展永远是教育的使命。语文文本解读只有变成学生自由自在的主体活动，让他们的认知与精神全都参与进来，才能促使他们发展为完整而健全的自我。

其实，我们这里虽然谈的是新时期的语文文本解读，但注重认知训练、疏离了学生自我的文本解读在当前的语文课堂中仍然是普遍存在的，这已经不能跟上今天和未来的社会对人才提出的新的要求了，因为自我异化的"工具人"只会接受和适应已有的东西却不会超越和创造，而今天和未来的社会需要的是有创造力的自我全面发展而又有个性之人。那些依然故我的老师们，是否应该反思改进了呢？

第三节　21世纪初人文素养取向的语文文本解读

新时期知识能力取向的语文文本解读立足于语文教学的本体，让学生收获了语文知识和能力，这是值得肯定的。但当它将获取知识和能力当成唯一目标时，就给学生人格精神的健康发展带来极大的扭曲和影响。随着它的日趋极端化，其弊端也日渐暴露并引起了社会各界的广泛关注和批判，20世纪末的语文教育大讨论便是对其批判的集中体现。在这次大讨论的直接推动下，更主要的是在当前时代对人自身全面而又有个性的发展的要求和世界教育与课程改革的大背景下，21世纪初我国进行了新一轮课程改革。教育部于2001年6月颁布的《基础教育课程改革纲要（试行）》，从教育理念、课程与教学理论、学习观、知识观等各个方面给教育教学注入了新的生机和活力。同年7月制定并颁布的《全日制义务教育语文课程标准（实验稿）》和

---

① ［德］康德：《道德形而上学原理》，苗力田译，上海人民出版社2002年版，第52页。

2003年4月颁布的《普通高中语文课程标准（实验）》极大地改变了以往的语文教育教学理念，使长期以来陷入困境的语文教学看到了新的曙光。较之以前的大纲，这两个语文新课程标准一个最突出的变化就是在课程目标上改变了以往只重知识技能的状况，而采取了三维设计，尤其强调了"情感态度和价值观"这一情意维度。这表明了新课程改革对认知与精神全面发展的"全人"的关注，使得语文教学越来越有"人情味"，是回归教育之"育人""成人"这一本真使命的表现。不可否认，在这一课程目标的指引和规约下，在新课改实施以来的十余年间，伴随着世界各国的中小学课堂正在发生着一场由"灌输式教学"向"对话式教学"转型的静悄悄的革命①，多年以来固执于"灌输式教学"的我国语文课堂也在开始涌动这一转型势头，语文教学在课堂氛围、学生主体地位、教师教学理念等各方面都发生了和正在发生着可喜的变化，每一个学生整体素养的提高正在逐渐成为语文课堂教学追求的目标。但是，我们还应清楚的是，目标只代表着方向和美好的愿望，它并不等于现实，目标的达成需要制度、环境、人的素质等各相关因素的共同配合。在当前考试依旧为教育教学指挥棒的现实下，新课程目标的落实并不那么乐观。据有关随机调查结果显示：当前大部分教师仍然将"知识与能力"这一目标放在首位，其次对"情感态度价值观"这一目标也比较重视，而"过程与方法"这一目标则相对被虚化。② 在教学方式上，以教师讲授为主的"灌输—接受""宣讲—训练"仍然是目前的主要教学方式，学生还没有能够充分地进行自主、合作、探究学习，接受教师传授的知识、训练技能、应付考试，仍是学生的主要学习方式。因而学生的自主性相对失落，绝大多数学生没有形成独立思考、质疑的习惯，阅读能力仍比较低下。③ 笔者也曾就这些问题对一些中学语文教

---

① 钟启泉：《课堂转型：静悄悄的革命》，《上海教育科研》2009年第3期。
② 张青民、包海霞：《关于语文新课改的一个调查》，《语文建设》2006年第2期。
③ 同上。此外，何英、陈红《语文课堂阅读教学问卷调查分析》（《语文学刊》2007年第2期）、孔德英《新课改下学生学习方式的调查》（《教学与管理》2008年第4期）、夏扉《新课程离我们有多远——关于新课改调查的思考》（《现代教育论丛》2008年第3期）这些调查研究基本上都显示了同样的结果。

师做过访谈,他们的反映与上述调查结果基本相同。不久前,北大语文教育研究所所长温儒敏教授对经历了本次课改的北大本科一年级的学生做了他们关于中学语文教育看法的调查,本以为这些成绩优秀的学生会对中学教育非常感恩的,结果却发现中学语文教学给多数学生留下了"破坏性的印象",尤其是先将课文分段,然后找中心句子,逐段分析,甚至连诗歌也照此办理的文本解读套路——被他们称为"解读的暴力",不但没有让他们形成良好的语文素养,反而破坏了他们对祖国语言文化和语文的良好感觉和应有的尊敬与热忱。这表明课改原来设计的"亮点"并没有落实。①因此,新时期知识能力取向的语文文本解读在新世纪之初的日常语文教学中仍然非常普遍。

但无论如何,新课改的春风已经吹到了祖国大江南北的无数语文公开课、示范课的课堂,触动并影响了无数勇于探索敢于尝试和创新的语文教师的文本解读及其教学理念,为我们的语文文本解读带来了无限新意和转机:个性化解读、创造性解读打破了原有课堂的僵化和枯燥,学生的个性得到关注,情感、态度价值观等情意因素受到重视。然而,如庄子所说:"始生之物,其形必丑。"这些探索性的语文文本解读在努力改变以往单纯知识技能取向和政治教化取向的语文文本解读之缺点和不足、为语文教学带来生机活力的同时,也不可避免地出现了一些矫枉过正的偏差,最突出的表现就是过分强调了学生对文本人文内涵的挖掘和阐发,想以此来达到对学生进行人文熏陶的目的,以致如有些专家学者所指出的那样:过于强调人文性和文学素养的教育成为目前语文课的主要问题。②

尽管与前两个阶段所阐述的文本解读为当时语文课堂文本解读的主流形态有所不同,这种人文素养取向的语文文本解读在当前还主要是出现在公开课、示范课中,但由于它已经成为一种风尚,而且正在被各级专家和教研员表扬、提倡并大力向广大一线老师推荐、宣传,代表着新

---

① 王庆环:《语文教育:创新之路怎样走——访北京大学中文系教授、语文教育研究所所长温儒敏》,《光明日报》2009年7月8日第10版。
② 陆剑明:《语文教学之症结与出路》,《课程·教材·教法》2006年第3期。

世纪初语文文本解读的趋势和方向①，所以我们极有必要对其展开专门的分析论述。为了便于分析这类文本解读的特点及其对学生自我成长和发展带来的影响，与前述两个阶段的语文文本解读相对应，我们仍旧从解读目的、解读内容、解读方法、解读影响这几个维度展开阐述。

一 解读目的：以提高学生人文素养、发展个性为鹄的

随着信息时代和全球化趋势的来临，在国际教育与课程改革的大背景下，新世纪课程改革的基本理念特别强调了要彻底扭转传统应试教育只注重知识技能的弊端，关注每一个学生作为"整体的人"的发展，让教育回归学生的生活世界。因而走出课程目标的知识技能取向、重建新的知识观，发展学生的良好个性和完整人格、确立新的学生观，确立课程与生活的联系成为新课程的目标。语文新课程标准在这一总课程目标的指引下，提出了全面提高学生语文素养、促进学生均衡而有个性的发展的基本理念，并体现在其课程总目标的设计与表述上：义务教育新课标从知识与能力、过程与方法、情感态度与价值观三个维度来设计，强调了过程与结果、认知与情意、接受性与体验性等各方面的统一；而高中新课标则从积累整合、感受欣赏、思考领悟、应用拓展、发现创新五个方面的发展表述了其目标。阅读教学作为语文教学的重要组成部分，其目标都在义务教育和高中两个语文新课标的课程目标中用好大篇幅做了专门的表述，在义务教育新课标总目标中的表述是这样的："具有独立阅读的能力，注重情感体验，有较丰富的积累，形成良好的语感。学会运用多种阅读方法。能初步理解、鉴赏文学作品，受到高尚情操与趣味的熏陶，发展个性、丰富自己的精神世界。能借助工具书阅读

---

① 李海林：《评当前语文课程改革的非理性倾向》，《中学语文教学》2006 年第 2 期。
注：李海林先生在该文中认为这种解读几乎成为现阶段所有课堂教学中的一种风尚，笔者认为这有点脱离实际，根据前述的相关调查研究结论和笔者自己的访谈、观察，这种解读目前主要是出现在公开课、示范课中，在日常的语文课堂中主要还是以新时期语文文本解读的形态为主，这是由应试任务所决定的。曹海永《从"失真"到"归真"的理想践行——小学语文"文本解读个性化"现状的考察与思考》（《课程·教材·教法》2009 年第 2 期）和《中国教育报》2008 年 11 月 7 日第 006 版刊登的郝秀文、杨先武两位老师的《如何才能找到语文人文性与工具性的平衡点》一文也表达了与笔者同样的看法。

浅易文言文。九年课外阅读总量应在400万字以上。"① 并在阶段目标中对每个学段的具体目标作了具体表述。在高中新课标课程目标中的五个方面都有所表述，其中以感受欣赏、思考领悟、发现创新为最多，在"感受欣赏"目标中指出："阅读优秀作品，品味语言，感受其思想、艺术魅力，发展想象力和审美力。具有良好的现代汉语语感，努力提高对古诗文语言的感受力。在阅读中，体味大自然和人生的多姿多彩，激发珍爱自然、热爱生活的感情；感受艺术和科学中的美，提升审美境界。通过阅读和鉴赏，深化热爱祖国语文的感情，体会中华文化的博大精深、源远流长，陶冶情操，追求高尚情趣，提高道德修养。"在"思考领悟"目标中指出："根据自己的学习目标，选读经典名著和其他优秀读物，与文本展开对话。通过阅读和思考，领悟其丰富内涵，探讨人生价值和时代精神，以利于逐步形成自己的思想、行为准则，树立积极向上的人生理想，增强为民族振兴而努力的使命感和社会责任感。养成独立思考、质疑探究的习惯，增强思维的严密性、深刻性和批判性。"在"发现创新"目标中指出："学习多角度多层次地阅读，对优秀作品能够常读常新，获得新的体验和发现。学习用历史眼光和现代观念审视古代作品的内容和思想感情，提出自己的看法。"②

笔者之所以在这里不厌其烦地对两个新课标中的阅读教学目标进行如此多的引述，是想表明一点：这些目标是符合杜威曾在《民主主义与教育》中提到的"良好目的的标准"的：1. 所确定的目的必须是现有情况的产物，它应该存在于活动内部而不是从外部强加给的。从外部建立的目的对行动过程来说，总是僵硬的。2. 目的必须是灵活的，它必须可以更改以符合情况的要求。3. 我们所确定的目的必须使活动自由开展。从活动以外强加的目的具有静止的性质，它把手段和目的分

---

① 中华人民共和国教育部制订：《全日制义务教育语文课程标准（实验稿）》，北京师范大学出版社2001年版，第4页。《义务教育语文课程标准（2011年版）》（北京师范大学出版社2012年版）第7页所表述的阅读教学总目标与此基本相同，只是新增了"发展感受和理解的能力""能阅读日常的书报杂志""背诵优秀诗文240篇（段）"三处内容。

② 中华人民共和国教育部制订：《普通高中语文课程标准（实验）》，人民教育出版社2003年版，第6—7页。

离；而从活动内部产生的目的，作为指导活动的计划，始终既是目的，又是手段，目的和手段之间的区别只是为了方便。① 相对于解放初期侧重于知识与政治教化和新时期侧重于知识技能的阅读教学的目标要求，这里的目标指向的是文本解读活动者——人（学生）自身内在精神的发展，而不是指向人之外的工具性的东西，因而它存在于文本解读活动内部而不是从外部强加给的。我们更多地从中看到了对人情感、态度、价值观等精神因素的关注，对活生生的丰富而独特的人本身的关注，看到了对学生作为独立个体的自我发展的关注，而不是像以往那样只有对人作为社会之一员的社会性、公共性的关注，对为国家政治、经济发展所需基本知识和技能的关注，它更多地是将人当作人去发展，而不是像过去那样将人当作一颗螺丝钉、一个机器零件去要求或塑造。同时，它还从解读态度、策略等方面为学生个性的发展提供了自由的空间。应该说，这种阅读教学目标是非常人性化的，是符合教育本身的目的合理性的。所以，当新课程标准推出来的时候，早已被冰冷枯燥的单纯知识技能目标搞得疲惫不堪的老师们拍手称快，于是不会直接影响学生成绩的公开课、示范课便成了他们执行新课标精神的试验场。但是，由于新课标对知识目标的表述相对淡化，尤其是义务课标在基本理念中指出了"不刻意追求语文知识的系统和完整"，使好多教师产生误解并在实际课堂解读教学中出现了淡化语文知识目标而偏向人文思想目标的偏颇。例如有的教师将《我与地坛》这一小说文本的解读教学目标仅定为让学生把握"母亲"这一形象，培养热爱母亲的情感；把《凡卡》一文的解读教学目标仅仅定为了解凡卡凄惨的童年。照理说，这种人文性目标是解读一篇课文所必不可少的，而一旦将这样的目标作为唯一的目标时，它就使文本解读教学由原来的单纯注重知识技能的极端走向了另一个脱离文本而任意阐发其人文内涵的极端。

二 解读内容：以阐发文本人文内涵为中心

在上述提高学生人文素养、发展个性的解读目的指引下，语文文本

---

① ［美］杜威：《民主主义与教育》，王承绪译，人民教育出版社1990年版，第115—117页。

解读的内容就由以往侧重于对文本形式进行知识能力训练点的肢解而转向了对文本的内容进行人文内涵的挖掘和阐发，从中让学生得到人文素养的提升和个性的发展。语文文本大多是经典的文学文本，它们是那些感情极为丰富、对生活对人生有着极强的感知力、眼光敏锐、思维敏捷的作者们的"精神客观化物"，因而它们与人的生命和生活息息相关，与人的精神世界紧密相连，其中蕴藏着丰富的人类文化和精神财富，对其进行挖掘可以让学生获得人文精神的提升和个性的发展。语文教学的教育功能主要就是在解读语文文本人文内涵的过程中实现的。但新时期以来的语文文本解读却在为了应试的功利目的支配下，执着于利用文本的形式进行外在于人自身的知识技能的训练，而把文本更为重要的关涉人自身内在生命与精神的人文内涵拒之门外了，因而给人的精神造成一种异化影响，它使人沦为可怜的"工具人"而失去了作为一个真正意义上的独立的人本应具有的丰富的情感、意志和判断力、想象力、创造力等，更可怕的是，照此下去，它会使整个国家和民族失去创造力和生命力。所以，在这种情况下，义务教育语文新课标在"课程的基本理念"中就指出："语文课程丰富的人文内涵对学生精神领域的影响是深广的，学生对语文材料的反应又往往是多元的。因此，应该重视语文的熏陶感染作用，注意教学内容的价值取向，同时也应尊重学生在学习过程中的独特体验。"① 高中新课标在课程理念、课程目标和课程实施中也都强调了对文本人文内涵的重视。而这种人文内涵的挖掘和阐发又是通过学生的感受、体验、领悟来实现的，所以，两个新课标也都特别强调了学生的感受、体验、领悟，这几个词语几乎成为新课标的主题词而贯穿其始终。因此通过体验、感受、领悟来挖掘、阐发文本人文内涵，便成为21世纪初体现新课程精神的语文文本解读的主要内容；同时，体验、感受、领悟文本人文内涵的过程也就成为语文文本解读的主要过程。

其实，就人文精神本身的重要性和当前人文精神严重缺失的必要性来说，无论怎么对它强调都不过分，在课堂语文文本解读中无论怎么让

---

① 中华人民共和国教育部制订：《全日制义务教育语文课程标准（实验稿）》，北京师范大学出版社2001年版，第2页。

学生体验、感悟文本的人文内涵都不多余。但是，真理向前迈进一步就会变成谬误。好多教师为了跟潮流呼应新课改重视人文素养的理念，在所谓的"新课堂"上几乎言必谈"人文"：不分文体，不分课型，甚至不分文本具体内容，时时处处标榜"人文"，好像不如此，就不足以体现语文的"人文性"似的，"人文"在这里成了廉价的标签。① 殊不知语文文本的人文内涵必须是出自语文文本本身的，必须是从文本的语言文字中解读出来的，而不是脱离了文本的任意生发。一旦所生发出来的人文意义脱离或超出了文本本身，那就成了对文本的"无限衍义"② 或过度阐释。也许由于教师们对新课标理念的领会不够透彻深入，或者矫枉过正的思维习惯，或者非此即彼的二元对立思维影响等各种原因，在实际的语文文本解读中，出现了很多对文本的人文内涵进行"无限衍义"或过度诠释的现象。从2001年新课改开始以来的十余年间公开发表的语文报刊杂志上的相关文章的反映中便可看出这种现象具有很大的普遍性。笔者曾在知网"中国文献全文数据库"中以"文本解读"为篇名且词频中并含"语文"，对2001—2014年的相关文章进行搜索，搜到近500篇，其中谈到这种现象的文章就有近400篇，代表性的有：李海林《"无中生有式创造性阅读"批判》（《中学语文教学》2005年第1期）；高家风《语文课堂：信马由缰向何方》（《语文建设》2006年第3期）；沈寿鸿、袁爱国《新课程理念下文本解读策略摭谈》［人大复印资料《中学语文教与学（初中读本）》2006年第10期］；郑百苗《文本解读：语文教学的基础选项》（人大复印资料《小学各科教与学》2007年第1期）；王立根《语文教学的心痛："文本解读"的缺席》［人大复印资料《中学语文教与学（高中读本）》2007年第4期］；沈华《警惕文本解读的平面化》［人大复印资料《中学语文教与学（初中读本）》2007年第9期］；石子林《新课改背景下语文教学流弊批判》［人大复印资料《中学语文教与学（高中读本）》2007年第9期］；李

---

① 谢治平：《当前语文课堂教学中的十大隐忧》，《教学与管理》2009年第7期。
② ［意］艾柯等著，柯里尼编：《诠释与过度诠释》，王宇根译，生活·读书·新知三联书店1997年版，第10页。

根翠《新课改背景下的文本解读——对作者、文本、读者三中心关系的再思考》[人大复印资料《中学语文教与学（高中读本）》2008年第4期]；周雨明《语文教学不能在"人文熏陶"下迷失》（《中国教育学刊》2008年第7期）；曹海永《从"失真"到"归真"的理想践行——小学语文"文本解读个性化"现状的考察与思考》（《课程·教材·教法》2009年第2期，又见人大复印资料《小学各科教与学》2009年第6期）；王春艳《语文不能得鱼而忘筌——由重"内容"到重"形式"》（《人民教育》2009年第2期）；屠锦红《中国阅读教学的十年审视》（《教育学术月刊》2011年第8期）；谭庆蕾《语文教学"泛人文性"问题的反思与对策》（硕士学位论文，2011）；董旭午《高中语文教学缘何失真》（《语文建设》2013年第10期）；毋小利《语文课程：如何走出人文性的困境》（《教学与管理》2014年第18期）等。另外笔者曾亲自听过一些公开课，并访谈了几位出示公开课、展示课的老师，也深刻感受到这种无限衍义的解读在当前语文课堂中具有很大的普遍性。

概括起来，这种对文本的人文内涵进行无限衍义或过度阐释的解读主要有以下三类：第一类是尽管人文内涵是从文本整体内容中得出的，但却抛开文本的语言对这一人文内涵进行大肆发挥，以至于使文本解读远离了语文的学科特征，而将语文课上成了思想教育课或人文知识课等。比如，解读《我与地坛》，有位老师先让学生读完课文了解了情节，再通过简单提问总结在"我"离家去地坛时母亲的行为和心理是什么（投影显示答案——爱、理解、坚忍），然后便把大部分时间用在让学生体会母爱、赞扬母亲上，而且这种体会和赞扬不是抓住课文的语言反复揣摩得出，而是从课文之外联系大量关于母亲的事例，还播放电影《高山下的花环》中梁三喜母亲和妻子到烈士墓地的片段；然后引导学生将课文中这位残疾人的母亲和其他母亲进行不同点的比较；之后又让学生来谈自己所了解的残疾人的母亲的事迹，老师自己又讲了一位电影演员如何对待残疾儿子的事迹；最后号召学生热爱自己的母亲。①

---

① 高家风：《语文课堂：信马由缰向何方？》，《语文建设》2006年第3期。

这种解读教学的确收到了一定的人文教育效果，对学生进行了一次感受母爱、赞美母爱的教育，但这种效果却是在对文本内涵进行过度拓展、阐释的情况下实现的，它远离了文本的核心意义，也远离了语文文本解读本身的内在规定性——任何解读都必须是对文本本身的解读这一要求。第二类是虽然没有完全脱离文本，但脱离了文本的语境、结构、逻辑等整体性基本要素，只针对文本的部分组成要素如语句、语段、人物形象特点等有感而发，微言大义，以偏概全，对文本内容进行肢解，忽视了文本意义的完整性。比如在解读《故乡》一文时，有的学生只看到了多子是闰土贫困、成为"木偶人"的原因之一，于是感悟到"闰土养了六个孩子，生活困苦，看来真的要实行计划生育——"[1]。在解读《孙悟空三打白骨精》时，有的学生竟然解读出"白骨精也值得学习"，原因是它在抓住了唐僧后首先想到的是"请母亲共享唐僧肉"，从这点看出白骨精还具有"孝"这种美德。[2] 解读《孔乙己》一文，只根据孔乙己被丁举人打得遍体鳞伤这一情节，解读出孔乙己应该去告状来维护自己的权益，并进一步探讨如何去告状[3]。解读《宝玉挨打》，有的老师抛开原文的意旨，而只抓住贾政作为一位父亲打宝玉这一行为"创设"了一场关于家长该不该打孩子，该如何来进行家庭教育的讨论[4]，等等。这种做法实际上是从文本的某一部分素材或要素出发，只将它们作为"引子"，通过与学生自己当时所联系到的东西相结合，而创造出另一种意义结构。按照李海林先生的话说就是"文本首先被'破碎'了，然后某一'碎片'被拾起，镶进另一个意义结构中，该意义结构与原意义结构没有本质联系"。[5] 这样，文本被肢解、歪曲，文本的各个组成要素零星地被使用，被脱离具体情境提取出来分析、批

---

[1] 金坤荣：《新课程下语文课堂教学的冷思考——对几个教学案例的诊断》，《湖南教育》2006 年第 4 期。

[2] 周雨明：《语文教学不能在"人文熏陶"下迷失》，《中国教育学刊》2008 年第 7 期。

[3] 陈爱娟：《孔乙己告状》，《中学语文教学》2003 年第 12 期。

[4] 李海林：《创造性阅读的理性思考与实践分析——再论"创造性阅读"》，《中学语文教学》2005 年第 4 期。

[5] 李海林：《"无中生有式创造性阅读"批判》，《中学语文教学》2005 年第 1 期。

判。如果说这一类解读学生只是抓住了文本内容的碎片,没有获得文本的整体意义,但最起码还没有完全抛开或脱离文本的某些要素,可能还或多或少地收获一些其他方面的人文素养,而第三类解读则是对文本采取了一种虚无主义的态度,完全脱离或背离了文本,无中生有,任意从某个视角或立场出发对文本进行毫无根据的联系,随意滋生所谓的新意,文本解读成了没有任何意义和价值的无聊的游戏。比如:解读《愚公移山》认为愚公破坏了生态环境,缺乏环保意识,从而大讲特讲生态环境的重要性;解读《背影》认为"父亲"爬月台违反了交通规则,从而对学生进行一番遵守交通规则的教育;解读《小麻雀》花大量时间争论老麻雀是公的还是母的,是不是在表现母爱;等等。这种脱离了文本自身形式内在规定性的解读内容,远离了文本整体意义上的真正人文内涵,折损了文本真正的人文教育价值,得到的却是一些随感的碎片,在这些碎片当中,有的可能闪着一点人文精神的光芒,有的却在价值取向上远远背离了人文精神,给学生反而带来一种负面的精神影响。这种解读内容,表面上好像看到了人本身让学生自我的内在精神因素参与进来,比起原来基本上完全将自我疏离在外的肢解文本形式的解读内容和概括主题思想的解读内容是一种进步,但由于实际上的另一种疏离——与文本的疏离,使这种解读内容流于浅表和形式,同样也不能很好地促进学生自我的提升与发展。

三 解读方法:接受美学、解构主义与学生讨论发言结合

为了达到提高学生语文素养、发展个性的目的,语文新课标特别强调了对文本丰富的人文内涵的挖掘和理解,并在文本解读方法和阅读教学方法上特别强调了"对话"这一理念与方法,如义务教育语文课标中指出:"阅读教学是学生、教师、文本之间对话的过程。"[①] 高中语文课标中也指出:"根据自己的学习目标,选择经典名著和其他优秀读物,与文本展开对话。""阅读教学是学生、教师、教科书编者、文本

---

① 中华人民共和国教育部制订:《全日制义务教育语文课程标准(实验稿)》,北京师范大学出版社 2001 年版,第 17 页。

之间的多重对话，是思想碰撞和心灵的动态过程。阅读中的对话和交流，应指向每一个学生的个体阅读。"① 笔者以为，这种"对话"的理念与方法，是哲学解释学的文本解读方法论，其核心内涵就是从根本上将理解看作是解读者与文本之间的对话过程，是双方的"视域融合"。新课标强调"对话"这一概念也就同时表明了在挖掘和理解文本人文内涵时既要发挥读者的主观能动性去积极地感受、体验、感悟，同时还要尊重文本本身，只有将双方视域融合在一起才能产生对文本内涵的真正理解。但是，新课标为了纠正以往在文本解读中忽略读者这方的偏差，在强调"对话"的同时，还用大量的篇幅在多处特别强调了对学生感受、体验、感悟的尊重，让学生有自己的看法和判断，尤其指出了要培养学生的创造性解读、个性化解读、批判性解读、多角度多层次地阅读、独立阅读、探究性阅读等文本解读能力，尽管这如此多的解读在名称上表述不一，但它们的内涵基本上是一致的，就是打破了原来主题思想（作者意图）的唯一权威地位，也打破了把文本本身作为唯一意义来源对其进行肢解的局面，把学生推上了解读的前台地位，强调了学生在解读中的主体性、自主性、独立性和能动性。这种强调是为了纠偏，并不是说学生就成了文本意义的完全的决定者。然而这种表述到了好多老师那里，却被理解成为学生是文本意义的主宰者，将文本解读偏向了学生这方，而忽略了文本意义出自读者和文本之间的视域融合，忽略了双方的真正对话。这种观念实际上体现了接受美学解读法的某些特征。而且，多元解读、批判性解读、个性化解读等发展到极端，还有一点解构主义解读法的影子。在课改以来的新课堂中，基本上是这两种解读方法论在背后支撑着种种走得过了头的课堂文本解读，尽管老师们自身可能对这两种解读方法并没有清晰自觉的认识。

　　接受美学又称接受理论或接受研究，是20世纪60年代末在联邦德国出现的一种重视读者与阅读接受的文学美学思潮，它以现象学和哲学解释学为理论基础，对读者与文本的对话这一解释学焦点问题作出了进

---

　① 中华人民共和国教育部制订：《普通高中语文课程标准（实验）》，人民教育出版社2003年版，第16页。

一步的研究和发展,它把读者看作是文学的组成部分,把文学的观念由作者—作品转到了作品—读者,突出了读者的"阅读"对文本意义的决定性地位。接受美学解读法的基本特征是:认为读者是文本意义的生成者,读者使文学作品得以真正实现,是创作的最终完成者,在整个文学活动中处于中心地位,是第一性的;作品文本则成为第二性的,它是一种开放的召唤结构,存在未确定点和空白点,等待着读者去填补,文本仅具有一种产生意义的"潜能",只有在读者对它的参与和作用下这种潜能才能实现出来转化为意义,如姚斯所言:作品文本"更多地像一部管弦乐谱,在其演奏中不断获得读者新的反响,使文本从词的物质形态中解放出来,成为一种当代的存在"①。只有经过读者的阅读,作品文本才能够进入一种连续变化的经验视野之中,才能获得新的规定性存在。总之,接受美学解读法特别强调了读者对文本意义的决定性作用,它在将读者的主动性和创造性放在了解读活动的首位的同时,也承认了读者原有"偏见""成见"(即哲学解释学中的"前理解",在接受美学中被称为"期待视野")的合法性。这便使文本解读活动成为"一种在无底的棋盘上进行的游戏","游戏的目的不是为了获得真理,而只是游戏本身"。② 这在前述对文本人文内涵的无限衍义或过度诠释的前两类情况中已体现出来。但无论如何,接受美学也并没有无视文本的存在而将解读变成一种完全的自由生发、自说自话,它只是将由文本——读者构成的文本解读这种两极活动的重心放在了读者这一极。

而当将读者这一极的意义决定权再无限扩大,扩大到几乎完全无视文本的存在而任由读者随意解释、无限衍义时,文本解读就滑向了相对主义和虚无主义,成了"怎么都行"的后现代主义解读。前面所说的第三种情况便是体现。表面上看,这种情况是新课标所提倡的多元解读、批判性解读、个性化解读等的极端化,但实际上其行为的背后是一种解构主义的解读思维在作支撑。解构主义是以对结构主义的反拨而出

---

① [德]姚斯、[美]霍拉勃:《接受美学与接受理论》,周宁、金元浦译,辽宁人民出版社1987年版,第26页。

② 参见王治河《后现代哲学思潮研究》,北京大学出版社2006年版,第202—203页。

现在20世纪后期哲学、美学、文学乃至整个文化领域的一种思潮。由于其倡导者——法国学者德里达本人对文学的偏爱以及解构主义被广泛用于文学阅读和批评领域，解构主义逐渐成为一种文学阅读和批评的策略或方法论，其主要特征是：1. 打破所有的逻各斯中心主义，拒绝建立任何中心。德里达认为符号活动的领域"实际上是自由嬉戏的领域，也就是说，一个在由有限构成的封闭体中进行着无限的置换替代的领域"①，所以实际上并不存在所谓先在的明确的意义和中心，这个意义和中心只是流注于语言中的"此在"。在文本中，"中心此在永远不可能是它本身，它总是早已在它自身以外的替身中被转化了"。任何被看作固定的和确定的意义都是虚幻的，意义是流动的和易变的。2. 消解传统哲学/文学的二元对立。二元对立是传统哲学把握世界的一个最基本的模式，德里达认为这种二元对立的深层是一种鲜明的等级关系，两个对立项如哲学与文学、文字与语言并非是平等的、和平共处的，"在传统的二项对立的哲学观念中，对立面的平行并置是不存在的，在强暴的等级观念中，对立双方中的一方总是统治着另一方（价值论意义上的、逻辑意义上的，等等），要解构这一对立面，首先就要在特定的情况下将这种等次关系加以颠覆"。② 所以，解构主义就是要打破、颠覆这种等级秩序，进而消解一切中心，反权威、反规范、反理性、反传统成为它的特征。因而，在德里达那里，文本蕴藏着解释的无限可能性，其意义是不确定的，它在阅读活动中被不断解拆，并以此解拆的"碎片"进入诸多文本的更大的意义交汇之中，从而发现意义的多重性和文本意义无限多样的解释。德里达自己的典型的阅读习惯就是去抓住作品中某些表面上非常边缘的片段——某个注脚，某个一再出现的小字眼或意象，某个漫不经心的典故——并坚持不懈地把它推到一个威胁着要粉碎那些支配整个文本的对立的地步。③ 这就是典型的解构主义解读。

---

① ［法］德里达：《结构、符号与人文科学话语中的嬉戏》，载王逢振等编《最新西方文论选》，李自修译，漓江出版社1991年版，第135页。

② ［法］德里达：《立场》，转引自胡经之、王岳川主编《文艺学美学方法论》，北京大学出版社1994年版，第372页。

③ ［英］伊格尔顿：《二十世纪西方文学理论》，北京大学出版社2007年版，第131页。

这种解读方法可能打破了学生原来被僵死的作者意图中心所禁锢的一元思维，消解了学生对一直以来将教师、教参等权威解读奉为圭臬的盲从心理，增强了解读时的主人公意识，但同时由于远离了文本本身，使意义无限拓展，从而也使解读变得虚无，成为无聊的解读游戏。

相应地，在文本解读教学所运用的方法上，好多语文课堂尤其是公开课、示范课都尝试运用了新课标提出的"对话"教学，但由于好多教师对对话理念以及发展学生个性、突出学生主体地位的理解出现偏差，加之传统教学习惯的影响和教师驾驭课堂、理性引导学生对话等方面的能力有限等原因，好多对话流于表面化，徒有"问—答"的形式而无实质性内容，从而成为其实已经远离了对话本质的"假对话""无效对话"①，最突出的表现就是教师为了追求发展学生个性的教学理念和目的，过分强调了学生的主体地位，大量让学生在课堂上进行讨论、发言，充当文本意义阐释的主角，以体现所谓的创造性解读、个性化解读、批判性解读、多元解读、探究性阅读等新的文本解读理念和模式，而自己却要么不作为或无作为，让学生的讨论发言随意放逐，像开了"无轨电车"一样"从流飘荡，任意东西"，甚至不管学生说什么都常常以廉价的"好、不错、有创意"等赞叹性、鼓励性评价来作出回应；要么等学生热热闹闹讨论发言完毕之后不管结果怎样还是照旧亮出自己（好多时候其实也不是教师自己）的"标准"答案，或者在学生讨论过程中用"请君入瓮"法将学生引到"标准"答案上来。学生在这里表面上好像已经成为文本解读的主体，大胆地使用被赋予了的讨论发言权，肆意"创造"、生发文本的意义，甚至对文本进行所谓的"批判"或"颠覆"（误读或歪曲），但由于这种讨论发言往往并不是在高质量的问题引导下展开的，并没有让学生展开深思熟虑，其内容常常游离于文本整体意义之外，变成了脱离了文本的架空分析，所以往往流于空泛

---

① 注：洪劬颉《对话在课堂实践中误用例谈》（《语文建设》2003年第9期）、刘徽、李冲锋《警惕语文教学中的"假对话"》[《教学月刊》（中学版）2004年第6期]、季伟《是什么阻碍了教育的对话——语文课堂教学对话失效现象辨析》[《江西教育》（教学版）2005年第3期]、刘志勇《正确认识语文课堂教学中的对话》（《中学语文》2008年第1期）等文章都突出指出了这种现象，并对种种假对话、无效对话进行了分析。

或肤浅,不能触及文本的深层意蕴,成为一种仅为体现新课标解读理念而存在的外在形式或表演。

四 解读影响:"浮躁人"的养成——学生自我的平庸化

总之,21世纪初"新课堂"中的语文文本解读,主要运用了接受美学、解构主义解读法和课堂内学生讨论发言的教学形式,通过对文本人文内涵的理解和阐发来达到提高学生人文素养、发展个性的解读目的。较之以往"目中无人"或"目无全人"的语文文本解读,它最大的进步就是看到了人本身的存在,让学生具有了亲自参与文本阐释的权利和机会,由以往只能被动接受他人的解读结果而变为可以自己去解读,可以通过自己的感受、体验来获取自己的理解,在这样的解读过程中增强了学生的自我意识,这是最可贵的一点。但遗憾的是它又犯了矫枉过正的毛病,将文本解读变成了一种学生信马由缰地进行意义生发的游戏,而忽略了文本这一方的内在规定性。按照哲学解释学的观点,文本理解是读者与文本双方之间的视域融合,视域融合的结果使读者吸收了文本有价值的东西而使自己得到提升。所以无视文本的自我生发式解读只能让学生的认知与精神在水平面上滑行。没有学生与文本之间的深度对话做基础,没有让学生得以提升的实质性内容,课堂教学中生生之间的讨论也就成了脱离文本的架空分析、空发议论。当文本解读活动变得热闹而浮躁,低俗充满了课堂,学生头脑中便会滋生一种浮躁的心理,一切都变得相对和虚无,迷失了对错的标准,没有了真理和谬误的区分。在老师的一味鼓励下,学生变得敢说话了,大胆了,意识到了自己的主体地位,但由于缺乏深入的思考和恰当的引导,他们所谓大胆的讨论发言好多时候成了天马行空、信口开河,原本充满理性的高雅的语文课堂变得花拳绣腿、凌空虚蹈。久而久之,学生就会变成喜欢追求表面热闹、徒有虚表而无实际思想和价值的"浮躁人",看似使自我意识得到了增强,实则并没有使自我得到提升,反而"平庸化"了。王富仁先生曾对新课改以来语文文本解读中出现的将学生主体性绝对化的现象进行了批评,他认为这样"造成的是思想懒汉的作风,是自我心理的狭隘性和封闭性,是自我个性和基本批判能力的丧失"。① 对于基础教育阶段处于成长中的中小学生来说,他们的主体性主要体现在学习过程中,是学习活动的主体,他们解读语文文本主要是通过理解文本来学习人类的和民族的文化精髓,汲取自己成长所需要的精神营养,只有先在学习前人的基础上才能谈得上批判和创造,才能使自我得到提升和发展,否则只能使自我流于浮躁、浅薄、平庸。

本章小结　以往语文文本解读的根本问题在于疏离了学生自我

回顾1949年新中国成立以来的语文文本解读,前两种解读形态都有其历史的合理性,都是与当时的教育和语文教育的目的相对应、为满足当时的育人要求而存在的,都发挥了它们应有的价值:新中国成立初期政治教化取向的语文文本解读满足了当时国家为巩固政权,急需借助语文教育来改造人们的思想、为政治服务的要求;新时期知识能力取向的语文文本解读满足了当时国家为加速经济建设,急需借助语文教育来提高人才所必须具备的基本语文知识技能的要求。但是,教育从根本上说是一种培养人的事业,它培养的应该是全面而有个性的独立的人,而不只是为社会政治经济服务的工具。如果从马克思主义全面而有个性的人学观出发去审视前两类语文文本解读,它们对人自我的影响是片面的,前者培养的是人的社会性、政治性、公共性,使人成为的是"社会人""政治人""公共人",而人自我的个性人格特征却被扼杀了;而后者发展的主要是人的认知方面而忽略了人的情感、态度等情意方面,使人成为的是"知识人""工具人"。前两类语文文本解读活动给学生自我造成这种片面影响的原因在于,它们在目的、内容、过程、方法等各个方面都将学生内在自我疏离在外了,让学生在解读中只是作为他人解读结果的被动接受者而存在,久而久之给学生带来的是一种被"异化"的教育影响,不能使学生个体以完整丰富、自主能动的人的姿态去生存和发展,这同时也不利于国家和社会的创新和发展。正因如此,

---

① 倪文锦主编:《高中语文新课程教学法》,高等教育出版社2004年版,第107页。

在时代要求和世界教育改革的大背景下，21世纪初的新课程改革特别强调了学生个体的全面而有个性的发展，以往的语文文本解读已不能满足这一新的育人要求，因而一些教师对新的语文文本解读形态作出了探索和尝试。但却又出现了矫枉过正的偏差——为了达到发展学生个性的目的，在解读中过分突出了学生的主体地位，使文本解读疏离了文本本身而变成了学生对文本人文内涵的无限衍义和随意发挥，这同样不能使学生自我获得很好的发展，相反地却使学生自我变得浮躁和平庸。

第二章

凸显自我：古今中外语文文本解读的必然镜鉴

第一节 传统之鉴：中国古代和近代语文文本解读对学生自读内悟的强调

一 古代：自得与心悟

1949年后我国实际的语文文本解读疏离学生自我的做法，在一定程度上造成了学生自我的异化或平庸化等教育影响，这就促使我们放开眼光去寻找启迪和借鉴。我们首先想到的是自己的传统。自有专门的、正式的学校教育起，我国近三千年的教育培育出了无数有创造力的优秀人才，而"一部中国古代教育史，大抵是一部中国古代语文教育史"[①]，中国古代的教育文本，主要是语文文本，其语文文本解读必定有许多值得我们学习之处。但由于各种原因，谈到我国古代语文文本解读，好多人常常会将它与"死记硬背"和注入式教学联系在一起，这其实是一种偏见和误解。尽管我们古代的语文文本解读在某些方面有着尊经、信师、本义等特点[②]而表现出对学生自我主体性的忽视，但大量丰富的著

---

① 周庆元：《语文教育研究概论》，湖南人民出版社2005年版，第180页。
② 周险峰：《教育文本理解论》，广东高等教育出版社2007年版，第81—85页。

述资料表明它同时也有着重视学生作为读者的主体性能动参与的优良传统。我国语文文本解读重视学生主体地位的思想萌芽比西方现代才出现的重视读者作用的接受美学和读者反应文论出现的时间更早,影响也更深远。这是因为我们古代的语文文本,无论是以"三""千""百"(《三字经》《百家姓》《千字文》)为代表的蒙学教材文本,以《四书》《五经》为代表的经学教材文本,还是以《文选》《唐诗三百首》等为代表的选学教材文本,都是我国古代文化经典文本,其表达方式以对汉语的运用为主体。而汉语的书面表达又有着以下特点①:1. 文字的象形、会意性和词义的浑圆性,即一词往往多义且每一意义往往又模糊宽泛,浑沦圆融;2. 语法的意合性,即以意组合,略于形式,虚实自如,脉络深蕴,句法规则的控制能力显得较弱,语义语用的制约作用则显得很强;3. 修辞的空灵性。汉语的这些特点使我国古代语文文本具有虚灵和话语蕴藉的特性,对解读者有一种很强的召唤力量,客观上要求读者积极介入。所以,我国古代的语文文本解读非常强调学生在解读过程中的"自得"与"心悟"。主要体现在以下读书思想和方法中:

(一)庄子、王弼的"得意忘言"解读法

先秦时期,诸子们曾就语言能否完全表达人的观念世界(即"意")的问题进行过讨论,这就是著名的"言意之辩"。以孔子为代表的儒家主张"言以足志,文以足言"②,意思是:语言足以充分表达思想,而文字足以充分表达语言。即相信读者的理解能与作者的意图达到同一。而以老庄为代表的道家则持"书不尽言,言不尽意"的相对主张,强调了语言在表意方面的局限性,认为文本意义具有不确定性,这就为文本的解读者留下阐释的自由空间,将阐释变为一种超越作者、超越语言文字的个人体验。老庄的这种言意观,派生出庄子"得意忘言"

---

① 周光庆:《中国古典解释学导论》,中华书局2002年版,第6—53页。
② 语出《春秋左传正义》,《十三经注疏》本第1985页。孔子原话为:"《志》有之:'言以足志,文以足言。'不言,谁知其志?言之无文,行而不远。"转引自周裕锴《中国古代阐释学研究》,上海人民出版社2003年版,第27页。

的文本解读法，并影响到魏晋时代及后来的文本解读，形成重视读者个人内心体验的阅读传统。

庄子提出的"得意忘言"，语出《庄子·外物》，其原文是："筌者所以在鱼，得鱼而忘筌；蹄者所以在兔，得兔而忘蹄；言者所以在意，得意而忘言。"① 正如筌是捕鱼的工具，蹄是捉兔的工具一样，语言也只是捕捉意识的工具和手段。言者与听者的交流，其根本目的不在于语言的碰撞，而在于思想感情的沟通。这里庄子把语言文字看作是外在的、可有可无的符号，一旦它们的意义、内涵、所指被提取出来，其形式就应该被抛弃。所以，他主张读者能用"忘言"的方法去解读文本。

庄子的这种文本解读观被后代学者进一步发扬，尤其是到魏晋时代，阐明"得意忘言"的人很多，其中以王弼最为系统。在《周易略例·明象》一文中，王弼借助对《周易》的三要素言、象、意之关系的解释，将"得意忘言"提升到前所未有的哲学思辨高度②：

> 夫象者，出意者也；言者，明象者也。尽意莫若象，尽象莫若言。言生于象，故可寻言以观象；象生于意，故可寻象以观意。意以象尽，象以言著。
>
> 故言者所以明象，得象而忘言；象者所以存意，得意而忘象。犹蹄者所以在兔，得兔而忘蹄；筌者所以在鱼，得鱼而忘筌也。然则，言者象之蹄也；象者意之筌也。
>
> 是故存言者，非得象者也；存象者，非得意者也。象生于意而存象焉，则所存者乃非其象也；言生于象而存言焉，则所存者乃非其言也。
>
> 然则，忘象者，乃得意者也；忘言者，乃得象者也。得意在忘象，得象在忘言。故立象以尽意，而象可忘也；重画以尽情，而画

---

① 《庄子·外物》，《庄子集释》，第944页，转引自周裕锴《中国古代阐释学研究》，上海人民出版社2003年版，第35页。

② 《王弼集校释》，第609页，转引自周裕锴《中国古代阐释学研究》，上海人民出版社2003年版，第124页。

可忘也。

这里的"言",是语言符号,是人们对现象世界的语言文字陈述;"象",是意象符号,即代表各种具体物象的观念符号,它往往以象征的或隐喻的方式来表达人的观念情感;"意"是作者想要表达的思想感情或隐藏在各种物象内部的本质的东西①;而"忘",则是不拘泥、不执着,是要超越。整段话的意思就是要告诉读者:言和象是表达意的二重符号,解读文本不能不首先从寻言寻象入手;但言与象只是表意存意的工具,获取意才是解读文本的目的,所以解读者既要重视言象,又不能拘泥、执着于言与象,否则就无异于"买椟还珠";象在言外,意在象外,解读者只有在一定阶段里淡忘、超越言与象,从文本的言内之意走向言外之意,以意象启发自己内在的联想和想象,才能真正与作者的心灵达至接触、交流、融合,从而在融合中产生新的意义。王弼"得意忘言"的解读思想与方法,既吸收了庄子重视读者个人体验和主观能动性的优点,又弥补了他因过分否定语言符号的价值而有可能滑向读者任意生发的不足,可谓不偏不倚,合理恰当。虽然他没有专指语文文本的解读,但实际上针对的是当时儒学独尊的经学教育使人终日陷入文字章句学习而不能自拔的流弊来谈的,对当时及后来乃至今天的语文文本解读都有着极为重要的影响和参考价值。

(二)孟子的"深造自得"与"以意逆志"解读法

孟子是伟大的思想家和教育家,他非常重视和热爱教育事业,曾把"得天下英才而教育之"视为"君子三乐"②之一。所以他提出的好多文本解读的思想观点,都是专门针对教育学生的。孟子主张"人性善",即所有的人都有相同的以礼、义为基础的善的本性,故"人皆可以为尧舜";并且"万物皆备于我",即每个人都已经逐步具有了可贵的认知能力和知识结构成为认知的主体,既能备知天下事,也能备知天

---

① 张传燧:《行走于传统与现代之间》,湖南师范大学出版社2005年版,第241页。
② 《孟子·尽心上》。原文:君子有三乐:父母俱存,兄弟无故,一乐也;仰不愧于天,俯不怍于人,二乐也;得天下英才而教育之,三乐也。

下万心,所以人人都有"恕"——即"推己及人"和"以心揆心"的要求和能力。① 正是在这种人学思想的指导下,孟子在教育上相信学生有自己独立学习的能力,并特别强调学生在学习中的独立思考和独立见解。体现在语文文本解读中,就是他提出了"深造自得"的主张和"以意逆志"的解读方法。

"深造自得"语出《孟子·离娄下》:"君子深造之以道,欲其自得也。自得之,则居之安;居之安,则资之深;资之深,则取之左右逢其原,故君子欲其自得之也。"② 意思是君子依循正确的方法来得到高深的造诣,就是要求他通过独立研读、独立思考自然而然地得之于自己的内心,而不是依靠外在的安排或传授;只有这样掌握的知识才会十分牢固,学问才会积蓄很深,进而才能做到遇事左右逢源,挥洒自如。这里的"自得"就是一种通过学生自我的反身内省和直觉体验自然而然地获取文本意义的解读方式,它突出地强调了学生作为读者的主体性与自我探究精神。"自得"不是语言可以传授和说明的,也不是逻辑思维可以获致的,而是超越于名言概念之上的亲身体验,它体现着主体对宇宙和人生的能动的诉求和掌握世界的欲望,因而成为中国哲学史上一个具有鲜明的体验性和直觉思维色彩的重要命题。③ 当然,它也成为我国古代语文文本解读强调学生自读内悟、体现学生自我主体性的关键词。正因为孟子强调文本解读中的"自得",所以他还提出了"尽信《书》,则不如无《书》"④的名言。就是告诫学生解读前人文本时,要不轻信、不盲从,经自己的思考而有所弃取。这也是要让学生做一个主动的、善于独立思考的解读者。

如果说"自得"是孟子强调的一种文本解读的态度和方式的话,那么"以意逆志"就是一种在文本解读中培养学生主动性的具体方法和途径。《孟子·万章上》记载了孟子关于"以意逆志"的原话:"说

---

① 周光庆:《中国古典解释学导论》,中华书局2002年版,第351—352页。
② 《孟子·离娄下》。
③ 张晶:《"自得":创造性的审美思维命题》,《哲学研究》2003年第1期。
④ 《孟子·尽心下》。

诗者，不以文害辞，不以辞害志。以意逆志，是为得之。"意思是，解读《诗》时，不要拘泥于文字片段的意义而妨害对篇章整体的意义的理解，也不要因为篇章整体的言词义而妨害对作者创作意图的理解；而应该采用设身处地的测度方法来考察作者所要表达的思想意图，这样才能获得《诗》的意义。① 那么，解读者凭借什么、怎样去设身处地的测度作者的意图？这里的"意"和"逆"是关键。据有关专门研究②，"意"指的是解释者自己心灵中先在的"意"，即前文所述解释者作为认知主体所已经具备的认知能力和知识结构，或者说解释者已有的认知与经验；而"逆"字的意思通常被理解为"追溯""推测"，因为孟子认为人人都具有善的本性，人与人之间的心理是同构的，所以可以"以心揆心"，解释者可以根据自己的内心体验去推测作者在文本中所表达的思想感情。"意""逆"两字突出了解释者的自我存在及其在解读中的主动参与作用。孟子"以意逆志"说的创建，从方法论的高度，纠正了当时颇为流行的"断章取义""以辞害意"等解释方法的错误，打开了诗歌解释乃至各种文本解释的新视角和新领域，对后代学人产生巨大启示和影响，先后出现了王弼的"触类而思"说，刘勰的"玩绎心照"说，朱熹的"唤醒—体验—浃洽—兴起"论，王夫之的"作者用一致之思，读者各以其情而自得"论，戴震的"以心相遇—通乎心志"论等。更重要的是，"以意逆志"凸显了解释者在文本解读中的能动作用，为学生如何在语文文本解读中做到"自得"提供了具体可依的方法指导。正如朱熹所说："'以意逆志'，此句最好；""此是教人读书之法"③，它告诉人"读书须是以自家之心体验圣人之心"。④

（三）朱熹的"唤醒体验—浃洽兴起"解读法

众所周知，朱熹是宋明理学最主要的代表人物，其学问博大精深，一生都在从事学术研究和教育活动。他主张将"致知穷理"作为人生

---

① 周裕锴：《中国古代阐释学研究》，上海人民出版社2003年版，第45页。
② 周光庆：《中国古典解释学导论》，中华书局2002年版，第357—362页。
③ 《朱子语类》，中华书局1986年版，第1359页。
④ 同上书，第2887页。

在世的第一要务，而要"致知穷理"，则必从古圣先贤留下的"经训史册"中求之，所以解读经书便成为朱熹为学为教的基本手段和途径，他也因此总结研究出许多文本解读的宝贵经验和理论。我们最熟悉的便是元代程端礼在《程氏家塾读书分年日程》里记载的由朱熹的门徒总结的六条"朱子读书法"，即循序渐进、熟读精思、虚心涵泳、切己体察、着紧用力、居敬持志。这六条既讲了读书的外在、内在方法，还讲了读书的态度和品质，突出了对读者主体性的要求。但它们并不是在一个逻辑层面上来讲的。为了便于分析朱熹解读方法论中对读者自我主体性参与的强调，我们从他的整体解读理念和具体解读过程来展开论述。

朱熹认为读经的目的就是要了解圣人在经文中阐发的义理，并用这种义理精神来指导自己的践行。故主张从义理出发来解读字义，而反对汉代目无义理的烦琐注疏，鄙视章句之学；同时，他也反对时人忽略文义训诂名物考据，向壁凿空，六经注我，自说自话。他认为义理来自于文本的语言和解读者的心理两个方面的有机结合，"从文字上做工夫"、对文本进行"语言解释"是整个解释的基础与前提，但又不能拘泥于语言文字，而是在其基础上还要"于身心上著切体认"，进行"心理解释"。"心理解释"是朱熹以其自创的心学理论为基础，在孟子的"自得""以意逆志"和王弼的"感发推演""触类而思"等解释方法论的启示下而创建的。这一方法论特别强调了解读者内在自我的主体性参与。其具体内涵和运作程序包括"唤醒""体验""浃洽""兴起"四个环节。"唤醒"，就是在解读文本语言文字的基础上，以获得的信息激活解释主体先在的认知图式，使之主动发挥解读者"心"的认识功能与实践功能，形成思维定式和情感倾向，做好与文本对话的准备。"体验"，就是解读者从自己的认识图式出发，主动地把文本中的生命、生活及其意义看作是与自我生命具有种种内在联系的精神存在，照朱熹的话就是把"一篇书与自家滚作一片"[1]"以书观书，以物观物"[2]，亦即解释者怀着已被"唤醒"的心灵，设身处地或身临其境

---

[1] 《朱子语类》第1卷，中华书局1986年版，第171页。
[2] 同上书，第181页。

地对文本所述进行亲身感受，达到主体与客体浑然同一、物我两忘的境界。"浃洽"，就是指解释主体反复对文本进行体验后的高峰状态，是解释者的心灵与著作者的心灵自然融合，忽然"感悟"，产生认识的飞跃，建构出新的意义世界。"兴起"，是经典解释的最高境界，是解释者经过前三个阶段后，志意感发，心胸明澈，将经典文本的意义与精神化为自我行为的动力与指南，奋起践履，修己治人，乃至平天下。① 这一心理解释的过程始终凸显了解读者自我积极能动的主体活动，描述了解读者在文本解读活动中得以提升与超越，最终实现自我人生价值的过程。比之孟子的"以意逆志"，朱熹的这种文本解读方法论更为详尽具体。

在这一过程中，解读者始终处于"思"的状态，但这种思考是在语言解释的基础上伴随着对文本的"熟读"一步步逐渐加深的。所以，朱熹强调读书要"循序渐进，熟读精思"。这种"思"，既包括对文本内容的感受、体验，也同时包括解读者对自身状况的反观内省、体悟省察，还包括对二者契合点的联想、想象与将二者融为一体的心理联结。这就需要读者读书时以一种高度平衡、意念纯一的心理状态，让自己全身心地沉浸于对文本的反复咀嚼、体味之中。此即为朱熹所说的"虚心涵泳、切己体察"②"体之以心"③的过程。这同时也指出了一种积极主动的读书态度。这种解读使学生的主体地位和主动作用凸显出来，可谓是我国古代语文文本解读重视学生自我主体性的典范。

"唤醒—体验—浃洽—兴起"的解读过程，既强调了学生个人在其中积极主动的参与，同时也指出了在进行文本解读教学时，教师要做的只是对学生进行唤醒、引导、点拨而已，学生才是解读文本的主角。朱熹曾说的"为学勿责于人为自家剖析出来，须是自家去里面讲究做工夫，要自见得"④，便是这个意思。这对后来的文本解读教学是一个很好的借鉴。

---

① 周光庆：《中国古典解释学导论》，中华书局2002年版，第367—370页。
② 《朱子语类》第1卷，中华书局1986年版，第179页。
③ 《朱子语类》第5卷，中华书局1986年版，第2773页。
④ 《朱子语类》第8卷，转引自曾祥芹、张维坤、黄果泉《古代阅读论》，河南教育出版社1992年版，第286页。

（四）其他语文文本解读法

除了上述比较系统的、专门研究的语文文本解读思想或方法外，我国古代语文教育史上还有许多关于文本解读方法的散论，也都闪烁着凸显学生自我的思想光辉。笔者将其搜集整理，现简述如下：

《周易·系辞上》中谈到对《易》的文本解读是"仁者见之谓之仁，知者见之谓之知"，这可谓是古人对解读主体不同自我的最原始的关注。

《礼记·中庸》中最著名的"博学之，审问之，慎思之，明辨之，笃行之"①的阅读过程理论，就指出了学生自我在整个解读过程中积极能动的参与，强调了学生在解读过程中的主体地位。

早在《乐记》中就提出过"审声以知音，审音以知乐"，并进而提出"审乐以知政"的思想。这里的"审"字，指的就是随着古代人的自我意识的觉醒，强调审美中人的主观能动性，人不是被动地接受，而是调动自己全部心理因素高屋建瓴地去把握音乐美，并从中体味出比音乐更为深远的内涵。②

晋陶渊明的"不求甚解"法。陶渊明一生以读书、吟诗、饮酒为乐，他认为"得知千载外，正赖古人书"。读书可以了解社会，认识生活，还可以开阔胸襟，消愁解忧，所谓"俯仰终宇宙，不乐复何如？"③在读书方法上，他首先提出"不求甚解"说，重视"会意"，强调总体领会，把握精神，不赞成寻行数墨、逐字推敲，并主张"流观""泛览"等读法，对后世影响很大。这种读书法，强调了读者在解读过程中的能动思考和概括能力。

北朝颜之推的"眼学"论。颜之推在其《颜氏家训·勉学》中指出："谈说制文，援引古昔，必须眼学，勿信耳受"，告诫子孙读书一定要亲眼看、亲自读，不可道听途说。这对我们当今将教师解读结果授

---

① 《礼记·中庸（二十）》，参见《四书全译》，贵州人民出版社1990年版，第54页。
② 《龙协涛·文学阅读学》，北京大学出版社2004年版，第11页。
③ 《陶渊明集·读山海经十三首（选一）》，转引自曾祥芹、张维坤、黄果泉《古代阅读论》，河南教育出版社1992年版，第139页。

受给学生,以教师解读代替学生解读的做法,是一个很好的镜鉴。

以"悟"为核心的禅宗拈花指月式的解读方式。禅,在梵语中的意思是静虑,本是印度各派宗教的一种调练心理、意识的方法。后由印度和尚菩提达摩于南朝宋末传入我国,唐朝六祖慧能将其光大,禅宗从此取得佛教正统地位,在唐宋时极盛。《释迦牟尼佛》曾讲道:"世尊在灵山会上,拈花示众。是时众皆默然,唯迦叶尊者破颜微笑。世尊曰:'吾有正法眼藏,涅槃妙心,实相无相,微妙法门,不立文字,教外别传,付嘱摩诃迦叶'。"[1] 道出了禅宗"不立文字,教外别传,直指人心,见性成佛"的特点。他们认为,对佛教真理的领悟,无关乎文字章句的训释,而在于学佛者的心灵领悟,即所谓"开心悟解"。故把阐释权交给每一个学佛者自己。禅宗常将自己传教方式喻为"指月",即如果把佛经语言文字背后的意义和真理比作天上的月亮,那么,要让人了解什么是月亮,最好的方式就是以手指月,让人随所指的方向自己去看月,而不是将学佛者当作盲人一样以禅师的解说来代替。这种做法把权威的解说变为亲切的点拨引导,让学佛者以自己的亲身体验直契文本意义,从而使被动的理解变为主动的领悟。学佛者的心灵因此而得到解放舒展,整个禅门也因此而焕发出勃勃生机。禅宗的这种解读方式给当时及后人的文本解读带来了极有益的启示。苏轼晚年曾发明禅宗式的读诗方法,其中心在于"妙悟",即强调解诗者须依靠直觉体验、自由理解和随意联想去意会诗的妙处;或者根据亲身经历的触发,顿悟诗意;或者抛开诗歌表面文义,悬想揣测诗人的深刻用心,发现诗人艺术构思的精妙之处。[2] 这在当时的诗歌文本解读中产生很大影响。杨时、严羽等人后来也主张"诗道在妙悟"[3],强调诗歌的妙处主要靠自我领悟,而不是靠他人传授,所以学生读诗须要自去"体会"。

宋代的读书"心解"传统。除朱熹外,宋代好多学者、教育家也

---

[1] 释普济:《五灯会元》第1卷,《释迦牟尼佛》,转引自周裕锴《中国古代阐释学研究》,上海人民出版社2003年版,第188页。
[2] 周裕锴:《中国古代阐释学研究》,上海人民出版社2003年版,第227页。
[3] 同上书,第278页。

都特别强调在语文文本解读中让学生自读、心悟、反躬自省。张载说:"学贵心悟,大体求之"①,虽是谈学习,实际上也是指的读书贵在"心悟"。程颢、程颐:"大抵学不言而自得者,自得也;有安排布置者,皆非自得也。"②（注:"不言"指不听别人解说。）这里讲的"自得"与孟子的同义,强调了学生读书要自行诵读、思考,使新知从不断玩味、体察中自然得出。陆九渊强调读书"明道""明理",但与朱熹不同的是,他认为"理"存在于吾"心"中,"识理"就是"识心",所以他主张读书贵在"顿悟""悟解",提出了"沉涵熟复,切己致思"③的读书方法。强调读书既要对文本语言反复把握,又要在读书过程中进行反躬自省。陆九渊的这种思想被明代的王守仁继承发扬,他要求学生读书必须考之于心,提出"六经者吾心之记籍"④,读书乃求"吾心"之手段方法;并在读书的方法上,强调自反其身,欲解书必先解心,心解则书自解。充分体现了他们对学生自我积极能动地参与文本解读的重视。

清代王夫之曾提出"作者用一致之思,读者各以其情而自得"⑤的文本解读观,揭示了读者在文本解读过程中的主观能动性与多向性。因此他在教学过程中特别重视学生的"自悟",认为"教在我而自得在彼""教者但能示以所进之善,而进之之功,在人之自悟"⑥,强调了教师只是起个启发引导作用,文本的意义还是要靠学生自己自觉、自悟获得。

---

① 《张载集·经学理窟》,转引自曾祥芹、张维坤、黄果泉《古代阅读论》,河南教育出版社1992年版,第243页。
② 《二程集·河南程氏遗书》第7卷,转引自曾祥芹、张维坤、黄果泉《古代阅读论》,河南教育出版社1992年版,第249页。
③ 《陆九渊集》(《语录上》,卷三四),转引自曾祥芹、张维坤、黄果泉《古代阅读论》,河南教育出版社1992年版,第217页。
④ 《王文成公全书·稽山书院尊经阁记》,转引自曾祥芹、张维坤、黄果泉《古代阅读论》,河南教育出版社1992年版,第336页。
⑤ 《薑斋诗话》第1卷,转引自曾祥芹、张维坤、黄果泉《古代阅读论》,河南教育出版社1992年版,第390页。
⑥ 《四书训义》第5卷,转引自孙培青主编《中国教育史》(修订版),华东师范大学出版社2000年版,第272页。

诵读法。是我国古代语文文本解读及其教学最常用的方法。"诵"和"读"从词源学上是两个词,"诵"是一种情态,是一种以声传情的表达方式;"读"不仅包括"诵",还特别侧重于对内容的理解。[①] 先秦典籍中两者多分开用,但由于二者配合可相得益彰,恰符合我们汉字音义结合的特点,所以秦汉之后两者合称"诵读",成为一种有效的汉语文本解读及其教学的最常用的方法。与现代语文教学中强调先教后(诵)读的特点不同,古代诵读法强调的是先(诵)读后教,甚至只读不教,而是通过让学生反复诵读,达到感悟、品味从而理解文本意义的目的。早在三国时期魏国名师董遇提出的"书读百遍,其义自见"[②],就体现了对诵读方法的运用。之所以反复诵读就能获得文本的意义,是因为它要求学生眼、口、耳、脑整体并用,通过眼观口诵心惟,熟读精思成诵,来实现对文本的全面深入理解,而不是像小和尚念经那样有口无心。在反复吟诵的过程中,学生"因声求气",即在声音的引导下,情、文、声循环互发,通过对词汇语音的感知体味,获得对文本意蕴直觉顿悟式的领会。朱熹、苏轼、曾国藩等许多文人学士在教学生读书的过程中都特别强调诵读法。如朱熹曾反复强调"诗须是沉潜讽诵";"看诗不须着意去里面分解,但是平平地涵泳自好"。苏轼则提出"故书不厌百回读,熟读深思字自知"。曾国藩也说:"非高声朗读则不能得其雄伟之概,非密咏恬吟则不能探其深远之韵。"诵读法让学生全身心地参与到文本解读之中,充分发挥了学生自我的主体性。这种方法在语文教学中的普遍运用,也体现了我国古代语文文本解读对学生自我的凸显和强调。

国语不是训诂之学,而是川流不息的生命。所以自古以来,我们的语文文本解读就有着立足于但又不拘泥于文本言辞章句,而是通过"自得""心悟"等方法将学生自我融入其中来获取文本意蕴,使学生遨游文本世界汲取文本丰富的精神营养,进而促进自我生命的成长

---

① 周庆元、于源溟:《诵读法的历时演化与现时解读》,《中国教育学刊》2004 年第 10 期。
② 《三国志·魏志·董遇传》引《魏略》,转引自曾祥芹、张维坤、黄果泉《古代阅读论》,河南教育出版社 1992 年版,第 122 页。

与发展的传统。这无疑给我们当前的语文文本解读提供了可资借鉴的宝贵财富。

二 近代：自由与主动

自 1904 年 1 月清政府颁布《奏定学堂章程》，国文独立设科，到 1949 年新中国诞生，"国语""国文"统称语文，将近半个世纪，为我国近代语文教育期。这期间，前一阶段的语文独立设科期（大致上 1904—1912 年），语文教材选文仍以文言文为主，所以文本解读主要是沿袭旧有的讲解法和记诵法，古代几千年形成的重视学生"自得""内悟"的优良传统到这里几乎已经丧失殆尽；后一阶段的语文学科探索前进期（1932—1949 年）由于艰苦复杂的社会政治环境，以《国文百八课》《中等国文》等为代表的语文教材选文主要以实用文章为主，解读文本主要是为了应急实用，无法也无力顾及对学生自我的强调，但一些语文工作者的相关论述却有着重视学生自我的思想；最可贵的是中间阶段五四运动前后的语文学科体系建设期（1912—1932 年），因广泛吸取日本和欧美引进的一些新的教育学说而出现了注重学生自主学习的教学研究与实践浪潮，加之当时的语文教材大量选用了反映五四新文化、新思想的白话文学作品和白话议论文，还有外国译文，所以文本解读表现出对学生自我主体性的重视，主要体现在对学生自己自由解读的强调上。但这些思想主要散见于当时有关国文教学的论著和发表在期刊杂志上的一些小文章中，而少有专门关于文本解读的系统论述。影响较大的有：

1917 年商务印书馆《教育杂志》的主编张元善借鉴日本的教育思想，在该杂志第九卷十一号以"天民"的笔名撰文《自习主义读法预习法》，指出："自习之态度，非唯于读法为必要，不论何教科皆然也。吾人之知识，被动的注入，远不若自动的之有效。"① 他所说的"自习主义"，便是以学生为学习主体的观念，在当时引起许多学校、许多教

---

① 天民：《自习主义读法预习法》，转引自顾黄初、李杏保主编《二十世纪前期中国语文教育论集》，四川教育出版社 1991 年版，第 54 页。

师的关注。胡适曾在1920年和1922年发表过两次关于中学国文教授的讲演，特别强调了"国语文"（即白话文——笔者注）无论是小说、戏剧，还是议论文与学术文，都是由教员"指定分量"后，让学生"自修""自己预备""自己看书"，教员"不必讲解"，而与学生共同讨论的思想。就连古文的教授也主张："千万不要在课堂上讲书"，"教员分配分量，学生自己去预备"，"讲堂上没有逐篇逐句讲解的必要，只有质疑问难，大家讨论两项事可做"①。这两次讲演在当时产生了很大影响，并为1923年制定新学制中学国语、国文课程标准奠定了基础。1922年叶圣陶在《小学国文教授的诸问题》一文中指出：国文"是儿童所需要的学科"，"是发展儿童心灵的学科"；所以在教授法上，教师"当为儿童特设境遇，目的在使其自生需要，不待教师授与"，"既然引起儿童的需求，则此后的事，如观察、试验、批判、欣赏等，可以全归儿童，教师偶或帮助而已。经过这许多功夫，结果便是心灵的发展"②。充分体现了早期叶圣陶在杜威儿童本位主义思想影响下注重学生自身在文本解读中的主体地位的思想。著名教育家孟宪承曾在1924年《新教育》第九卷第一、二期合刊上发表《初中国文之教学》一文，来表达国文教学必须重视学生自学、让学生多活动的主张。他认为，当时国文教学之所以没有良果的原因有二：一是教师不能引起学生的兴趣，二是教师不能启发学生的思想。并指出："现代教学的精神，根本上是要生徒活动，生徒自学"，"向来国文课，只有教师的活动，没有学生的活动；只有教师的教授，没有学生的学习，这实是国文教学失败的总原因。"他所说的"国文教学"主要指的就是文本解读教学。著名教育家朱经农也在1924年《教育杂志》第十六卷第四号上撰文《对于初中课程的讨论·国语科的内容》说："我们如果希望学生对于国文一门有一点确实的心得，除非把'被动听讲'改成'自动阅读'不可。中学学

---

① 胡适：1920年《中学国文的教授》和1922年《再论中学的国文教学》，转引自顾黄初、李杏保主编《二十世纪前期中国语文教育论集》，四川教育出版社1991年版，第116—129页。

② 叶圣陶：《小学国文教授的诸问题》，转引自顾黄初、李杏保主编《二十世纪前期中国语文教育论集》，四川教育出版社1991年版，第166—177页。

生如果自己不去看书，全靠每天在讲堂上听先生讲几句古文，那是没有什么大进步的。不过教员对于学生看书，须加积极指导，万不可专取放任主义。不加指导的阅读，是要发生流弊的。"① 这种既强调学生自己阅读，又强调教师指导的思想，可谓是非常合乎文本解读及其教学之规律的真知灼见。史学家吕思勉在1925年《新教育》第十卷第三期《国文教学祛蔽》一文中指出当时国文教学有"偏主文言白话""讲俗陋文法""并旧文学与国文为一谈""误国文为国故"等六大弊病，而所有弊病之根本，"则在重讲授，重讨论，……而不重实际之阅读"，并以自己的切身经历提出了要重视学生自行读书的主张。② 著名思想家、教育家王森然曾于1927年在他的《中学国文教学概要》一书中指出：所谓教学法，"就是教学生如何去学，并不是我预备去如何教，实在说来，只有如何学的方法，没有如何教的方法"。但他却又不主张对学生放任不管，处处提醒国文教师应严格要求学生。③ 这里所说的教学法，也主要指文本解读的方法。我们从他的话中可以看出对学生亲自读书学习的重视。

  以上诸多学者专家的论述，足以反映出五四运动前后语文文本的解读教学由以往的教师讲解、注入为主，转向对学生自己自由解读的强调重视。这种思想直接在当时的几个语文课程标准中体现出来。如1923年《新学制课程标准纲要·初级中学国语课程纲要》中在"内容和方法"的"读书"部分指出："精读选文（由教师拣定书本），详细诵习，研究；大半在上课时直接讨论。略读整部的名著（由教师指定数种），参用笔记，求得其大意；大半由学生自修，一部分在上课时讨论。"同年的《新学制课程标准纲要·高级中学公共必修的国语课程纲》"读书"要求中也强调了"学生自己研究""上课时，由教员与学生讨论答问"。1929年的《初级中学国语暂行课程标准》的阅读"教法要点"

---

① 朱经农：《对于初中课程的讨论·国语科的内容》，转引自顾黄初、李杏保主编《二十世纪前期中国语文教育论集》，四川教育出版社1991年版，第331页。

② 吕思勉：《国文教学祛蔽》，转引自顾黄初、李杏保主编《二十世纪前期中国语文教育论集》，四川教育出版社1991年版，第403—404页。

③ 李杏保、顾黄初：《中国现代语文教育史》，四川教育出版社1997年版，第139页。

中指出:"课室讲解,只须略述课文的背景及大意,重在引起自习的动机,作扼要的,有趣味的介绍和问答,不逐字逐句的讲解";"教师讲述大意后,应指导学生作分析、综合、比较的研究,务使透彻了解。或提出问题,令学生课外自行研究。"同年的《高级中学普通科国文暂行课程标准》的阅读"教法要点"中指出:"略讲各种选文选择的标准,教授目的及内容的大要,诸篇相互的联系等。又就所选各种分别地,或参互地每篇为扼要的说明,不作逐字逐句的讲解,以引起学生课外自己阅读的兴趣。"1932年的《初级中学国文课程标准》在"实施方法概要"中"阅读"的"精读"部分也指出:教员的指示"重在引起自学之动机,不必逐字逐句讲解"[①]。此后至1948年的语文课程标准中便没再看到类似的思想和表述。这也表明了后来十几年的语文文本解读对学生自我的无暇顾及和淡化。

但尽管如此,这段时间却还有为数不多的一些关于语文文本解读的研究值得我们重视。因为相对于"五四"前后十几年间的语文文本解读对学生自我的凸显主要是强调了学生在文本解读教学中的主体地位,却并没有指出如何去做而言,这些论述更为深入地指出了如何在文本解读中发挥学生的主体地位,如何让学生自我参与到文本解读之中。就笔者目力所及,它们集中体现在叶圣陶等人的论述中。叶圣陶曾在1937年1月写过《文艺作品的鉴赏》一文,虽然题目中用的是"鉴赏"一词,但其含义与我们所说的"解读"基本相同,而且文中所说的"文艺作品"主要指的就是语文教材中的文学选文,故笔者认为这在三四十年代是一篇难得的专门探讨语文文学文本解读的文章。另外,他在四十年代写的《〈略读指导举隅〉前言》《论国文精读指导不只是逐句讲解》《中学国文学习法》等文章中,也谈到了国文文本解读的问题。我们将其综合起来,可以看到他非常明显地强调学生自我在解读中的主体地位的思想。首先是他的文本解读观。他说:"文字是一道桥梁,这边的桥堍站着读者,那边的桥堍站着作者。通过这一道桥梁,读者才和作

---

① 课程教材研究所编:《20世纪中国中小学课程标准·教学大纲汇编·语文卷》,人民教育出版社2001年版,第274—291页。

者会面。不但会面，并且了解作者的心情，和作者的心情相契合。"①可见他认为阅读是"作者·作品·读者"这样的双向交流过程，读者的任务就是通过作品的语言文字去了解并契合作者的心情。为了实现这一目的，他认为学生自我应该处于积极主动的地位。首先是要学生独立阅读："要多靠自己的力，自己能办到几分务必办到几分。不可专等老师给讲解。"② 同时，强调学生要以一种积极的情感态度对待阅读："要认真阅读"③，"阅读的时候，心情也得自己调摄，务需起劲、愉快。认为阅读好象还债务，那一定读不好。要保持着这么一种心情，好像腹中有些饥饿的人面对着甘美膳食的时候似的，才会有好成绩"④。最重要的，是要"动天君"（即动脑筋——笔者注），即学生内在自我要积极地参与到阅读的过程之中：具体做法是"驱遣我们的想象"⑤，以自己在日常生活中积累的真实经验、体验去"'以意逆志'，设身处地，激昂处还他个激昂，委婉处还他个委婉"⑥，去"体会作者意念发展的途径及其辛苦经营的功力"，"而所谓体会，得用内行的方法，根据自己的经验，而推及作品；又得用分析的方法，解剖作品的各部，再求其综合"⑦。这可谓是对学生自我如何在文本解读过程中体现主体地位的具体详尽的指导。

另外，许寿裳、傅彬然等人对读书的研究也凸显了对学生自我的强调。1937年，许寿裳在《中学生》杂志第七十六号撰文《青年期的读书》，指出青年读书"宜由自己泛览，自己抉择，将书上得来的一切，经过自己的思索"⑧。傅彬然的《读书的心理》（原载1942年《国文杂志》第一卷第二期）一文，则在总结三四十年代我国阅读心理研究成

---

① 叶圣陶：《叶圣陶语文教育论集》，教育科学出版社1980年版，第261页。
② 同上书，第121页。
③ 同上书，第257页。
④ 同上书，第123页。
⑤ 同上书，第261页。
⑥ 同上书，第125页。
⑦ 同上书，第69页。
⑧ 许寿裳：《青年期的读书》，转引自顾黄初、李杏保主编《二十世纪前期中国语文教育论集》，四川教育出版社1991年版，第638页。

果的基础上，揭示了"读书的理解能力，大抵建筑在两个基础之上，一个是读书的生活经验与知识水准，另一个是丰富的词汇、敏锐的语感和相当足够的文法知识"。所以，"读书者必须要认知符号，必须要适当的字义和字形相结合；必须要回忆旧有的经验，来供给各种符号以各种意义；必须要用评判的态度，拒斥其不适当的意义而接受适当者；必须要把各种意念重加组织而成一种新的形式，以供作某种目的之用……"① 这给学生自我如何自主性地参与到文本解读之中提供了心理学的依据和指导，至今看来仍有非常重要的借鉴意义。

第二节 他山之石：国外母语文本解读对学生主体地位的重视

与我国语文文本解读相似，外国语文文本解读在不同的社会历史时期也有着不同的形态特征，有着不同的优点和缺陷，在此我们无意也没有必要对各国的语文文本解读做一个全面的梳理，而是主要从强调学生自我主体地位的角度对异域母语文本解读进行分析探讨，发现其可借鉴之处，以期为本研究提供立论的佐证，为我们改进自己的语文文本解读提供参考。在国家的选择上，主要选取了美国、日本、英国、法国、德国等几个教育较为发达的国家。对每个国家语文文本解读的分析，大体上仍从目的、内容、过程、方式方法这几个维度来进行。由于资料的限制，我们所看到的难免会有"瞎子摸象"那样的片面性，况且我们还锁定了"摸象"的视角。但即便如此，"瞎子摸象"获知的毕竟也是象的特点的一部分，应该可以让我们借来攻玉吧。

一 美国：个体差异与自我发展

众所周知，美国的教育是非常注重学生个体差异和自我发展的。这种特点体现在其教育教学的各个方面，其中母语教育中的课堂文本解读

---

① 傅彬然：《读书的心理》，转引自顾黄初、李杏保主编《二十世纪前期中国语文教育论集》，四川教育出版社1991年版，第674—675页。

活动便是这种特点的典型反映。学生自我在其整个语文文本解读活动中占有非常突出的地位。

1996年出版的由美国国际阅读协会（The International Reading Association）和英语教师全国委员会（The National Council of English）共同制定的国家《英语语言艺术标准》（Standards for English Language Arts）可以看作是美国母语课程（即英语）的国家课程标准。这一国家课程标准结束了以往美国母语教育因为没有一个共同的标准参照而造成的所谓被"平庸潮流"所侵蚀的[①]现象——即不重视学科教学内容、学生读写能力普遍较低的现象，尽管它对各州和地方教育机构或教育实体没有法律约束力，各州实行自愿采用的原则，但在一定程度上影响着地方课程标准，并且成为州和地方制定与修订课程标准的主要参照对象。它规定了美国母语课程要实现的最终目标是："确保所有的学生都能获得语言学习的机会，并得到鼓励，使他们形成追求个人生活目标，包括丰富个人生活而发展语言技巧的观念，作为有教养的、有生产力的成员充分参与社会生活。"[②] 我们从中可以看出其语文课程的使命是发展学生的语言能力，并在语言学习中形成追求个人生活目标，包括丰富个人生活而发展语言技巧的观念，从而使学生成为有教养的、有生产力的社会成员以参与未来的社会生活。这一最终目标是指向学生个体自我的。围绕这一目标，该课程标准规定了语文教育12个方面的内容，其中前三条都是关于阅读方面的，这与美国历来重视阅读教学的传统是有关的。后来美国教育研究会提出的"对教育改革而言阅读是基石、是基础"的思想和2002年布什总统在他的《不让一个孩子掉队法案》中明确要求的"把阅读放在第一位"的重要决策都反映了这一点。这三条的具体内容如下[③]：

1. 学生广泛阅读印刷或非印刷的文本，建立对文本意义的理

---

① 王爱娣：《美国语文教育》，广西师范大学出版社2007年版，第11页。
② 同上书，第13页。
③ 同上书，第22页。

解，认识自我，以及对美国和世界文化的理解。通过阅读，获得新的信息，满足社会生活和工作的需求，同时更好地完善自我。这些文本包括虚构和非虚构类的、古典的和当代的作品。

2. 学生广泛阅读各个时期的不同类型的文学作品，从不同角度（如哲学的、伦理的、审美的等）来理解人类经验。

3. 学生运用各种策略方法去理解、阐释、评价和欣赏文本。他们综合先前的经验，利用与其他读者和作者互动的机会，借助词汇知识和其他文本知识、词汇辨认策略，以及对文本特征的理解（如声音—字母一致、句子结构、语境、图画等），从而形成正确的认识。

这些表述很明显是从学生的角度来表述的，它明确地将语文文本解读当作一个让学生认识自我和人类社会、满足未来社会生活和工作需求、同时完善自我的过程，而不是仅止于扩大学生的知识面和积累语言材料。它还指明了达至这些目的的策略方法是让学生自我亲历文本解读，学生在整个文本解读活动中处于核心位置。

国家课程标准的这些规定直接统摄着各州语文课程标准，导向和规约着各州实际课堂的语文文本解读。如选自1998年美国纽约州奥尔巴尼市Guilderland中心校区课程大纲的纽约州奥尔巴尼小学《英语语言艺术课程说明》中对"阅读"的表述："阅读是从书面材料中获得意义的能力，是一个需要主动参与交流的复杂行为。"[①] 美国宾夕法尼亚州《阅读评价手册》中对"阅读"的概念界定是："阅读是一个读者与文本相互作用，构建意义的动态过程。构建意义的实质是读者激活原有的知识，运用阅读策略适应阅读条件的能力。"[②] 因而在实际的阅读课中，学生的主要行为就是自主地、独立地解读文本，教师一定要保证学生自主阅读的时间。美国有些小学英语课程中设置的阅读课，是让学生进专用阅览教室自由阅读。这样的阅读课一般没有统一的教材，学生可以按

---

① 柳士镇、洪宗礼主编：《中外母语课程标准译编》，江苏教育出版社2000年版，第294页。
② 王爱娣：《美国语文教育》，广西师范大学出版社2007年版，第19页。

照自己的阅读兴趣选择读物。在阅读形式上也是以学生个人阅读或小组合作阅读为主。教师在课上只是进行组织和督促，一般不面对全体学生进行阅读指导。对刚开始进入阅读，独立阅读能力还比较低的学生，一些教师开始进行"有指导阅读"，即学生在教师的指导下开展自由阅读的一种教学方式。但教师的指导主要是在学生阅读前对读物的情节或大致内容进行简单介绍，介绍的目的在于激起学生阅读的兴趣。除此之外，教师也会有针对性地讲解若干学生难以理解的单词，或画好文章段落的结构图、书中人物关系图，或者让学生围绕本书讨论一些关键问题，以帮助学生扫除阅读障碍，顺利进行独立阅读。而且，这种指导性阅读课上教师的指导时间是非常有限的，一般每次仅指导3—4分钟，其余时间就用来学生自己阅读或小组讨论。[①]

一般美国小学的母语阅读理解训练大致分为两个阶段，第一个阶段是解码和理解，第二个阶段是应用（application）、合成（synthesis）和评估（evalution）。在第二个阶段，主要是培养学生的批判性思维——这是美国教师普遍非常重视的，因为他们认为"阅读即思维"[②]。所以第二阶段非常凸显学生自我的内在参与：在"应用"方面，学生必须能通过阅读，找到自己需要的资讯，然后应用在某些方面；在"合成"方面，学生必须能在阅读中找到各种咨询，然后筛选对自己有用的部分，做出正确的判断；在"评估"方面，学生必须能通过阅读，根据自己的评估原则或者客观的评估原则来评估自己阅读的文章的好坏，或者从文章中得到的咨询的优劣。[③] 这个过程中学生"自我"都是文本解读的出发点和立足点，在学生自己对文本的解码、理解和应用、合成、评估过程中，其辨别、判断、选择事物的能力得到锻炼和提高。

美国中学的课堂阅读教学，也同样体现了上述国家课程标准的文本解读理念，学生在文本解读活动中处于核心位置，以自己对文本和自我的思考贯穿整个解读活动的始终。教师所做的是教给学生阅读的技巧和

[①] 吴忠豪：《外国小学语文教学研究》，上海教育出版社2009年版，第149页。
[②] 闫苹、周鸯主编：《语文比较教育》，广西教育出版社2006年版，第215页。
[③] 方帆：《我在美国教中学》，华东师范大学出版社2006年版，第226页。

策略。如王爱娣老师曾在《美国语文教育》一书中记录了加利福尼亚州尔湾学区 Portola 初级中学 8 年级 Hochadel 老师的阅读课上，学生在老师的指导下进行文本解读过程中所做的思考和反应，这些思考和反应以问题的形式出现，已经成为规范，贴在教室的墙壁上。具体如下①：

阅读过程中作出怎样的思考：

1. 阅读之前需要思考：（1）文章出于何种选集？（2）我为什么要读它？（3）阅读之前我应该提出哪些问题？

2. 阅读过程中应该思考：（1）怎样归纳总结才能帮助我理解正在阅读的材料？（2）如果不能概括总结读过的材料，我将怎么办？

3. 阅读之后应该思考：（1）这样的阅读，什么时候，怎样使我发生了变化？（2）我喜欢选文的哪些部分？为什么？（3）我怎么表达出自己对已经读过的文章的理解？

对读过的文本作出哪些反应：

1. 你喜欢这个故事吗？为什么？

2. 列出故事中所有的主要人物。

3. 你推荐这本书吗？为什么？

4. 你对故事其余部分的断言是什么？

5. 关于这个故事，你将会改变什么？

6. 故事的环境描写是什么？（地点和时间）

7. 故事表达了怎样的情绪？它是悲伤的还是快乐的，光明的还是黑暗的，讽刺挖苦的还是严肃有趣的？

8. 故事表达的道德情感是什么？

9. 从故事里选出两个你不懂的词汇，给它们列表，并且试着写出定义。

10. 为你读过的内容写一个总结和概括。

11. 主要人物是谁？（主人公）

---

① 王爱娣：《美国语文教育》，广西师范大学出版社 2007 年版，第 94 页。

12. 故事的反面人物是谁?(敌手)

13. 给故事中的一个情节做插图说明,画出情节发展示意图。

14. 你最喜欢这个故事的哪一个人物?为什么?

从这些内容可以看出,美国学生在文本解读中不仅外在形态上处于主体地位,而且将内在自我作为文本解读的出发点和目的地,自我在与文本"打交道"的过程中始终处于积极能动的思考状态,不仅关注对文本内容的理解和把握,而且时刻思考自己的喜好和对作品的评价,并将对文本的思考返回到对自身的思考,这样学生获得的不仅是知识和技能,而且更多的是自己情感态度价值观的提升。

另外,美国语文教材①中助读系统的设置也可以体现其文本解读对学生自我主体地位的强调。以马浩岚编译的《美国语文》教材为例。该教材每一课在选文之前都设有"阅读指导""背景知识""文学与生活""文学聚焦"四个栏目,其中"文学与生活"包括"联系你的经历"、"日志写作"和"专题聚焦"三个子项,这三个子项都是引导学生将选文内容与自己的经历联系起来,使学生带着他的"前理解"走进文本的情境,为更好地解读文本做好准备。而且,在每篇选文之后,又都设有"问题指南""作品积累"两大部分练习题,其中"问题指南"主要针对学生自己对文本的理解,而"作品积累"则是针对本课所进行的知识技能训练。"问题指南"所设计的问题"并不限于让学生理解作者所要表达的思想主旨,而是更侧重置学生于时代事件、背景以及作者身处之环境中,充分调动学生的想象力、创造力,全方位启发学生的多元化思维与独特体验,注重在提高学生文学素养的同时,增强学生搜集、整理素材以及解决社会生活问题的实践能力"②。如第一课的选文是哥伦布的《第一次美洲航海日志》(节选),它课后的"问题指

---

① 注:一般来说,美国多数中学在语文教育方面会选择三部教程:一部《英语》,主要讲解语法知识,一部是《拼写》,注重单词的拼写训练,还有一部《文学》,介绍各种题材的美国文学作品。(参见马浩岚编译《美国语文:美国中学语文教材编译》,同心出版社2004年版,序言第1页。) 这里所说的语文教材指的是《文学》教程。

② 马浩岚编译:《美国语文:美国中学语文教材编译》,同心出版社2004年版,序言第2页。

南"从"文学和生活""阅读理解""思考""文学聚焦"四个方面来设计问题①。其中,"文学和生活"又从"读者反应""领导能力测试""主题焦点"三个角度来引导学生解读。相对的问题分别是:1. 如果你是哥伦布航行的资助者,读到他的这段经历记录,你会有什么样的感受? 2. 和同学们组成小组,列出优秀的领导者所需具备的素质,和同学们讨论你的结论。3. 哥伦布的日志记录了欧洲人和北美洲当地人最早的相遇。这两类人有什么样不同的反应? 你从文中能找到什么证据?"思考"又从"解释""评价""应用"三个角度来设计问题。其中,"解释"下面有三个问题:1. 你怎么判断岛上的美景给哥伦布留下了深刻印象?(证据支持) 2. 哥伦布选择送回西班牙的"样本",最大的初衷是什么?(分析) 3. 根据哥伦布的叙述,第一次与当地人的相遇是怎样进行的?(概括)"评价"下面有一个问题:如果哥伦布写作的目的是请求进一步的支持,那么他在证明自己探险活动的价值方面做得如何?(做出你的判断)"应用"下面有两个问题:1. 如果这篇描述是由一名船员写的,将会有怎样的不同?(假设) 2. 如果这篇描述是由一名观察到船员们活动的美洲当地人写的,将会有怎样的不同?(假设)"文学聚焦"下面是针对这篇日志提出的两个问题:1. 根据你的理解,哥伦布为什么经常在见到事物时想到它们的金钱价值? 2. 在你看来,哥伦布试图表达的对美洲的印象是什么?

这种以"你"为主语的问题设计,使学生在解读文本时时刻意识到自己是解读的主体,注意到自己对文本的理解和看法,这样不仅激发了学生解读文本的兴趣,还在训练学生解读能力的同时,形成他们的自我意识,发展了他们的个性和自主能动性。

二 日本:自主与独立

战后的日本教育经历了由重视知识传授、技能训练到重视使学生学会学习、学会独立思考的过程。早在1983年,在日本文部省(相当于

---

① 马浩岚编译:《美国语文:美国中学语文教材编译》,同心出版社2004年版,第21—22页。

我国的教育部)的中央教育审议会的审议报告《展望21世纪的教育内容的形式,特别不得不重视的视点》中,"自我教育能力"的培养就作为中心视点被确定。此后学校教育"由教育为主转向以学习为主","自我教育能力"的培养作为终身学习的基础成为学校教育的重点课题。① 所以在其语文(日本称为国语)教育中,当然也在语文文本解读中,始终比较凸显学生自我的主体地位,重视学生在解读过程中的自我思考和情感体验。这种特征在日本近年来的阅读观、母语课程标准中的阅读目标、母语教材编排设置、实际课堂文本解读过程中的方式方法和学生阅读反应等方面都可看出。

战后,欧美特别是美国认为阅读应该"适应生活,形成功能"的阅读观冲击着日本,但由于它带有"半强制输入"的性质,且有很大的局限性,因而遭到了以日本教育科学研究会·国语部会和"儿童语言研究会"等民间学术团体为代表的抵制和批判。他们认为阅读是人类的认识活动,阅读并非为了读懂语言本身,而是为了理解包含在语言中的思想感情;"阅读即思考",阅读对人智力的发展有很大作用;阅读教学应充分注意学生个人自读的心理过程,注意培养学生边读边进行批判思考的习惯。还有一种"唤起对问题的意识"的阅读观,即主张在传记故事等作品的阅读指导中,让学生在读物中认为"我就是"那样的人物,或者提出"如果主人公就是我该怎么办"一类的问题,让学生处理,从而进行以自己为主体的阅读。② 这些观点对当时和后来的日本母语文本解读都产生很大影响。

在日本,由政府正式颁布的课程标准被称为《学习指导要领》。日本现行的《学习指导要领·国语》是于1998年12月14日颁布,2002年4月开始正式在日本全国的中小学使用的。其中小学《学习指导要领》的国语教育总目标是③:

---

① 史荣第:《语文课堂,我们要让学生收获些什么》,《教育理论与实践》2005年第6期。
② 曾祥芹、韩雪屏主编:《国外阅读研究》,大象出版社1992年版,第208—212页。
③ 付宜红:《日本语文教育研究》,北京师范大学出版社2003年版,第18页。

在培养适切的表达与正确的理解国语的能力、提高学生沟通与交流能力的同时，培养学生的思考力、想象力和语言感觉，增强学生对国语的关心，养成尊重国语的态度。

可见，这个总目标完全是指向学生自身的，在价值取向上是学生自我取向的。它在内容上包括知识能力和情感态度两大方面。阅读领域的目标，在各学段也都是从这两方面来设置的。具体如下[①]：

第一学段：
1. 对浅显读物富有兴趣地阅读。
2. 考虑时间及事物发展顺序把握内容大意。
3. 想象场面情境进行阅读。
4. 注意语气的停顿、内容及效果诵读。

第二学段：
1. 对各种读物发生兴趣进行阅读。
2. 对应一定的目的，注意重点语句及段落间的相互关系，准确理解文章内容。
3. 根据文章的叙述顺序，想象场面与情景的变化进行阅读。
4. 根据理解的内容，融入自己的思考进行归纳，并关注每个人阅读的差异。
5. 对应一定的目的，归纳段意或层意，同时能根据需要注意文章细节进行阅读。
6. 诵读做到能够把文章内容、中心和场面有效地表现出来。

第三学段：
1. 为使自己的思维更开拓和深入，选择必要的图书资料进行阅读。
2. 对应一定的目的和意图，紧扣文章内容把握主题。

---

① 付宜红：《日本语文教育研究》，北京师范大学出版社2003年版，第28—29页。

第二章 凸显自我:古今中外语文文本解读的必然镜鉴

3. 能够一边品味文章中有关人物的心情、场景描写及优美的叙述一边阅读。

4. 能一边关注文中所写的事实与作者感想、意见等的关联,一边带着自己明确的想法、思考进行阅读。

5. 为获取必要的信息,思考有效的读书方法。

我们可以看出,整个阅读目标的内容都是在指导学生自己的阅读活动,充分体现了让学生自主、独立地阅读的理念。这三个学段对学生解读文本的自主能动性的要求是随着年级的升高逐渐递增的:从"对浅显读物富有兴趣地"去阅读,到对"各种读物发生兴趣"阅读,再到带着"使自己的思维更开拓和深入"的自觉目的,主动地"选择必要的图书资料"阅读,最终达到通过阅读来深化自己思维的目的;从文字表述上说,从第一学段的没有"自己"的字样,到第二学段强调"融入自己的思考",再到第三学段突出"自己的思维""自己明确的想法、思考",都可以看到对学生自我主体性的逐渐凸显。

日本初中国语《学习指导要领》关于阅读的内容目标,也同样强调了学生自我的能动性参与。如初中三个年级的"理解"部分的内容目标分别有这样的表述[①]:"要阅读体会描写情景和心情的部分,并融入自己的感情";"鉴赏文章时要注意其对自然和人物的描写,总结自己的感受";"阅读文章时要思考主题、把握要领,并就此形成自己的思维"。高中国语《学习指导要领》是于1999年11月颁布,2003年4月正式实施的。它包括"国语表现Ⅰ""国语表现Ⅱ""国语综合""现代文""古典"和"古典讲读"六个科目。关于阅读的指导要领出现在后四个科目中,突出强调了学生在阅读中的自我思考和感受。它在"国语综合"的阅读"内容"中指出了这样的指导事项:"阅读各种形式的文章,扩展和深化自我见解、感受和思考。""现代文"的"目标"是:"在提高阅读近代以来各种文章能力的同时,加深对文章的见解、

---

① 柳士镇、洪宗礼主编:《中外母语课程标准译编》,江苏教育出版社2000年版,第388、391、393页。

感受和思考,并通过阅读优秀的文章,培养学生丰富人生体验的态度。"在"内容"中指出须注意"通过阅读各种文章,加深和发展学生对人类、社会、自然等问题的自我思考"一项;在"内容处理"中指出"阅读论说性文章时,就有关作者的思考及文章的展开方式,写出自己的见解"。后面的"古典"和"古典讲读"也提出了类似的要求,[1] 此处不再赘述。

同时,教材文本的编辑设计也为学生自主能动地进行文本解读提供了平台。以日本全国发行量居前两位的《光村图书》和《教育图书》为例。《教育图书》2002年新版小学语文教科书在它的编辑方针及特色介绍的第一页上,有这样一段话[2]:"语言学习的主人是孩子们自己。孩子们依靠他们自身的力量去拓展语言的世界,再凭借语言的力量去拓展他们身边的世界。本套教科书正是为作为主人公的孩子们能够在一年的学习中自主地开展学习活动而编制的。"该套图书小学国语教科书的编辑方针中,第一条原则就是:"从'让学'的教科书向'我自己要学'的教科书转变"。充分体现出让学生成为教材文本解读的主人的思想。《光村图书》的编辑方针也同样强调了发展学生自我的意图[3]:1. 适应孩子在21世纪生存的需要。2. 尊重、发挥每一个孩子的个性。3. 彻底体现、保障语文学习的基础性和基本要求。4. 让学生有兴趣地自觉地投入到学习活动中。在这种以学生为主人的编辑思想指导下,日本国语教材不是由一篇篇课文缀成的文选型教材,而是由学生参与的语文活动组成的活动型教材,这给学生的自主学习带来了方便。它让学生在具体的语言实践活动情境之中像做游戏一样地去理解文本内容,让学生感受到解读文本的快乐。同时,日本的阅读教材分为说明性文章教材和文学性文章教材两种类型。文学性文章教材以诗歌、童话、小说为主,说明性文章教材则是一切有关自然、社会、文化、环境、

---

[1] 柳士镇、洪宗礼主编:《中外母语课程标准译编》,江苏教育出版社2000年版,第420—426页。

[2] 付宜红:《日本语文教育研究》,北京师范大学出版社2003年版,第31—32页。

[3] 同上书,第35页。

科学等方面题材内容的文章的统称，以平白、浅显的叙述性口吻进行描述，兼叙述、说明、议论于一体。这两类阅读教材都有各自统一、一贯的系列，彼此的学习内容和重点联系不大，加之另外还编有专门的写作教材，所以日本的文学教材被赋予独立的地位，文学文本解读就具有独特的丰富学生情感体验、发展学生自我意识和个性特点等精神建构的功能价值。

  在上述阅读目标和教材设计的引导下，日本的课堂语文文本解读就顺理成章地成了学生们发展自我的活动场。首先表现在对"素读"的重视上，即让学生以主体的姿态走进文本，亲自在文本中进行自读体悟。日本的学生往往与文本中的人物保持亲近的态度，尽量站在或贴近文本中人物的立场去理解人物的行为，关注人物内心的心理和心情，好多学生甚至把自己当作文本中的一员，通过丰富的想象，感同身受地去揣摩、体验文本中人物的心情与感受。如解读《落花生》一文，好多小学生就认为主人公是"我"，而不是像我们中国小学生所认为的是"父亲"，因为"本文从第一人称出发"，是"我"受到了教育，是以"我"为主线展开了故事情节[①]。其次就是文本解读教学中始终以学生为主角，教师只是学生解读的辅助者、促进者。具体表现：一是围绕学生解读中提出的问题组织教学。日本文本解读教学大多在学生初读课文以后就安排学生交流感想，包括提出阅读中的疑问。而学生提出的问题正是教师组织该文本解读教学的主要依据。课堂教学中，教师充分放手让学生自己主持讨论，教师只在关键处适当点拨。二是课堂教学的重点是让学生交流自己解读文本的感受。日本文本解读教学非常重视学生的解读感悟。其阅读教材中的课文数量不太多，每篇课文的教学用时则很多，一般10课时左右，甚至更多。如此多的课时，主要就用来交流讨论学生对文本的理解和感受，我们从下面引录的日本教师松田哲执教的日本童话《小狐狸昆儿的故事》一文的教学案例实录中可以看出。该

[①] 李广：《中日小学语文课程价值取向跨文化研究》，博士学位论文，东北师范大学，2008年，第136页。

课文安排了15课时，其教学计划是①：

1. 听故事，交流初次听到这个故事的感受、想法。（3课时）

（1）听老师朗读故事。

（2）写感想。（老师提出三点要求：以留在心里印象最深的内容为中心来写；自己的想法也写进去；合上书本不要看着教材来写。）

（3）交换交流彼此的读后感想。（感想写在专用的纸、本上分小组交换阅读，交流读后共同的感受。）

（4）学习教材中新出现的汉字的读音。

（前两项活动两课时，后两项活动一课时）

2. 逐章阅读，加深理解。（9课时）

（1）各自独立逐章阅读教材，随时把感受与想法写在"小狐狸昆儿的故事笔记"的专用纸中。

（2）重点段落指名阅读，指导读准字音，依据"小狐狸昆儿的故事笔记"中的记录，涉及相应段落交流感受和想法。

（3）每节课最后的5分钟，学生自己把这节课进行总结，并把总结写在笔记本上。（如：这节课我认为最重要的内容等。）

（4）学生写小结时，教师发下事先准备好的"阅读要点"提示。

3. 总结与拓展。（3课时）

（1）让学生挑选自己喜欢的场面，朗读并表演。

（2）撰写第二次感想，相互阅读、交流。

（3）介绍作者的其他作品和听朗诵。

从这个教学计划中，我们可以看出，该课堂文本解读的内容和过程是以学生自主的阅读和感想交流贯穿始终。学生的书面感想表达有两次，一是在初读文本之后，二是在又经过9课时的自己第二次独立逐章

---

① 付宜红：《日本语文教育研究》，北京师范大学出版社2003年版，第302页。

阅读理解文本之后，并且再次进行交换阅读、交流。这样的课堂文本解读教学过程基本代表了日本一般的文学教材文本解读的教学过程。这种做法，一方面促使学生在文本解读的过程中积极主动地去感悟、去发现、去寻求有创意的见解，另一方面写感想的过程使学生对自己在文本解读中的思考和认识能进行冷静梳理和深化，从而使自己的思考和认识能力得以提高。更重要的是，课堂上留给学生充足的时间去独立自由地解读文本，没有任何外力和其他功利目的的强加和干扰，使学生彻底以审美的态度沉浸于对文本的细细揣摩、体验、感受，对自我的反思与提升，真正凸显了学生在文本解读中的主体地位，实现丰富学生精神，充盈学生心灵的目的。

三 英、法、德等国：能动参与和自我思考

（一）英国

重视文学作品的教学是英国母语教学根深蒂固的传统。而文学作品教学的重心就是解读文本的内容。所以文本解读在英国母语教学中很受重视。英国语文课程大纲《英国国家课程·英语》对学生文本解读能力的一般要求是"培养具有浓厚兴趣的，具有丰富知识的，能与作者产生共鸣的读者"。[①] 各学段的具体要求随着学生年级的升高而逐渐提高：从第一学段的"让学生尽可能多地接触儿童文学"，到第二学段的"应鼓励学生做充满热情的、独立的、反思的读者"，再到第三、四学段"鼓励学生广泛阅读并成为独立的、作出积极反应的具有热情的读者"。而且，该大纲在分阶段学习大纲的后面，还分级给出了学生文本解读能力的达标标准，具体如下[②]：

> 一级：学生认识简单的文章中熟悉的词汇，在出声朗读时为获得意义运用字母和声音符号的关系。在这些活动中他们有时需要帮助，在阅读诗歌、故事和非故事作品时，能对自己喜爱的部分作出

---

① 柳士镇、洪宗礼：《中外母语课程标准译编》，江苏教育出版社2000年版，第243页。
② 同上书，第267—269页。

反应。

二级：学生在阅读简单的文章时基本上可以正确理解。他们针对故事、诗歌和非虚构故事中主要事件和思想表达自己的观点。他们在阅读不熟悉单词和确定意思时使用不止一种策略，比如利用声音、图形、文法和上下文。

三级：学生流畅而准确地阅读各种文章，他们独立地阅读，准确地使用各种技巧确定意思。阅读虚构和非虚构作品时他们表现出对要点的理解和自己的喜恶，他们利用字母知识查找书籍和信息。

四级：阅读各种文章时学生表现出对主要思想、主题、事件和人物的理解，开始使用推断和演绎，他们在阐述自己观点时提到原文，他们寻找并使用观点和信息。

五级：学生理解各种文章，选择要点，适当地使用推断和演绎，在对文章的反应中，他们指出主要特点、主题和人物，选择句子、词语和相关的信息支持自己的观点。他们从各种来源寻找并核对信息。

六级：在阅读和讨论各种文章时，学生会找出不同层次的含义并就其意义和影响发表议论。他们对文学作品作出个人的反应，提到原文的语言、结构和主题以解释自己的观点，他们从各种来源收集信息。

七级：学生理解各种文章中的含义和信息，他们对诗歌、戏剧和小说表达出自己独到的见解，意识到文章主题、文法和语言特征。他们从各种来源选择和总结信息。

八级：学生欣赏和评论各种文章，显示出自己的见解。他们评价作者如何通过语言、结构和表达方式来达到写作的效果。他们选择、分析信息和思想，并对这些信息和思想是如何在作品中表达的作出评价。

超常表现：学生充满信心地阅读、理解大量的各种文章，形成自己的观点，参考原文语言、结构和表达等方面的细节，他们恰当仔细地比较不同的文章，考虑到读者、目的和形式。他们找到并分析论点、观点和其他的解释,适当地参考不同的文章。

这些达标标准分级描述了各级学生在文本解读的内容和范围上展示的特点。我们从中可以看出尽管各级标准对学生解读能力的要求是逐渐提高的,但都不同程度地强调了学生在文本解读中的自我意识和自主能动性,主要表现在两个方面,一方面是学生自我对作品文本作出的阅读反应;另一方面是为获得这种阅读反应所采取的策略。学生越是能积极主动地采取适当的策略,就越能对文本作出自己独立的、深刻的反应,就越能使自我在文本解读中获得最大程度的提升。

与国家课程大纲的阅读目标和达标标准相呼应,英国中小学的阅读教材也是为学生阅读训练设计的,是提供给学生自主阅读的读本,教材编写意图是为学生自主阅读和自我检测,所以课文后面设计的题目都突出了学生在文本解读过程中的自我体验和思考。在英国实际的课堂语文文本解读中,也是非常强调学生自我的主体性参与的。学生的阅读活动主要有两种方式:一种是反复阅读教材文本,并由教师组织在阅读后进行讨论;另一种是教师介绍该课文的作者写的另外的书,鼓励学生去阅读并在读后讨论。一般整个阅读过程都是以学生的独立阅读为主,阅读后教师组织学生以发表阅读感悟为主进行讨论,教师至多是以合作伙伴的身份发表自己的感想,而不是逐段逐节讲读分析课文。[①]

（二）法国

法国是一个以法国文学教育为传统的国家,他们认为经典教育作为学校文化的守护神具有不可替代的作用,所以法国文学史上经典作家作品的解读成为语文阅读教学的主要内容。但他们让学生解读文本的目的不在于让学生掌握课文本身的内容,而是要通过训练使学生掌握文本解读的方法、技能,"学会阅读"[②],并培养学生分析推理的能力和探索创造精神,"发展每个学生的个性"[③]。根据法国教育部于1996年5月颁

[①] 吴忠豪:《外国小学语文教学研究》,上海教育出版社2009年版,第152页。
[②] 柳士镇、洪宗礼:《中外母语课程标准译编》,江苏教育出版社2000年版,第483页。
[③] 同上书,第473页。

布，并在 1996 年秋季开始实施的《法国初级中学语文教学大纲》，1998年的《法国初中语文教学大纲》和于 1998 年 1 月颁布、1998 年秋开始实行的《法国高级中学语文教学大纲》的规定，这一目的在初级中学和高级中学各有侧重，初中阶段主要侧重于发展学生的阅读兴趣和阅读能力，并从中培养学生的个性和自治能力；[①] 高中阶段"法语教学的总目标是语言的理性实践，文化的培训，思维方式的形成及学习方法的掌握"。[②] 所以高中的"课文学习"中，教师要"注意激发学生的批判意识，培养学生的敏感性和想象能力，发展学生的个性"，由于文学作品"能培养学生观察语言权力的能力和开发意义的效果"，因此文学作品"应该成为学习的主要内容"，但非文学作品，"只要它能培养学生的思维能力和逻辑能力，也要考虑采用"。[③] 在阅读教学过程中，特别注重让学生积极参与教学活动，在文本解读中发挥独创性，系统地掌学习方法，逐步走向自主自立。

法国高中阶段对文本解读尤其是对文学文本解读的重视和要求，集中体现在两种最重要的考试上：即高中毕业会考前的测试和高中毕业会考测试。这两种测试在形式上都包括书面考试和口语考试两个部分；在内容上，则都以学生在高中阶段语文学习中对作品，尤其是文学作品的了解和把握能力为测试的重点，无论是笔试还是口试，都以作品的解读为基础。其中毕业会考测评书面考试的内容一般涉及以下内容[④]：对一部作品作总体的评述；对作品的一个方面或一个部分作评论；也有可能就数部作品中的同一观点进行比较。评估的标准为：对作品的了解；阐述问题的能力；利用有说服力的证据组织辩论的能力；掌握文化知识、方法论、语言知识、文学知识、艺术知识及历史知识的情况；表达的准确性，语言的清晰性和可理解性，写作的协调性。

口语考试的内容涉及一部作品的总体问题、作品的某个方面，或对

---

① 柳士镇、洪宗礼：《中外母语课程标准译编》，江苏教育出版社 2000 年版，第 464 页。
② 同上书，第 486 页。
③ 同上书，第 487 页。
④ 同上书，第 497—498 页。

大纲中的数部作品作比较。评估的标准为：对作品的了解；阐述问题的能力；掌握文化知识、方法论、语言知识、文学知识、艺术知识及历史知识的情况；利用有说服力的证据组织辩论的能力，为自己的观点辩护的能力；表述的个性和批评性判断等。

会考前考试笔试试题有三个题目供考生选：分析辩论性文章；文学评论；写一篇以文学为主体的论文。口语考试的内容是分析文学性文章，然后进行答辩。

这种考试的内容和形式，成为法国平时语文文本解读教学的方向，如果学生在平时没有养成自主解读、自主思考的习惯和能力，肯定通不过这种对文本解读综合能力都要求很高的考试。这足以反映了法国日常语文课堂中的文本解读是很强调学生自我的主体性的。

泛读和精读是法国高中语文教学大纲所列的两种阅读形式。泛读是学生个人为获得大量的知识信息而常用的自由的、直接的阅读方式，学生可以选择自己喜爱的读物在课内或课外大量阅读，然后在课堂上或自由组织文学咖啡时间围绕着阅读的作品进行口头或书面交流。这种阅读可以发展学生自主学习的能力。而精读则主要是在课堂教学中进行的，在教师的组织、引导下，学生对作品的结构等细节进行方法性分析，从中学会对作品进行阐释，形成自主批判分析能力。①

（三）德国

德国的母语教学历来也是非常重视阅读教学的，强调学生在文本解读中的自我意识和主体地位是其阅读教学的传统。早在 50 年代他们就很注重学生的自主学习和独立见解。在解读经典文本时往往是教师提前指定读经典的进度，课堂上就是讨论经典。学生必须发言并根据平时的发言定成绩，占期末总成绩的 60%。② 这里以 1994 年德国巴符州初中德语语文教学大纲中 7—10 年级对文本解读的要求为例。③ 其用于教学解读的文本主要指"文学、其他文章和媒体"。其中 7 年级的要求是：

---

① 汪凌：《法国普通教育高中语文大纲介绍》，《全球教育展望》2001 年第 12 期。
② 孙绍振：《直谏中学语文教学》，南方日报出版社 2003 年版，第 84 页。
③ 柳士镇、洪宗礼：《中外母语课程标准译编》，江苏教育出版社 2000 年版，第 441—451 页。

"学会表达对课文的初步印象,了解故事中人物的问题和生活情节,并与自己的经验相比较,从而提高阅读兴趣";"了解一篇文章的基本特征,其形式与内容之间的关系,从而提高对文学作品的阅读理解能力";"学会介绍课外读物和使用媒体的经验和看法。学会自觉的和评判的阅读,了解读物的价值观"。在解读方法上,将"朗读课文作为对读物的一种阐释形式"。8年级的要求是:"学习分析课外内容和问题,审视自己的阅读理解能力,提高评判能力,通过作品阅读,了解人类的基本经验形式,从而增强对自身价值和生活意义的认识";"阅读并分析内容与形式之间的相互关系,学习文学的表达形式,其基本特征和表现意义,从而了解文学不同表达方式的价值,并提高自我表达能力"。9年级:"通过学习和讨论,学生们要了解人类经验的基本模式,在阅读和分析比较中,比较他人的观点和价值观与自己的价值观,从而提高评判能力";"进一步学习了解作品的表现形式与内容之间的关系。学习不同文学作品形式的表现特征,增强对文学作品的阅读能力和感知能力";"在媒体方面,要学习并了解电视作为一种大众传媒是传递信息、发表言论和消遣娱乐的工具,通过学习要增强有意识、有理智与电视打交道的能力"。10年级:"要学习更加独立地分析和理解文学作品。通过分析作品内容结识并了解他人和自己的基本经验模式,在了解和比较不同立场和价值概念基础上提高评判能力和宽容精神。此外,要提高对文学作品的理解能力和鉴赏能力";"通过学习扩大对作品表现形式的认识,了解叙述方式、表达内容和效果之间的相互关系。通过作品形式的变换,展现文学塑造的魅力";"学习报纸作为新闻、舆论和娱乐的工具,激发读报兴趣,养成评判态度,提高评判能力"。我们可以看出,每个年级的要求尽管程度上有所不同,但都强调了学生在文本解读的过程中要时刻返回到自身,反观自己的经验与价值思考,做一个自觉、独立的读者,并把文本解读作为一种了解和学习人类经验、认识他人和自己的途径,一种提高自己理解能力、表达能力和评判能力、宽容精神的途径。

德国是一个联邦制国家,没有统一的教育体制,不同州的学校有着不同的教学大纲,这使各州的教学成绩无法进行参照比较,给教学质量造成一定影响。2003年12月德国联邦州文教部长联合会颁布了参照性的《德国完全中学10年级课程标准》,为德国完全中学10年级的语文教学确立了终点目标,也为各个联邦州制订本州新的语文课程标准提供了基准。该标准有关文章的阅读理解和使用的能力标准[①]包括文学作品和实用类文章两类,其中文学作品的阅读理解和利用:除了对作家作品、文体、作品的背景这些知识性的要求,和能阐释作品的中心思想,能分析和解读作品的人物、情节、时空等基本因素,学会运用叙述人称、叙述角度、独白、对话等基本术语解读作品,能认识特定历史环境中的语言表达这些行为性的要求外,还强调了学生自主能动的解读能力,如"能独立解读作品,并能以作品为依据向别人阐释和证明自己对作品的理解;能运用分析和阐释方法,如对作品进行研究、比较和评论等;能运用创造性阅读方法,如改变叙述角度、表演作品情节、撰写一篇平行文章、续写、改变作品的语体等;能解读和阐释情节、行为、动机等"。对实用类文章的阅读理解,其所列出的"能对文章传递的信息进行有目的的摄取、归纳、比较、审查和补充""能读懂文章的意图,能解读作者意图与文章特征、阅读预期和作用之间的关系""能得出阅读结论,并能说明结论的由来"等要求也强调了学生在解读中的主体性思考。

德国小学语文课堂中文本解读的方式方法也突出了学生的自我主体参与。如"诗歌/文章创造性的动手学习"法,它通过让学生朗读、在文本解读过程中做记号、情境表演、给表演配乐等不同的途径方式来加深学生对课文意义的认识和理解。[②] 多数文本解读教学贯穿一个教学思想:尊重学生的阅读取向和学习风格,正视学生的个体差异,实施个别化教学。[③] 有研究者曾亲自调查过德国中学生的阅读作业,作业的形式

---

① 参见王荣生《从德国两个州的课程标准看语文课程形态的筹划》,《外国中小学教育》2007年第8期。
② 洪惠风:《德国小学语文课堂教学掠影》,《小学语文教学》2000年第9期。
③ 董蓓菲:《德国母语教学中的合作学习》,《语文教学通讯》2005年第12期。

一般都是老师根据具体解读的文本给学生出几道题目，其中一般总会有这样类似的问题："作者的观点是否正确？请加以分析评说。""给作者写一封信，对他谈谈自己的看法。"或者，在归纳了作品的中心思想之后，"你在别的方面对这篇作品还有什么见解？"① 从这样的作业题目中我们也可以看出德国语文文本解读中对学生个体自我的凸显。

（四）加拿大

加拿大的语文文本解读也是非常强调学生自我的主体地位的。这里主要以加拿大教育培训部1997年版《安大略课程·语言（1—8级）》课程标准中对阅读的界定和相关要求为例。② 该课程标准认为阅读是一个复杂的过程，包括对书面语言和口语之间关系的理解，显示了阅读过程中观念与信息的碰撞，显示出这些观念和信息与个人脑海里固有的知识和经历的某种关联。阅读需要读者运用不同的策略或方法，判断正在传递的信息的含义。为了成为独立而流畅的读者，学生需要流利地阅读，提高应用在不同目的的阅读材料里的技能。所以，新安大略教程致力于发展学生的阅读技能，使学生成为卓有成效的阅读者。在阅读过程中，要求学生条理清晰、富有创造性地想象，带有批判性的思维。但在培养学生的阅读技能时，应该着重强调阅读活动并非仅仅为了获取信息、汲取知识，而是旨在为了愉悦、为了自我发现、自我充实。其中，第五级阅读的"总期望值"中指出，至五年级结束时，学生将：独立阅读，选择适当的阅读策略；解释对某一作品的分析，从作品中及他们头脑中的知识和自身的经验中找出论据，支撑论点；制定具体阅读目标，从大量合适的资料中，挑选他们所需要的阅读材料等。第五级"特定期望值"中指出，学生将：能够推理与批判性地思维等。从以上对阅读的理解和阅读教学的目标要求中，我们可以看出加拿大语文文本解读对学生独立自主、积极主动地参与的强调。

另外，加拿大不列颠·哥伦比亚省《中学英语教学大纲》曾列出

---

① 赵明：《了解·比较·思考——感受德国的母语教育》，《中学语文教学参考》2004年第11期。
② 柳士镇、洪宗礼：《中外母语课程标准译编》，江苏教育出版社2000年版，第354—358页。

14项要求,作为教师确定教学内容的依据,其中"培养学生对阅读的兴趣""通过文学扩展学生对自我与社会的认识""鼓励学生以各种形式表达自己的思想"等要求[①],体现了其语文文本解读重视学生自我发展的传统。而加拿大不列颠·哥伦比亚省萨里市塔曼纳维斯中学的海兹密·路易丝(Hazemi Louise)老师在她开设的校本课程(9年级高级读识——魅力阅读)中,成功地引导学生通过协商讨论建立阅读契约,并在阅读契约的制约下由学生进行自主阅读的典型教例[②],则反映了当代加拿大语文文本解读中学生占主体地位,而教师则成为一个隐性的存在(the invisible teacher)的理念与现实。

(五)韩国

关于韩国语文文本解读,我们所能获得的相关资料仅有1997年《韩国语文课程标准》和郭春立、马爱莲的文章《韩国的母语教育探微》(《现代教育论丛》2008年第12期),而后者又主要是以前者为原始资料进行的分析论述。所以,1997年《韩国语文课程标准》是我们进行总结分析其语文文本解读特点的主要资料来源。该课程标准的原题为"国语课教育课程"。其教育课程的性质前两条为[③]:"是追求国家水准的共同性,同时追求地域、学校、个人水准的多样性的教育课程";"是为提高学习者的创造性的以学生为中心的教育课程"。从中我们可以看出韩国语文课程的学生中心取向。

该课程标准在内容上包括国语、国语生活、话法、读书、写作、文法、文学七个部分。其中"国语"是对整个国语课程的总的说明和要求。"读书"和"文学"是语文文本解读的相关部分。其中,"读书"部分指的是一般文章的解读,它界定了读书的性质是"通过文章表现读者与著者之间发生的心理、社会的互相作用。读者调动背景知识阅读包含著者的意图与信息的文章,然后再理解文章的意思。通过此过程,

---

① 高玉珍主编:《语文教育比较研究》,教育科学出版社1993年版,第56页。
② Hazemi, Louise, "An Interest in My Students' Reading Worlds", *English Quarterly*, Vol.33, 2001, pp.22-24. 转引自刘淼、张萍萍《加拿大契约学习对我国初中语文自主阅读教学的启示——加拿大塔曼纳维斯中学自主阅读校本课程评介》,《课程·教材·教法》2009年第8期。
③ 柳士镇、洪宗礼:《中外母语课程标准译编》,江苏教育出版社2000年版,第501页。

读者提高理智能力、培养情绪，能对文明和文化的发展做出贡献"[1]。所以，根据这种性质，后面的"教学·学习方法"中强调[2]：读解指导时切忌盲目的反复的技能训练，而要针对读书计划、读书过程及反映等推广互相交换意见形式的讨论活动；认识读书时读者动机的重要性，然后鼓励学生自己选择与自己的兴趣、水平相适应的书来读；读解指导时鼓励学生的主动的、创造性的思考，并且积极地接受学生对文章内容的质疑；不要只灌输内容，而要指导学生批判性地接受其内容。"文学"部分指出[3]："'文学'课的重点在强调学习者的主动文学活动，认识文学的价值，具有把其价值跟文学价值和自己生活综合起来的意志和态度，提高文学文化素质。""文学"的目标是"通过文学的吸收和创作活动提高文学能力，培养实现自我并主动参与文化发展的意识"。这里所说的"文学的吸收"指的就是对文学文本的解读。它指出了三点内容[4]：在认识、美的、伦理方面，理解和感受作品；批判、创意地吸收作品，理解和感受结果；把作品的价值和自己的生活联系起来并使之内在化。这三点内容实际上就是对文学文本的解读过程。

可以看出，该课程标准从对一般文本解读性质的界定，到学习方法的指导，再到文学课的重点和目标，以及文学文本解读的内容，始终强调了学生是文本解读的主体，强调了学生内在自我的主动性参与。这可谓是该课程标准所反映的韩国语文文本解读最突出的特点。

综上所述，尽管世界各国的语文文本各有所指，其文本解读的特点和形态各异，但大都将语文文本解读的目的指向学生解读能力的形成和自我精神的发展与提升，强调了学生在文本解读中的主体地位，尤其强调了学生自我的独立、自主、能动的参与，而不是由教师将解读结论灌输给学生。而且，在强调学生在解读中的自我思考和感受时，几乎所有国家都是将其建立在对文本本身的充分理解和把握上，

---

[1] 柳士镇、洪宗礼：《中外母语课程标准译编》，江苏教育出版社 2000 年版，第 518 页。
[2] 同上书，第 522—523 页。
[3] 同上书，第 536 页。
[4] 同上书，第 538 页。

而不是学生单方面的自我生发。这些做法都给我们的语文文本解读提供了宝贵的启发借鉴。

本章小结　凸显学生自我是语文文本解读的内在要求

语文文本解读的最终目的是指向对学生的教育，让学生成为一个真正独立自主的他自己，但这种目的的实现并非由教师等他人代替学生完成的，而是由学生自己来完成的。古今中外语文文本解读的理论与实践都告诉我们，必须凸显学生自我在文本解读中的主体地位，让学生意向性地走进文本世界，让他们自己去做解读的主人，这是语文文本解读发挥其教育作用的内在要求。德国教育家本纳教授说："学习是不能直接加以作用的，学习必须由学习者自己学习。我们可以让他人在一定限度内影响我们的学习，但是不能让其他人来代替自己学习。学习就像死亡一样，是人自己必须忍受和建构的。"① 同样地，语文文本解读作为一种学习活动，必须由学生自己去亲历和文本发生"亲密接触"，去完成整个解读过程。由于自身知识、阅历等的限制，学生在解读时可能会需要教师的引导，但这种引导也是为了帮助学生去体验和感受文本，让他们亲自去经历文本解读中产生的各种喜怒哀乐，只有这样才能使学生从文本解读中获得心灵的转变和精神的真正提升。无论如何，学生对文本的自我解读是任何人都不能代替的。以往教师常常拿现有的某个权威解读或自己解读的结果当作真理强加或灌输给学生，这就剥夺了学生亲自解读文本的权利，违背了解读的内在规律要求，也限制了学生本应从文本中获得的最大程度的提升。

---

① 彭正梅：《教育的自身逻辑——德国教育家本纳教授访谈》，《全球教育展望》2009 年第 11 期。

第三章

教育自我:哲学解释学视角下语文文本解读的本然机理

语文文本解读之所以要凸显学生自我,是因为它要真正实现其育人功能,必须遵循文本解读的内在规律依靠学生自我的自主能动地参与。文本解读的实质就是解读者以其"前理解"为基础通过体验、反思、应用等主体活动与文本发生"视域融合",来寻求对自我和他人的理解。只有让学生带着他的"前理解"亲自与文本"打交道",文本的精神内涵才能转化为学生自己的意义而在心灵上受到涵养触动,亦即才能让学生真正受到教育。也就是说,语文文本解读的育人功能主要是通过学生自己在解读活动之中的自我教育来实现的。这种自我教育是与他主的灌输教育相对的教育,是一种学生在教师的引导下通过自主的"我思"活动,对自己的心灵进行反观与认识、提升与超越,最终实现自身的本己可能性,成为他可能成为的自己的教育。雅斯贝尔斯曾说:"人文主义的教育就是个人的自我教育。"① 语文文本解读在本质上即是这样一种自我教育活动:人(学生)、文本和解读三者固有的特点使其成为以学生"我思"为核心的反身活动、自增活动和亚里士多德意义上的实践活动,它让学生在体验和反思中反观自我、认识自我,在视域

---

① [德]雅斯贝尔斯:《什么是教育》,邹进译,生活·读书·新知三联书店1991年版,第109页。

融合和解释循环中提升自我、超越自我，在对文本理解的实践、应用中造就自我、实现自我。可以说，语文文本解读具有自我教育的品格。本部分主要是从文本解读的内在规律或本然特性出发从学理上来分析语文文本解读的这种性质，阐明它实现学生自我教育的内在机制，而较少谈及教学中的文本解读，因为这种内在规律是教学解读得以合理、有效地进行所必须遵循的。至于课堂语文文本解读实践如何遵循这种自我教育的特性，那将是下一部分所要论述的内容。

第一节 体验、反思中反观自我、认识自我

一 学生认识自我的本能需求及其迂回性

马克思说，人与动物的区别，人作为类的本质，就是人具有"自我意识"，这是人所特有的一把"内在尺度"。自从婴幼儿时期有了自我意识的那一刻起，人就有一种认识自我的本能需求。所以，"人是一种对自己的存在不断进行自我认识、自我探究的存在物"①。西方古老的斯芬克斯之谜和"认识你自己"的哲学命题以及中国儒家哲学中"吾日三省吾身"的说法早就说明了这一点。但人认识自我的"本性"，绝非仅仅出于对自己的好奇心或神秘感，而是为了更好地合乎自己的本性去提升自己进而实现自身的发展，这也是人之为人的基本职责。因为从某种意义上说，人生在世，他（她）"是在不断地与自身打交道而不是在应付事物本身"②。所以，我们赞同蒙田的那句名言："世界上最重要的事情就是认识自我。"③ 对于处在成长发展之中的中小学生来说，他们的成长正是伴随着对自我认识的不断深入而展开的。

那么，什么是认识自我呢？海德格尔说过："自我认识所说的并不是感知地察觉和静观一个自我点，而是通过深入'在世存在'这种状态的所有本质环节来理解性地把握在世存在的整个展开状态。只有当生

---

① 夏甄陶：《人是什么》，商务印书馆2000年版，第1页。
② ［德］卡西尔：《人论》，甘阳译，上海译文出版社2004年版，第36页。
③ 同上书，第3页。

存着的在者同样原始地在它的寓世之在及与他人的共在中对自己成为透彻明晰的，它才'自'视。反过来说，此在的浑噩不明也并非惟一而首要地植根于'自我中心'的自迷自欺，而是同样地植根于对世界的无知。"①这就是说，认识自我，不仅指认识作为精神主体的自我，还包括认识主体自我所赖以生存的外部环境，或称"外物"或"客体"。而认识作为精神主体的自我，主要是认识人类自己的本性——即"认识自己的心灵、德性以及两者之间的关系"②；这里的"人类"不仅指个体，还指人类群体。"人类自己的本性"，即为我们平时所说的"人性"，既指人类之所以异于禽兽的类的本质、特征，如理性、意识、进行劳动、建立社会制度和有伦理道德等，它是"由无数世代苦心积累的神圣不可侵犯的庙堂珍宝"（尼采语），又指人类个体活生生的内在个性，具体到中小学生，就是他们个体自我的独特禀赋、思维、品格、情感、态度、价值观等方面的特点。因为每一个个体自我都是人类全体与个体的辩证统一，他（她）既体现人的"类"特征，是人类全体中的单个体；同时，他（她）又是完整的、独立自足的实体，具有个体自身"自在存在"的本质规定，即具有他（她）自身之所以成为他（她）自身的丰富性、多样性、复杂性和独特性。所以学生认识自我，既要认识"我"人之为人的共性，又要认识"我"自己异于他人的个性，了解"我"自己的优点与缺点、可能及局限，还要认识"我"所赖以生存的外部世界。根据当前急需发展学生个性与创造力的实际和马克思、恩格斯在《共产党宣言》里提出的在共产主义社会里"每个人的自由发展是一切人的自由发展的条件"③的理想论断，这三者之中，最重要的是让学生认识自我的个性，以让他们按照自我的特点来发展自我、实现自我。

但事实上，由于人自身往往缺乏一个反观自身的视点，其"主我"

---

① ［德］海德格尔：《理解和解释》，载洪汉鼎主编《理解与解释——诠释学经典文选》，东方出版社 2001 年版，第 115 页。
② 冯契：《认识世界和认识自己》第 1 卷，华东师范大学出版社 1996 年版，第 354 页。
③ 中共中央马克思恩格斯列宁斯大林著作编译局译：《马克思恩格斯选集》第 1 卷，人民出版社 1995 年版，第 294 页。

(英语中的 I，即自我意识）与"客我"（英语中的"me"，即为主我所感知的身心状态）是胶凝在一起的，"主我"没有从"客我"中分离出来，不能把"客我"当作一个对象来观察和认识，所以作为一种社会、历史、文化的存在，我们并不能单凭自身意识对自身的直观来认识自身，而是必须通过他者的迂回，或者说，必须经由中介才能认识自身，就像人要看到自己的相貌需要借助于镜子一样。好多哲人对此都有过表述。首先是马克思，他说：人"在他所创造的世界中直观自己"①。加达默尔也曾多次讲道："在异己的东西里认识自身、在异己的东西里感到是在自己的家，这就是精神的基本运动，这种精神的存在只是从他物出发向自己本身的返回。"②"所有自我理解都是在某个于此被理解的他物上实现的，并且包含这个他物的统一性和同一性。……我们其实是在他物中学会理解我们自己"③ "一切自我认识都是从历史地在先给定的东西开始的。"④ 利科尔也强调："生命只有通过意义单元的媒介作用才能把握生命。"⑤ 这些哲人们的权威话语都指明了一点：人类的自我认识具有迂回性和中介性，它是通过中介迂回实现的。马克思所说的人"所创造的世界"，加达默尔所说的"异己的东西""被理解的他物""历史地在先给定的东西"，利科尔所说的"意义单元"等即为人类认识自我的中介。这种中介既包括人，也包括物。对于基础教育阶段的中小学生来说，他人是认识自我的最直接的中介。费尔巴哈曾指出："自我意识本质上是跟别人的意识联系在一起的。"⑥ 黑格尔指出："只是由于对方存在，自己才存在。此一方只有反映另一方，才能反映自己，另一方也是如此。"⑦ 分析他人对自我的评价或者说通过别人的眼光来看

---

① 中共中央马克思恩格斯列宁斯大林著作编译局译：《马克思恩格斯选集》第 1 卷，人民出版社 1995 年版，第 47 页。
② [德] 加达默尔：《真理与方法：哲学诠释学的基本特征》，洪汉鼎译，上海译文出版社 2004 年版，第 17 页。
③ 同上书，第 126 页。
④ 同上书，第 390 页。
⑤ 洪汉鼎：《理解与解释——诠释学经典文选》，东方出版社 2001 年版，第 420 页。
⑥ 《费尔巴哈哲学著作选集》下卷，生活·读书·新知三联书店 1962 年版，第 193 页。
⑦ [德] 黑格尔：《精神现象学》上卷，商务印书馆 1979 年版，第 121 页。

清自己，是学生认识自我的重要途径。同时，学生还往往通过认识他人，在与他人的比较中，来认识自己能力的高低、品质的好坏、追求目标的适当与否。美国心理学家费斯汀格（Festiger）提出了著名的"社会比较过程"理论，认为一个人对于自己价值的认识是通过与他人的能力和条件的比较而实现的。① 青少年最大的特点，就是喜欢将自己与同龄人相比较，不只是与现实中的同龄人比较，而且还与作品中的同龄人比较——这也是他们喜欢读与自己生活相接近的文本的原因。通过把自己与别人在内心里进行比较，发现别人的优点与缺点，以此来反观自己。经常比较的结果，就是形成了评价各种品质的标准，构成自己的价值体系，随后逐步形成对自我的认识。苏霍姆林斯基曾在《认识自己，教育自己》一文中举了一位少年读了某本书后认识到自己的例子。这位少年在给苏霍姆林斯基的信中说："虽然我的学习成绩还算不错，都是'5'分和'4'分，但在不久前，当我读完一本介绍一位学者生平事迹的书以后，我为自己碌碌无为而感到羞愧，发现自己实际上是一个没有意志力的人。我只做人家迫使我去做的一些事。譬如，老师给我布置作业，叫我从这一段背诵到那一段，我才去背；给我布置把某本书看完，我才去看。"② 这便是以物——文本（确切地说，是以文本中的人）为中介来认识自我的典型事例。所以，表面上看，认识自我的中介可以分为他人和他物两大类，但实际上人与物常常是互相纠缠在一起的。因为人的精神实质常常在他所创造的物中体现出来，而物则是对人精神活动的凝聚，是人类内在精神的产物。故所谓以物为中介来认识自己，实际上是以人为中介来认识自己的一种变体。语文文本便是这样的"精神客观化物"，它是学生借以理解、认识自己的重要中介。

---

① 摩西（Mose）和格真（Gergen）曾以实验证实此结论：他们请希望在一家商行任职的一群大学生独立地对自己的几项个人品质作出评价。然后接待室里又出现一个假求试同一职位的人，第一次是一个衣着讲究、温文尔雅、手提公文包的人（干净先生）；第二次是一个穿着破烂、手脚慌乱的落魄的人（肮脏先生）。在这以后找借口让求职者填写同样的自我评价表，结果遇到"干净先生"后，被试的自我评价普遍降低了，而遇到"肮脏先生"后，他们的自我评价提高了。参见张晓静《自我教育论》，黑龙江教育出版社2004年版，第176页。

② [苏联] 瓦·阿·苏霍姆林斯基：《少年的教育和自我教育》，姜励群等译，北京出版社1984年版，第234页。

二 语文文本是学生反观自我的中介

前文所述马克思所说的人"所创造的世界",加达默尔所说的"异己的东西""被理解的他物""历史地在先给定的东西",利科尔所说的"意义单元"等作为人类认识自我的中介,很大一部分是通过语言符号的书写固定下来的,这就是文本。在解释学的发展历程中,文本曾被赋予不同的含义。在施莱尔马赫之前的古代和近代解释学里,文本指圣经和希腊罗马的古典著作,是关于上帝和人类的真理学说的传达;施莱尔马赫认为文本是一种表现生命的心理的产品;狄尔泰认为文本是一切人的精神的"客观化物";海德格尔进一步将文本看作是人的"此在"本身;在加达默尔那里,文本不只是某个个人生活、心理状态和某个历史情况的单纯表现或表达,它同时又是比某个纯粹的表达现象更多的东西,它不仅指文字性的,也指口头性的表达。无论哪种理解,都强调了文本是由语言组合而成的,是人类内在精神生命的表达形式、外化符号、"客观化物"或文化形态,它凝聚着人类的精神活动过程及结果这样的特点。所以,利科尔在吸取总结前人之说的基础上,将文本界说为"我们通过它来理解我们自己的中介"①。他说:"对于我来说,我自己是什么只能通过我自己生活的客观化而表现出来。自我认识也是一种解释,它不比其他的解释容易,的确可能比其他的解释更难,因为我只有通过给我自己的生活以符号才能理解我自己,并且这种符号是由他人反馈给我的。所有的自我认识都以符号和作品为中介。"② 显然,利科尔这里所说的"符号和作品"在外延上要大于他所给出的"任何由书写所固定下来的任何话语"③ 这一"文本"概念内涵,但却具体阐明了文本在人认识自我的过程中所起的中介作用。

其实这种观点在利科尔之前已被好多人阐述过,只是没有明确地采

---

① [法]保罗·利科尔:《解释学与人文社会科学》,陶远华等译,河北人民出版社1987年版,第146页。
② 同上书,第50页。
③ 同上书,第148页。

用"文本"这一概念。早在19世纪20年代德国著名教育理论家和实践家福禄培尔就在他的《人的教育》一书中指出,语言在人的心灵的、精神的内部世界和具有形体的、物体的外部世界之间起着媒介作用。他认为"教育应当和必须引导人了解自己和关于自己的一切,……它应当使人认识自己和人类,认识上帝和自然,并使之实现由这种认识决定的纯洁的、神圣的生活。然而,在所有这些要求中,教育是以内部的、最本质的东西为根据的、为基础的。"而"一切内在的东西是由精神的东西从外表并通过外表被认识的。事物和人的本质、精神、神性可以从其外部表现加以认识"[①]。并进一步指出:语言则"力求按照理性的要求去表现多样的统一,表现一切事物的活生生的内在联系","表现生命本身和作为一个整体的生命,致力于把生命揭示出来,并实际上在揭示这样的一种生命"[②]。"语言作为人类自身的产物,直接来自人的精神,是人的精神的表现和表达。"同时,他还认为作为语言书写符号的文字的掌握"为人的自我意识和将来的觉悟提供了可能性和条件,因为只有文字,才能提供真正的知识和自我认识的条件,因为它使人有可能对自己、对自己的本质进行观察,好像把它客观地放在自己面前一样加以观察。因为文字把人作为现存的东西与过去和未来明确和可靠地联系起来,与最近的事物全面地联系起来,与极远的事物确实地联系起来。因此,文字为人达到究极尘世的最高的完美性提供了可能性"[③]。虽然福禄培尔讲的是语言文字的将人的内在精神揭示、表现和表达出来,为人类的自我认识提供了中介和条件,但实际上与利科尔所说的"文本是我们通过它来理解我们自己的中介"观点是一致的。尽管由于福禄培尔所处的时代原因,他讲的认识自我还包括了认识上帝和自然,带有一定的宗教色彩,但的确为我们的教育提供了非常宝贵的启发。

后来的狄尔泰、雅斯贝尔斯、卡希尔、海德格尔、加达默尔等哲人也都曾强调过文本或其语言在人认识自我之中所起的中介作用。狄尔泰

[①] [德] 福禄培尔:《人的教育》,孙祖复译,人民教育出版社1991年版,第3—4页。
[②] 同上书,第150页。
[③] 同上书,第169页。

将文本看作是人的一种"精神客观化物",是人的精神的产物,是代表了某种内在精神生命的外在符号,我们对它们进行解读,无非是在它们那里发现我们自己的本质,故"理解就是在你中重新发现我"[①]。雅斯贝尔斯认为"要成为人,须靠语言的传承方能达到,因为精神遗产只有通过语言才能传给我们"[②],"从历史中我们可以看见自己,就好像站在时间中的一点,惊奇地注视着过去和未来,对过去我们看得愈清晰,未来发展的可能性就愈多"[③],"没有历史,我们将失去精神的空气"。[④]这里他所说的"历史",实际上就是记录历史的文本。卡希尔说过:人"是如此地使自己被包围在语言的形式、艺术的想象、神话的符号以及宗教的仪式之中,以致除非凭借这些人为媒介物的中介,他就不可能看见或认识任何东西。"[⑤] 此处卡希尔所讲的语言、艺术、神话以及宗教等人类文化的符号也是记录在文本之中的。海德格尔有句名言:"语言是存在的揭示、澄明、到达。"说的即是语言将人世间存在着的万事万物之本质揭示出来,使之从被遮蔽而达到显现。他还进一步指出由语言等组成的艺术作品是显示真理的场所:"艺术就是真理自行置入作品。"[⑥] 他曾在其《艺术作品的本源》一书中以一座石砌的希腊神庙为例来说明这一点。他说:是石庙让石头"第一次在世界中显现出来","让石头第一次按石头之本然显现出来",第一次显现了石之"顽"性或者说石之"自我隐蔽""自我封闭"的本性。[⑦] 海德格尔的学生加达默尔则在其老师的基础上进一步指出:原型是在表现中才达到自我表现[⑧],"世界本身是在语言中得到表现"[⑨]。这里师徒两人虽然表述不同,

---

① 洪汉鼎:《诠释学——它的历史和当代发展》,人民出版社2001年版,第101页。
② [德]雅斯贝尔斯:《什么是教育》,邹进译,生活·读书·新知三联书店1991年版,第84页。
③ 同上书,第36页。
④ 同上。
⑤ [德]卡西尔:《人论》,甘阳译,上海译文出版社2004年版,第36页。
⑥ [德]海德格尔:《人,诗意地安居:海德格尔语要》,郜元宝译,张汝伦校,广西师范大学出版社2002年版,第80页。
⑦ 参见张世英《哲学导论》,北京大学出版社2002年版,第132页。
⑧ [德]加达默尔:《真理与方法:哲学诠释学的基本特征》,洪汉鼎译,上海译文出版社2004年版,译者序言第5页。
⑨ 同上书,第583页。

但基本观点是基本一致的：在多数情况下，我们几乎无法把握真相或本质，看不到或意识不到的"事物本身"及其意义等内在精神性的东西，也无法精准地描绘它们，是语言或文本作品将之从藏匿处挖掘出来，转化到另一个特定的时空，用虚构的形式来表达。总之，文本是我们认识自我以及自我所生存的外部世界的中介，我们只有通过积淀在以文本形式存在的文化典籍中的人文符号才能曲折地认识我们自己。爱和恨、道德感、自我意识等这些使人之为人的精神性东西，如果不是体现在文本之中，我们对它们又能了解多少呢？

  同样地，对于基础教育阶段的中小学生来说，除了老师、同学、家长这些他们成长过程中的"重要他人"是实现自我认识的中介之外，教育文本便是最重要的中介。因为教育毕竟是以以文本形式存在的人类历史上积淀下来的文化遗产为载体培养新人的过程，文本解读就成为教育的主要手段和学生在教育中的主要存在方式，文本的开放性使学生能够超越时空而看到更多的人与物及其精神实质并从中来认识自己。在所有的教育文本中，语文文本则成为学生认识自我的最重要的中介。我们所说的语文文本，指的是根据教育行政部门颁布的语文教学大纲或课程标准的理念和要求而编选的、以语文教科书和教学辅助资料为代表的、用以实现语文学科之促进学生发展等教育目的的选文文本。从文字所附着的材料上说，它指以纸质文本为主的，包括电子音像文本等在内的语文教学所用的媒介物；从使用空间上说，它既包括课堂教学所用的教材文本，还包括课外主要供学生自学的自读教材等辅助文本。新课程改革以来，本着《语文课程标准》提出的"教科书选文要具有时代性和典范性，富于文化内涵，文质兼美，丰富多样，难易适度，能激发学生的学习兴趣，开阔学生眼界""适合学生学习"等要求，我国各版本的语文教材（包括教科书和自读教材等辅助资料）选文大部分都是古今中外的经典文学作品，具有很强的人文性和可读性。前文所述近年来英、法、美等国家的新课程标准，也都强调了以经典作品文本来教育学生。这样的语文文本更加适合学生来反观自我、认识自我。因为它们具有丰富而深刻的"表现性"或"显现性"，以其感性而意蕴丰富的文学性语言和生动的具象将人类丰富复杂的情感和事物内部的本质表现或显现出来，像一面镜子一样让学生能够从中照见自我。例如，是《背影》《游子吟》将人间最真挚伟大的舐犊之爱凸显出来，是《阿Q正传》《守财奴》让人性中的丑陋和卑劣显现出来，让学生对人类内在的精神世界以及我们所赖以生存的外部环境的感知与认识走向自觉。否则，这些人性深处的美善与丑恶以及人类自身的生存状态就会像空气一样让我们觉察不到它的存在。可以说，语文文本尤其是语文文学文本像电脑存储器一样将人类这些无比丰富博大的精神财富存储在其中，具备了让学生反观自我、认识自我的"潜能"，以等待学生从中寻找、检索、提取与自己内在心灵状态相对应、相近似、相沟通的信息。

三 体验、反思是学生认识自我的内在机制

语文文本把我们所无法把握的"事物本身"之"真理"表现出来，具有让学生反观、认识自我的"潜能"，是学生反观自我、认识自我的中介。但这种"潜能"并不能自动发挥出来，中介自身并不能保证学生一定能通过它来实现对自我的认识。正如要让镜子发挥它能够叫人照见自己的功能必须经由人在它面前的"看"这个动作一样，要使学生能够从语文文本中反观自我、认识自我，必须通过学生自己积极主动的"解读"这一活动。而且这种解读必须是哲学解释学意义上的解读，即解读者必须自主地走进文本，以自己的全部身心精神去迎遇作者以其敏感体察投注在文本中的情感价值或事物本身的"真理"，并在此过程中"每时每刻都保持着返回自身的自由运动"[①]，这样才能以文本为镜来反观自我，达到对自我的认识。在这样的解读活动中学生实际上经历了"自我→文本→自我"的往返过程，即从自我的内在心灵状态出发走进文本，"化身其中"，然后又以之为镜，从中看到自己。这是一个"对象自我化"和"自我对象化"的反身运动过程，贯穿其中的主要是体验和反思这两种内在的"我思"活动。这两种活动在实际的解读过程

---

① ［德］加达默尔：《真理与方法：哲学诠释学的基本特征》，洪汉鼎译，上海译文出版社2004年版，第504页。

中几乎是同时进行的,因为"一切理解都是自我理解","理解一个文本就是使自己在某种对话中理解自己"①,人自身所特有的"反身性"②使解读者在体验他人的同时无时无刻不在想到自己、反思自己,体验和反思基本上就如人和他自身的影子一样同时存在于解读活动之中。为了便于将语文文本解读能够让学生认识自我的内在机制阐释清楚,这里将它们作为独立的两个活动分别进行论析。

(一)体验:学生在文本解读中的对象自我化活动

语文文本中潜藏的丰富情感等事物本身的"真相",来自于作者对事物的细腻感觉和真切体验,他们将普通人所看不到、感觉不到甚至想不到的东西看在眼里感受在心里并用他人笔下无的语言表达在文本之中,但要对读者发生作用,让他们能够从中认识到自己,需要以共鸣为条件。这种共鸣的产生需要靠读者自己去体验。加达默尔曾说:"凡是以某种体验的表现作为其存在规定性的东西,它的意义只能通过某种体验才能把握。"③ 理解文本就是解读者以自己的体验去迎遇文本中所表现的他人的体验,这样才能进入他人内在的生命和精神世界。

1. 体验的内涵及特征。在汉语中,"体验"一词的语义出自《淮南子·氾论训》:"故圣人以身体之。"《荀子·修身》:"好法而行,士也;笃志而体,君子也。"④《现代汉语词典》对"体验"的释义是"通过实践来认识周围的事物;亲身经历"⑤。在英语中,"Experience"是"体验"的对应词,指经验或由经验获得的知识与技术,或者经历、阅历等。在德语中,体验为Erlebnis,此词来源于erleben,即是由er +

---

① [德]加达默尔:《哲学解释学》,夏镇平、宋建平译,上海译文出版社2004年版,第58页。

② 注:指"人自己可以反身回头来看自己"的特性。参见张楚廷《教育哲学》,教育科学出版社2006年版,第27页。

③ [德]加达默尔:《真理与方法:哲学诠释学的基本特征》,洪汉鼎译,上海译文出版社2004年版,第91页。

④ 夏征农主编:《辞海》,上海辞书出版社1999年版,第624页。

⑤ 中国社会科学院语言研究所词典编辑室编:《现代汉语词典》,商务印书馆2007年版,第1324页。

leben 组成，er 指经历，leben 指生活，因此 Erlebnis 就是经历生活。① 据加达默尔研究，该词最早出自黑格尔的一封信中所写的"我的整个体验"这句话②，直到 19 世纪 70 年代这个词才成为常用词，有经历、经受、遭到、亲见等含义，尤指主体从自己的内心情感出发，积极主动地去感受生活、体验生命及其价值。

"体验"这一概念在精神科学的好多领域都被广泛研究运用。其中在哲学领域对它论述较多、较深入的是狄尔泰、海德格尔、加达默尔等生命哲学家、解释学家，他们的主要观点我们将在下文作以阐述；在心理学领域，体验一般指的是一种由主体的情感、态度、想象、直觉、理解、感悟等诸多心理因素共同参与的心理活动，在众多心理学流派中以存在主义心理学对它的论述较多；在美学领域，体验即审美体验，是指主体以一种全身心的方式对生命、生活的本质性经验和感受；在教育学领域，对体验有较多论述的有德国哲学家、教育学家狄尔泰，美国实用主义哲学家、教育家杜威，美国当代人本主义教育家、心理学家罗杰斯，英国数学家、哲学家、教育理论家怀特海，德国存在主义哲学家、教育家雅斯贝尔斯，近年来还有我国教育研究者朱小曼、叶澜、张楚廷、钟启泉、张华等人，教育学视野中的体验主要有以下含义：培养人学会体验和领悟世界和人本身存在的意义，使学生成为自我生命的体验者和创造者是教育所要达到的目标；让学生在学习中知、情、意全身心的投入，体验自己生命成长的历程，是教育过程的本质之一；通过创设开放的、个性化情境，让学生对自己的潜能和周围世界有深切的体验，是达到教育目标的方式和手段。尽管各学科对体验的不同阐释都是立足于其自身的特点，但我们从中可以得出体验有如下特征：体验是和生命共生的，具有本体性；体验总是和主体自身的经历联系着，具有亲历性；体验是带有浓厚情感色彩的心理活动，具有情感性；体验是个体基于自己已有的认知与情感，全身心投入地对体验对象的总体把握，具有

---

① 洪汉鼎：《诠释学——它的历史和当代发展》，人民出版社 2001 年版，第 190 页。
② ［德］加达默尔：《真理与方法：哲学诠释学的基本特征》，洪汉鼎译，上海译文出版社 2004 年版，第 77 页。

整体性；体验是一种伴有情感反应的意义生成活动，具有生成性；体验总是主体自己去体验，具有自主性；体验总是和个体的独特生命联系在一起的，具有个体性。所以，体验包含认知，但不是单一的认知，而是包含了情意在内的综合性心理活动，故具有生命本体论的内涵，是个体对生命意义的深切感受和领悟，不同于认识论范畴下的经验。①

  这里我们要着重阐述的是解释学中的体验。把"体验"概念引进解释学的是狄尔泰。但这一概念的内涵并非完全是狄尔泰的独创，而是吸收了在他之前的另一解释学家施莱尔马赫的"心理移情"或"心理转换"方法。施莱尔马赫认为理解文本就是要重构作者的思想，那么，处在不同时代不同环境中的读者如何才能达到与作者相同或相似的理解？他认为只有通过读者把自己置身于作者创作时的心境对作者进行"心理重建"，即设身处地地站在作者的立场上考察文本对象才有可能。这就要求读者必须摆脱自身的境遇、观点，在对文本进行语法分析的基础上广泛地考虑到文本的写作原因和历史背景，作者的生平传记以及他独特的思维方式和风格，从而重构作者最初的意图和构想，获得与作者相同的理解和感受。到了狄尔泰那里，用内容更为丰富的"体验"一词代替了施莱尔马赫的"心理移情"或"心理转换"，体验包含着读者自我"心理移情"或"心理转换"中所获得的同感，但并不刻意追求它们完全的吻合，而是将自己的生命体验汇入其中，赋予被理解的对象以现实的意义。狄尔泰认为体验是以人的生命存在来规定的一个意识统一体，涵盖了人的感觉、情感、直觉、思想以及对它们的领悟和体认，即它包括体验的过程及其结果。所以，狄尔泰的体验在本质上是内省的，它能跨越时空的界限进入他者和历史的视野；同时，这种体验又是对文本中他人经验的体验，它被狄尔泰称为"重新体验"："重新体验是沿着事件的路线的创造。这样，我们就与时间的历史并行，与一个发生在遥远国度的事件并行，或与我们周围的一个人的心灵中发生的事情并行。当事件被诗人、艺术家和历史学家的意识所经历，从而固定在一

---

  ① 辛继湘：《体验教学研究》，博士学位论文，西南师范大学，2003年，第7—18页。

部作品中并永远摆在我们面前时，重新体验就算完成了。"① 在这种"重新体验"的过程中，不但读者的精神生命之整体参与到其中，把握生命自身的直接经验，而且他们所感受的也是一个和人的生命、生活紧密联系在一起的统一的意义整体。因而体验不只是对文本所表达的经验的反省，更主要的是领悟经验所蕴含的生命整体的统一性。进而，由于体验的加入，读者便实现了对文本中人类共同的生命感觉和经验——即事物所蕴含的"客观真理"的认识。狄尔泰认为对他人精神世界的把握相当大的一部分存在于这种对文本的重新体验之中。

海德格尔受到狄尔泰的启发，认为历史（其绝大部分是以文本形式记录下来的——笔者注）不仅意味着让人可以从中获得关于存在的知识，更多获得的是我们自身的存在。而我们存在的意义是与具体存在的东西联为一体的，这个具体存在的东西就是自我生命拥有的基本"体验"。所以，海德格尔的体验不是把世界设置为客体进行物质交往，不是一种单纯的感知和静观一个对象的智力活动，而是"贯透在世的所有本质环节来领会掌握在世的整个展开状态"②，是自我置身于世界之中与世界融为一体的一种生命活动。体验并非由认识而是由存在而发生，体验属于存在，生存就是有所体验地存在。尽管海德格尔的体验并非专指文本解读中的体验，而是指人生在世的整个生命体验，但文本解读中的体验是人生命体验的一部分，这无疑为体验赋予了本体论意义。

加达默尔赞同狄尔泰对"体验"的理解，并在此基础上作出了总结和发展。他认为"体验"一词的构造是以两方面的意义为根据的：一是直接性，是由人自身的亲身经历直接获得的东西，它先于所有解释、处理或传达而存在，且只是为解释提供线索、为创作提供素材；二是由直接性中获得的收获，即直接性留存下来的结果。并总结道："如

---

① 狄尔泰：《对他人及其生命表现的理解》，载洪汉鼎《理解与解释——诠释学经典文选》，东方出版社 2001 年版，第 103 页。

② [德] 海德格尔：《存在与时间》，陈嘉映、王庆节译，生活·读书·新知三联书店 1999 年版，第 171 页。

果某个东西不仅被历过，而且它的经历存在还获得一种使自身具有继续存在意义的特征，那么这种东西就属于体验。"① 这就是说，体验来源于直接经历却又不等同于经历，只有那些使人获得了深切感受和体悟、并对人以后产生影响的经历才能称得上是体验。同时，他还认为"'体验'这个词的形成是与一个浓缩着的、强化着的意义相适应的。如果某物被称之为体验，或者作为一种体验被评价，那么该物通过它的意义而被聚集成一个统一的意义整体"②。这个由其意向性内容所规定的体验统一体与其自身生命有着内在的联系，但这种联系不是某个特殊的东西与一般的东西的关系，而是更多地存在于某种与其生命的整体或总体的直接关系中。这不仅指人的每一个体验在它尚未完全进入自己生命意识的内在联系时，是生动独立的；而且也指它通过在生命意识整体中消溶而"被扬弃"的方式，根本地超越人自身原有的体验。可以说，这里所说的"在生命意识整体中消溶而'被扬弃'的方式"，很大程度上就是指文本尤其是艺术文本的解读。因为加达默尔认为"艺术作品的规定性似乎就在于成为审美的体验"和"生命的完美的象征性再现"，而"每一种体验仿佛正走向这种再现"③。而人类的生命意识整体就是艺术作品所再现的东西，个体的每一生命体验正是在走向这种再现的过程中被消溶和扬弃，从而使他获得对人类和自我的生命意识整体的认识。而这种"走向"的过程，就是对读者对文本的体验（这里作为动词）过程。因为正如加达默尔所指出的："凡是以某种体验的表现作为其存在规定性的东西，它的意义只能通过某种体验才能把握。"④文本本身是人以自己的体验创造的对自己世界进行描摹和精神客观化的虚拟世界，是人自身的对象化结果，所以文本解读就是对这种人的对象化的回应，是将之再自我化地去理解。体验就是这种将文本对象自我化的活动。

---

① ［德］加达默尔：《真理与方法：哲学诠释学的基本特征》，洪汉鼎译，上海译文出版社2004年版，第79页。
② 同上书，第86页。
③ 同上书，第90—91页。
④ 同上书，第91页。

所以，体验是学生走进语文文本、走进他人内心、走进事物本身的真理的唯一方式，只有在体验中学生才能从文本解读中获得对自我所赖以生存的外部世界的认识。所以体验必须由学生自己自主能动地来完成，而不是由他人越俎代庖，具有不可替代性；是学生以自己的全部身心、生命去迎遇文本中所体现的他人的生命，而不是仅仅停留于对文本字面含义的简单认知。前文所述我国古代和近代语文文本解读中朱熹等人强调的"切己体察""体之以心"等说的也就是这种体验。

2. 体验之源：共同人性的存在。体验是学生走进语文文本、获得对他人及其生命表现认识的唯一方式。那么，有一个问题就是，当前境遇中的我们与文本的作者和文本之内的他人处在不同的时空之中，有着不同的社会、历史、文化背景，不同的个性心理，我们何以能以自己的心灵去迎遇他人的心灵，何以能以自己的生命去体验他人的生命？或者说，读者何以会从作品文本情境中产生"似曾相识"之感，会发现自己原来与作者"心有灵犀一点通"，会如王国维所说的，"夫子之言，与我心有戚戚焉"？

这个问题其实是个解释学问题，也是语文教育中学生之所以能够从文本解读中进行包括认识自我、提升超越自我、实现自我在内的自我教育的根本原因之一。在解释学中自施莱尔马赫和阿斯特起就注意到这个问题。与施莱尔马赫基本上同时代的德国语文学家和哲学家弗里德里希·阿斯特曾较早地谈到说："如果我们的精神在其自身和在根本上并不与古代的精神相统一，以致只能暂时地和相对地理解这个对它是陌生的精神，那么我们将既不理解一般的古代，也不理解一部艺术品或文本。"[①] 在施莱尔马赫看来，一切理解都是指向他人和作品的，他人能被我理解，表明了我和他有着某种同一性，这就是人性，作品乃是作者之人性的敞开，我们的理解是基于我们自己敞开的人性，我们通过作品进入作者，理解作者，并通过理解作者来理解自己。所以，

---

① ［美］阿斯特：《诠释学》，载洪汉鼎《理解与解释——诠释学经典文选》，东方出版社2001年版，第3页。

在理解中起决定作用的是"自然语言",它是从生命的共同性中发展出来的,语言的共同性源于人类对自己生命的共同体验。正是在此基础上,读者可以通过对作者的经验之体验,与作者一起感知最初的意义构成物——文本,从而达到与作者的统一。① 后来狄尔泰也指出:"对陌生的生命表现和他人的理解建立在对自己的体验和理解之上,建立在此两者的相互作用之中。"② 而这两者之所以能相互作用,就在于"阐释者的个性和他的作者的个性不是作为两个不可比较的事实相对而存在的:两者都是在普遍的人性基础上形成的,并且这种普遍的人性使得人们彼此间讲话和理解的共同性有可能"③。普遍的人性使不同的人对自己生命的领悟和体验具有共同性和普遍性,这就是一种共同存在于所有人之中的"客观精神","精神客观化于其中的一切东西都包含着对于你和我来说是共同性的东西"④,个人就是在这样的客观精神世界中对他人及其生命表现进行理解的。加达默尔也认为人性是相通的,在所有人心中都存在一种对于合理事物和公共福利的共同感觉,一种对共同体或社会、自然情感、人性、友善品质的爱,并将之称为"共通感"。"共通感"是理解得以可能的前提,也就是读者能够体验他人之经验的根源。"凡我们取得文字留传物的地方,我们所认识的就不仅仅是些个别的事物,而是以其普遍的世界关系展现给我们的以往的人性本身。"⑤ 是"共通感"让我们从文本中认识到人性本身。我国古代语文文本解读中也曾有过与此相通的观点。最具代表性的人物是孟子和朱熹。孟子认为读者在解读时之所以能"以意逆志",乃是因为他认为圣人与凡

---

① [德]施莱尔马赫:《诠释学与批判》(Hermeneutik und Kritik),转引自潘德荣《文字·诠释·传统——中国诠释传统的现代转化》,上海译文出版社 2003 年版,第 13 页。

② [德]狄尔泰:《对他人及其生命表现的理解》,载洪汉鼎《理解与解释——诠释学经典文选》,东方出版社 2001 年版,第 93 页。

③ [德]狄尔泰:《诠释学的起源》,载洪汉鼎《理解与解释——诠释学经典文选》,东方出版社 2001 年版,第 90 页。

④ [德]狄尔泰:《对他人及其生命表现的理解》,载洪汉鼎《理解与解释——诠释学经典文选》,东方出版社 2001 年版,第 97 页。

⑤ [德]加达默尔:《真理与方法:哲学诠释学的基本特征》,洪汉鼎译,上海译文出版社 2004 年版,第 504 页。

人，一切的人，都有相同的本性——以礼、义为基础的善。① 朱熹继承了孟子的这一观点并进一步认为人的本性同处一源——天理，而天理是向善的，故人之本性莫不为善，这种"善"在朱熹那里以仁义礼智为其内涵。他说："仁义礼智"是"人人有之，同得于天者，不待问别人假借"，并指出"认得这四个分晓，方可以理会别道理"② 正是读者与作者以及文本中的他人具有生命的同一性、普遍性，即共同人性，才使得读者能够跨越时空去体验他人及其生命精神，从而获得对他人和世界的认识。

总之，正是基于这种共同的人性，即人的"类本性"，我们才能以自己之心去体验他人之心，用自己的心灵去关照作者关照过的社会人生，进而以他人的生活经历去扩展自己的人生体验，从他人之中照见我自己。所以，文本解读中的体验实际上就是一种对象自我化活动。在这种活动中了解读者设身处地地走进文本中的人物或情境，把自己想象成文本中的人物或身临文本之境，进而对文本中所潜藏的事物之"真理"有所感受、理解和把握。正如脂砚斋针对《红楼梦》第 24 回宝玉、黛玉谈心所下的批注："若观者必欲要解，须自揣自身是宝、林之流，则洞然可解。"这就道出了体验的真谛。

3. 体验之缘：语文文本自身对学生的召唤。语文文本为何须经体验才能让学生入乎其内，而不是简单的认知？这是由语文文本自身的语言特点和它显现事物真理的隐蔽方式所内在规定的。前面说过，当前中国和世界各国的语文文本多是人文性非常强的文学作品文本，这种文本呈现事物本真面目的方式不像自然科学或数理文本那么平白直接，而是借助了由感性而具象的语言所描述出来的"象"——即语言形象，这种语言形象蕴含在文本之中，在读者解读时不断激发着他们自己相应的感觉经验；同时，文学作品文本在语言表现上多运用隐喻、象征等手法，将我们所难以看到或觉察到的事物本身之真理或意义以一种意味深

---

① 周光庆：《中国古典解释学导论》，中华书局 2002 年版，第 351 页。
② 《朱子语类》第 15 卷，转引自曹海东《朱熹经典解释学研究》，博士学位论文，华中师范大学，2007 年，第 66 页。

长的形式来表达，从而使语文文本的语言形象形成一种内在的张力，使文本从整体上显现为一种充满空白与未定点的召唤结构，对读者心理产生一种召唤与期待，让读者用自己的个体经验将文本中的未定意义与空白具体化、确定化，从而完成对文本中意义空白的填充和创造。这种填充和创造的过程就是体验的过程。所以，语文文本自身的语言特点实际上也规定了我们必须展开对自己和文本中他人生命体验的想象与联想以体验的方式进入文本，在体悟和领会中获得对自我和他人的认识。但由于具体语文文本的情况不同，学生所进入的文本境界也有所区别。对于诗词散文等抒情性较强的文本来说，走进文本主要是走进其中的意境和氛围；对于小说戏剧这样有完整生动故事情节的文本来说，走进文本主要是走进故事中人与人的现实关系和人物的心灵；对于议论说明性的实用文章来说，走进文本主要是走进作者的思维，了解作者行文的思路。

（二）反思：学生在文本解读中自我对象化活动

共同人性的存在使学生在语文文本解读中能够通过体验进入他人内在的生命和精神世界，但这只是学生从文本解读中认识自我的前提。实际上，与此同时，学生还必须随时做一种"返回自身"的活动——反思。"反思是一种批判，但不是在康德为科学和义务进行辩护的意义上，而是在自我只能通过对其生命文献的解读之迂回路径才被重新发现的意义上。"① 如果说体验是从自我走向文本，反思则是由文本转向自我，促使自我对自身语境（包括解读者个人的学习、生活状况和价值需求以及他所置身于其中的社会时代背景等）进行反思，从而自觉建立文本与自身语境的价值性联系，以此来反观自我，发现自己的本质。②

反思的内涵及特征。反思的一般意义是："思考过去的事情，从中总结经验教训。"③ 汉语中与它意思相近的词还有反省、反躬自问等，

---

① ［法］保罗·利科尔：《存在与诠释学》，载洪汉鼎主编《理解与解释——诠释学经典文选》，东方出版社 2001 年版，第 261 页。
② 王建峰、周庆元：《文本解读：通往学生自我教育之途》，《中国教育学刊》2009 年第 11 期。
③ 中国社会科学院语言研究所词典编辑室编：《现代汉语词典》，商务印书馆 2007 年版，第 379 页。

指对以往事物进行深层次思考,是一种主观意识的思维活动。哲学作为一门研究人自身的思维与存在关系的学问,对反思的研究最多,以致形成了一种反思哲学的传统,反思成为哲学思维最重要的特征;受其影响,反思也逐渐受到心理学、教育学等领域的关注。

在心理学领域,对其较早研究的是洛克,他用的是"反省"一词,指人们获得观念的心灵的反观自照,是人对自己内心活动的知觉,他这是把思维活动作为思维对象。斯宾诺莎认为观念是认识所得的结果,它本身又是理智认识的对象,对于作为认识结果的观念的再认识和对于这种再认识之所得观念的再认识,这种理智向着知识的推进,即是"反思"。斯宾诺莎是把思维所得的结果作为思维对象。之后杜威认为反思是"对任何信念或假定的知识形式,根据支持它的基础和它趋于达到的进一步结论而进行的积极的、坚持不懈的和仔细的考虑",它"包括这样一种有意识和自愿的努力,即在证据和理性的坚实基础上建立信念"[1]。可见杜威是在洛克和斯宾诺莎的基础上,强调反思不仅"回忆"已有的"心理活动",而且要找到其中的"问题"及"答案",因此具有了探究的性质。博伊德与费勒斯则借鉴了杜威的思想,认为反思是"创造性地并根据最终是一个变化的理性观念的自我(与自我联系的自我和与世界联系的自我)澄清经验意义的过程"[2],进一步强调了反思中"自我"的价值以及对"自我"的反思,建构"自我"连续体,突出了反思的完整过程。当代认知心理学用元认知这个术语代替了反思这个概念,认为元认知"是人们关于自身认识过程、结果或与它们有关的一切事物如与信息或材料有关的学习特征的认知"[3]。元认知理论深化拓展了反思的概念,不仅使反思的内涵与步骤等更加清晰,更易于理解与把握,而且使反思由原来单纯的心理现象变成了一种实践行动,直接在实践过程中发挥作用。[4] 总之,在心理学中,反思是被作为一种心

---

[1] 熊川武:《反思性教学》,华东师范大学出版社1999年版,第48页。
[2] 同上书,第49页。
[3] 同上书,第50页。
[4] 同上书,第47—52页。

理活动来看待的，随着它内涵的逐渐丰富清晰，反思越来越凸显了自我的主体性，成为发展自我的关键思维特征。反思心理学的这些成果直接被教育教学领域所借鉴，成为发展学生自我主体性的理论基础。

在哲学领域，反思在其最直接的意义上，指的是思想以自身为对象反过来思之，即黑格尔所说的"对思想的思想"。这表明，反思是思维对存在的一种特殊关系，即思维把"思维和存在"的统一所构成的"思想"作为"问题"而进行"反思"的关系。① 以笛卡尔—康德—胡塞尔为代表的传统反思哲学聚焦于认识的维度，认为反思是一种自身与自身相吻合的纯粹意识和直观。在黑格尔的哲学中，通常译作"反思"的实际上有两个不同的概念，一是 Reflection，二是 Nachdenken。前者有两种含义，其一是借助于光的反射来说明概念之间互相反映的关系，其二指与辩证思维相对的知性思维，即我们所说的形而上学思维方式。后者就是黑格尔所说的"对于事物的思维着的考察"的哲学思维。② 这里我们要着重谈的是以反思为出发点展开其哲学研究的利科尔的反思观。利科尔认为笛卡尔—康德—胡塞尔的传统反思观只是从认识和知觉的角度在意识之内打转，而忽略了主体生存于其中的世界。他说："反思并不是一种自身对自身的直观，反思能够并且应该是一种解释学。"③ 这是由于利科尔认为我们只能在分散于世上的符号之中才能把握自己的生存活动，因为生存就是欲望与努力，我们求存在的欲望和为求生存而作出的努力就分散在符号之中，正是借助符号它们才得到体现和阐明。反思就是通过对这些符号的解释活动来占有我们自己为生存而作出的努力，占有我们为求存在的欲望，进而来认识自我、把握自我。所以他指出，反思"是介于符号理解和自我理解之间的桥梁"，"反思如果没有被狄尔泰称之为生命客观化物的表达式的东西所中介，那么它就是盲目的自觉。……反思无非只是通过应用于作品和行为（这是这种生存行

---

① 孙正聿：《反思：哲学的思维方式》，《社会科学战线》2001 年第 1 期。
② 张志伟主编：《西方哲学史》，中国人民大学出版社 2002 年版，第 646 页。
③ 参见莫伟民、利科尔《反思解释学及其与马克思的差异》，《杭州师范大学学报》（社会科学版）2008 年第 3 期。

为的符号)的批判对我们生存行为的占有。所以反思是一种批判,但不是在康德为科学和义务进行辩护的意义上,而是在自我只能通过对其生命文献的解读之迂回路径才被重新发现的意义上"①。自我不是自明的,个体无法事先认识自我,只能通过反思到自我的外化物——文本等符号中去寻找,自我是作为符号解读的结果被发现的。反思让思想意识到自身,让自我意识为自我。

我们可以看出,利科尔是将反思作为由文本符号达至人自我认识的中介,反思实际上就是解读活动中主体自我的内在心理活动,它作为解读过程中解读者的核心思维活动而贯穿始终。这也是我们所赞同的观点。因为无论是这里所谈的反观、认识自我,还是下文中将要谈的提升、超越自我,造就、实现自我,都需要学生在解读中不断地从文本返回到自身,然后又从自身出发再继续去理解新的文本内容。这样的不断往返的反身活动是贯穿整个解读活动始终的,这样的解读才是哲学解释学意义上的解读,也才能体现文本解读自身能够让学生理解自我、教育自我的实质。不但如此,事实上下文中将要谈到的视域融合、解释循环和理解的应用,都是贯穿文本解读活动始终的,而且它们与体验、反思一样几乎都是同时发生在解读之中的学生的主体活动;与此同时,学生在文本解读中所获得对自我的反观与认识、提升与超越、造就与实现,也没有那么明显的时间上的先后关系,只是为了便于分析阐述,我们才从理论上将其分开。这是必须要说明的。但此处我们所说的反思在内涵上要小于利科尔所说的反思,主要指的是学生在解读中从文本返回自身的内心活动,是一种以文本为镜来反观自我的思维活动,亦即是一种将自我当作对象来认识自我的自我对象化活动。

反思的内容。反思的内容主要包括学生对自己当前语境的反观思考和将自我语境与文本语境、作者语境作一种比较性关联。学生自身的当前语境可以在两个层面上来理解:一是"大写的语境",即学生置身于其中的时代背景、文化氛围以及社会需求等;二是"小写的语境",即

---

① [法]保罗·利科尔:《存在与诠释学》,载洪汉鼎主编《理解与解释——诠释学经典文选》,东方出版社2001年版,第260—261页。

学生个人的学习、生活状况、内心状态和价值需求等。苏霍姆林斯基说过:"只有少年学会了不仅留心观察周围的世界,而且留心观察自己本身,不仅努力认识周围的事物和现象,而且努力认识自己的内心世界,把他的精神力量用到使自己本身变得更好、更完美的时候,他才能成为一个真正的人。"① 这种反思,使学生的自我意识增强,成为一个对自身语境自觉明了的解读者。但反思并非是学生对自己所有状况的回顾和思考,而是仅对由文本激起的、与文本内容相关的自身语境的思考。比如在解读《背影》《游子吟》时,学生必然会以自己对父母的感情为思维对象进行反思,而不会以其他与此无关的感受作为反思对象。这实际上是一个学生在前文所述文本的规定和召唤下对自身的"前见"进行必要的甄别和鉴定的过程。因为在文本解读中并非任何"前见"都是有助于达到对文本的合理解读的。对与文本无关的"前见"进行反思只能导致学生将自己的思维游离于文本解读之外,而造成对文本的误解,更别说学生从解读中认识自我了。

学生对自身语境的反思,是自己所独有的,好多经验只有自己体验和感受到,其独特性是无法交换的。就是在这样的独特反思中,学生自证其为主体。但是,离开了他人,就无所谓自我,自我是在与他人的交往活动中才意识到自己的主体性。因为在与他人的交往活动中,"我"会有意无意地与他人进行比较,进而产生对自己的评价和认识,即自我意识。② 正如狄尔泰所说:"我知觉我自己状态的这种内部经验也永远不可能使我意识到我自身的个体性。只有通过我自己与他人相比较,我才能经验到我自己的个体性,我才意识到我自己此在中不同于他人的东西。"③ 文本解读实际上就是一种与他人以文本为中介的精神交流活动。在解读中学生在对自身语境进行反思的同时,也会不自觉地将自我语境与文本语境、作者语境作一种比较性关联,即将反思到的自我当前状况

---

① [苏联] 瓦·阿·苏霍姆林斯基:《少年的教育和自我教育》,姜励群等译,北京出版社1984年版,第97页。

② 冯契:《认识世界与认识自己》,华东师范大学出版社1996年版,第393页。

③ [德] 狄尔泰:《诠释学的起源》,载洪汉鼎《理解与解释——诠释学经典文选》,东方出版社2001年版,第75页。

与文本中的人物、情境，或作者的主观精神进行比较，正是在比较中产生对自我的认识。故伽达默尔一直都坚持认为："他人是一条路，一条通向自我理解的路。"① 所以，前文所述苏霍姆林斯基所举的那个学生从读书中得到自我教育的例子便是典型。再比如有位法国学生在他的作文《阅读文学作品与认识自我》中谈到自己在解读司汤达的《红与黑》时，从主人公于连在不同的环境中表现出来的不同感受中发现了自身的特点，他认为于连在监狱的表现令人赞赏，因为这是他本身品格的自然表露；而他在巴黎或在雷纳尔家的表演则令人不快，因为他在装腔作势地掩饰自己。于是这位学生发现了自己原来没有意识到的一大特点——鄙视虚伪。② 张中行先生也曾在《关于反观乎己》的一文中以自己的亲身感受为例谈到这个问题：

> ……帝俄时代果戈理的《死魂灵》（鲁迅译）。这部小说主旨简而明，还是以镜子为喻，读它，如果肯自省，就可以照见己身，为了活，或兼向上，也倒有不少世俗气。这样可以对进德修业有些帮助。读《儒林外史》，尤其读书人，可以从中照见酸，即似上而实下，似清而实浊。读《阿Q正传》，我看是一切人，都可以从中照见——照见什么？不好说，勉强说是受了吴妈的冷遇，以至于最后走向法场，还自信为已经取得精神的胜利。③

这可谓是对反思使人在文本解读中照见自我的最好例证。其实我们每个人在文本解读中都曾产生过这种感受，读《背影》《游子吟》，我们会将自己的父母对自己的爱与文中所写的进行比较，感觉到那仿佛写的就是自己的父母对自己的拳拳深情，从此平日父母对自己的点滴关爱便由熟视无睹变为感动凸现在我们的心里！读《阿Q正传》，我们会不

---

① ［德］伽达默尔、［德］杜特：《解释学 美学 实践哲学：伽达默尔与杜特对谈录》，金惠敏译，商务印书馆2005年版，扉页。
② 法国一考生：《阅读文学作品与认识自我》，《语文世界》1999年第12期。
③ 张中行：《望道杂纂〈顺生论〉外编》，群言出版社2000年版，第193—194页。

由自主地反思自己的言行并将之与阿Q进行比较,开始还觉得阿Q是那么可笑,可越反思自己越觉得那阿Q简直就是自己,从此我们认识到自己品格中的弱点与限度,并有意识地去剖析自己且引以为戒。反思使文本不再外在于学生,而是走进了学生的心灵内部成为学生照见自我的镜子。与此同时,学生也在文本解读的反思中成为自我主体。"由于反思,人的自我意识发展了,人对自我有了越来越明白的意识。人凭意识之光不仅照亮外在世界而且用来反照自己,提高了人心的自觉性,加深了对人的本性的认识。"[①] 正是在这样的反思活动中,学生的自我意识增强,认识到自己的思维特点、品格中的优缺点、兴趣喜好等内在本质,认识到自己所赖以生存的外部环境及其特点,尤其是认识到自己所归属的人的"类"本质。

（三）学生在体验与反思的往返交融中达至自我认识

在语文文本解读中,体验让学生化身入境式地走进文本,以包括认知、情感、态度、意志、信念等在内的全部生命体悟和感受去融入文本中的生命世界,通过与文本中不同时空下的他者进行生命与情感的沟通,获得对人类的客观精神和超越时空的共同人性的认识;与此同时,人的自我意识和反身特性使学生又在体验文本和他人的同时不断地将目光返回自身,对自我进行反观和审视,这就是反思。如果说体验让我们把文本意义据为己有,为我们提供了自我反观的视点;那么反思则让我们意识到自身,让自我在文本解读中自证为主体而看清自我。这就是在文本解读中通过体验和反思让学生认识自我的内在过程。

这个过程实际上是一个反身运动过程,体验作为对象自我化活动和反思作为自我对象化活动在这一过程中既有一定意义上的先后关系又是在不断地往返交融的。从整个解读活动中看,这两者是相伴而行、水乳交融的,在体验中有反思,在反思中也不断地返回去体验;但从小范围内的历时性角度看,基本上是先有体验后有反思,体验到的东西是反思的基础和自我比较的对象,没有体验就没有反思,体验为反思不断地提

---

① 冯契:《认识世界与认识自己》,华东师范大学出版社1996年版,第216页。

供比较的对象,从中让学生来反观自我。具体来说,学生在体验时往往化身于文本作品之中,把自己想象成作品中的人物,作品也同时进入了学生的心灵,内在于而不是外在于学生的精神世界,也就是说文本作品被学生的心灵"内化"了,成为学生精神活动的有机材料。这就是一个学生将文本对象自我化的过程。其实在这一刻,在学生"占有"文本的同时,文本也"占有"了学生,丰富多彩的语文文本世界使学生如同行走在山阴道上,目不暇接,他们由解读活动的发出者成了文本被动的接受者。尤其是当学生在化身为文本中的人物时,此时的学生自我已经暂时隐没了,主宰着"我"的是文本中的他人而不是学生自己,"我被借与一个在我内心思维、感受和行动的他人","我"不得不"用外人的思路思考,从而成了他人思想的主体,我的意识像一个外人的意识那样工作"[1]。此时的学生自我实际上与文本对象合二为一了。正是这样以他人之处境去感受他人之内心的体验,让学生把握到他人的主观精神和文本内蕴含的事物本身之真理。这就为学生在反思中反观自我、认识自我提供了基础和前提。而这一任务一旦完成,学生自然便会走出文本之幻境,意识到自我的存在并转入对自我的理解之中。"在任何情况下,每一个对艺术作品具有经验的人无疑都是把这种经验整个地纳入到他自身中,也就是说,纳入到他的整个自我理解中,只有在这种自我理解中,这种经验才对他有某种意义。"[2] 人自身的反身性会让学生将刚才从文本中获得的他人之经验和自身实际作以比较。但自身实际尤其是思维、价值等自我精神性的东西往往并非是自明的、清楚的,这就促使学生对自身的当下语境进行反思,在反思中比较,在比较中反思。这又是一个学生将自我对象化的过程。这个过程和前面学生将文本对象自我化的过程共同构成了学生以文本为中介的反身运动——即从自我出发又回到自我的主体精神运动。而"教育在很大程度上是唤起受教育者

---

[1] 任钟甫、胡经之主编:《西方文艺理论名著选编》下册,北京大学出版社1987年版,第627页。

[2] [德]加达默尔:《真理与方法:哲学诠释学的基本特征》,洪汉鼎译,上海译文出版社2004年版,序言第5页。

的反身活动"①，并以此来实现学生的自我教育。正是在这样的反身运动中，学生认识到自我的本质，如自我的潜在情感、价值、思维方式等等，从而使自己成为一个自觉把握自我的主体。

体验和反思让学生以一种完整的生命姿态与文本展开生命与情感的沟通，从而让学生获得的是对自我生命的反观与认识，获得的是学生自身作为一个健全的人的全面而自由的发展。也只有通过体验和反思，学生才能在文本解读中获得这些。所以，21世纪初的语文义务教育新课标和高中新课标都特别强调了体验和反思这两个概念，这是符合语文文本解读的本然规律的。以往那种缺乏学生体验与反思的意义强加的灌输式解读，把本可以发展学生自我主体性的反身运动变成了一种单一机械的知识传授过程，是不能实现学生的自我认识的，它最多只能达到对文本含义的理解或作者主观精神的回溯，使之以知性的东西进入学生的大脑，却不能走进学生的心灵或精神。我们应该牢记柏拉图曾在《理想国》中说的那句话：往一个人的灵魂中灌输真理，就像给一个天生的瞎子以视力一样是不可能的。

第二节 视域融合、解释循环中提升自我、超越自我

语文文本解读是一种很好的反身活动，它能让学生在其中反观自我、认识自我；同时，它也是一种很好的自增活动，能让学生在认识自我的基础上提升自我、超越自我，让自己成为更优秀的新的自己。这仍可从学生、语文文本和文本解读三个方面的特点来理解。

一 学生提升自我的内在要求及其凭借性

人不仅有一种认识自我的本能需求，人还有一种提升自我、超越自我的内在要求，因为"人是一种超越性的存在，超越其所是的存在"②，人总是不满足于当下的现实自我而向往那个理想的自我，总是有一种

---

① 张楚廷：《教学论纲》，高等教育出版社2008年版，第31页。
② 孙正聿：《哲学修养十五讲》，北京大学出版社2004年版，第159页。

"穿越地平线走向远方的渴望"。人内在的超越欲望使自我从单一、狭隘、有限走向丰富、广阔、无限,使自我获得生命的意义和价值。所以利科尔说:"存在就是欲求和努力。"① 正是人源源不断的欲求,促使人总是去努力提升自己、超越原来的自己,努力去"按照美的规律来构造"② 自己,去追求真善美或更真更善更美,进而去实现自己的欲求。这正是人与动物的根本不同所在,也是教育得以展开的根基所在。包括文本解读在内的教育活动就是要激活学生的这种内在要求,并以此来完成它的育人使命。

那么,人对自我的这种提升和超越何以可能?马克思说:"外部世界对个人才能的实际发展所起的推动作用为个人本身所驾驭"③,学生的自我提升与超越固然离不开他人的指导和帮助,但最终起决定作用的还是他(她)自己,因为一切事物的发展变化,主要取决于内因,所有他人的指导和帮助,最终都要靠学生自己的内化来实现。人自身的潜在性和能动性让学生可以学习,可以获得。人同时又具有前文所述的反观自我、认识自我的"反身性","反身性"让人"使自己的生命活动本身变成自己意志的和自己意识的对象"④,使人可以通过一定的反身活动来发展自己,学生因此而可以自己学习、自己获得,同时也就具有了在"反身性"作用下的可以让自己提升与超越自己的特性——"自增性"⑤。所以梭罗曾在《瓦尔登湖》里说:"人类无疑是有力量和有意识地提高他自己的生命的",人应该而且可以"生活得诗意而神圣"⑥。人的这种自增性是文本解读能够让学生自增的前提。

但是,就像人不能揪着自己的头发让自己离开地球一样,人的自我提升和超越也不是单凭人自身的力量就可以完成,而是要借助他人他

---

① [法]保罗·利科尔:《存在与诠释学》,载洪汉鼎主编《理解与解释——诠释学经典文选》,东方出版社2001年版,第264页。
② 中共中央马克思恩格斯列宁斯大林著作编译局编译:《马克思恩格斯选集》第1卷,人民出版社1995年版,第47页。
③ 《马克思恩格斯选集》第3卷,人民出版社1982年版,第286页。
④ 同上书,第46页。
⑤ 张楚廷:《教育哲学》,教育科学出版社2006年版,第38页。
⑥ 韩光惠:《大学语文与文学欣赏》第二版,四川大学出版社2009年版,第489页。

物。"人不能够离开为我之物来把握自我,而是凭着化自在之物为为我之物的运动,自我才能够自在自为地发展起来。"① 也诚如黑格尔所指出的,主体自我最初是空虚的,它必须摆脱自己的孤立,不断扩充自己,使自己与整个客体统一起来,这样才能达到充实自己、实现自己的目的。② 而要想达到自我与客体的统一,自我"总得与物打交道,与人打交道;不仅是与人打交道,而且是与整个人类社会、人类历史打交道"③。这源于人与动物生命活动的不同。"动物的生命活动是以'复制'的方式来延续某种类的生命活动,因而是一种'非历史'的延续方式;人的生命活动则是以创造'文化'和'文化'遗传的方式来延续其种类的生活活动,因而是一种'历史'的延续方式。"④ 所以人是一种历史性存在。人是历史性的存在,就是"文化"的存在。因为是人的生命活动创造了历史,而人类生命活动的结果便是文化。同时,历史和文化又都是人在社会生活中共同创造的,任何人的生存和发展都离不开社会这个群体组织。

所以,人是一种社会、历史、文化的存在,任何人的成长都离不开人类共同的精神积淀,都要从社会、历史、文化中吸取精神的给养,从而使自己从一个自在的、生物的、生蛮的存在物,提升为一个自为的、精神的、文明的存在物;使自己超越"生理人或自然人的领域,成为社会人、文化人、道德人、君子、仁人,以至圣人"⑤。而社会、历史、文化是以符号的形式来表征的,这些符号很大一部分是通过书写被记录下来的,这就是文本。人对社会、历史、文化的认识,正是以文本为中介来进行的。所以,文本也就同时成为人们提升自我、超越自我的中介或凭借。

---

① 冯契:《认识世界与认识自己》,华东师范大学出版社1996年版,第216—217页。
② 张世英:《自我实现的历程:解读黑格尔的〈精神现象学〉》,山东人民出版社2001年版,第251页。
③ 同上书,序言第3页。
④ 孙正聿:《超越意识》,吉林教育出版社2001年版,第4页。
⑤ 贾馥茗:《教育的本质——什么是真正的教育》,世界图书出版公司北京公司2006年版,第201页。

二 语文文本是学生提升自我的凭借

文本尤其是精选出来的语文文本作为人类"精神生命的客观化物",是由人类伟大心灵和智慧所建造的精神宝库,是人类伟大和不朽的见证,是人提升与超越自我的土壤。任何人要想成为一个真正意义上的人——一个社会、历史、文化的"精神存在物",摆脱自然存在的生蛮的未开化的状态而获得一种精神生命,成为一种具有普遍性意义的存在,就必须接受文本的教化,用经典的文本来启示自己、照亮自己,来丰富自己、振拔自己、提升自己,给自己以勇气和力量,让自己的生活充满意义和色彩。"存在只有通过占有那精神生命得以客观化的作品、制度与文化遗迹等等本来存在于'外面'的意义,才能成为自我——具有人性的人与成熟的自我。"① 因为世界上没有任何人能够超越时间和空间的限制,他(她)由亲身实践获得的直接性的知识与经验永远是有限的。所以,具有自增性的人要想获得自增,在人类的精神宝库中占有属于自己的那一份宝藏,文本解读就是唯一的方式。教育正是借助文本解读这种"以文化人"的活动,将个体带入全体之中,让学生"通过接触伟大作品而对人类本真精神内涵进行把握"②,使学生自我受到心灵的教化,完成"从本己自我向某种生命表现之总体的转移"③,从而获得一种"自我崩溃"走向普遍性人性的提升④。所以孔子说:不学诗,无以言。有位当代学者也说:"看书对我们首先是个自我完善的过程,不看书无以为人。"⑤ 学生要想成长为一个真正意义上的人,必须通过以文本为载体的人类共同积淀下来的光辉人性的照耀和启迪,

---

① 〔法〕保罗·利科尔:《存在与诠释学》,载洪汉鼎编译《理解与解释——诠释学经典文选》,东方出版社 2001 年版,第 266 页。
② 〔德〕雅斯贝尔斯:《什么是教育》,邹进译,生活·读书·新知三联书店 1991 年版,第 4 页。
③ 〔德〕狄尔泰:《对他人及其生命表现的理解》,载洪汉鼎《理解与解释——诠释学经典文选》,东方出版社 2001 年版,第 103 页。
④ 〔德〕加达默尔:《真理与方法:哲学诠释学的基本特征》,洪汉鼎译,上海译文出版社 2004 年版,第 115 页。
⑤ 张汝伦:《生命与读书——在复旦大学的演讲》,《海燕》2006 年第 9 期。

崇高精神的熏陶和感染，来获得自我认知与精神、德性与智慧的提升和超越。

在所有的教育文本中，语文文本是最适切于学生自我之精神提升与超越的。这可以从其蕴含的精神内容和表达形式两个方面来看。从内容来看，相对于数学、物理、化学等与没有生命的自然界打交道的自然学科的文本来说，语文文本属于与人的内在精神世界打交道的人文学科的文本，它关涉的是人的教养与文化、智慧与德行、审美力和理解力、判断力和反思力等精神方面的东西。我们无论翻开哪一本语文教材，都可以看到像《背影》《游子吟》《故乡》这样的文质兼美的诗文，它们蕴含着我们民族乃至人类的价值观、思维方式、审美感受、伦理道德、民风民俗等丰富文化，是德性与智慧的宝库。从表达形式来看，相对于历史、政治等同属于相关人的行为、精神世界的人文社会科学文本来说，语文文本多是文学文本，它们借助隐喻、象征等文学手法，以意蕴丰富的个性化语言、生动感人的具象，把平时人们难以意识到、观察到或能够意识到观察到却难以言说的事物本身的真相或人们内心潜在的情感思想显现出来，让学生更加深入全面地以自己的精神生命去体验感受到人类丰富的心灵世界和精神境界。而不是像历史文本那样把生动的历史事件及其意义用概括性的语言将其简化，也不像政治文本那样直接把价值观、人生观等以平白的带有要求性、指示性甚至训诫性语气的话语告知给学生。这样的文本更多地是以认知的形式让学生去提升自己对人生和社会的认识，学生收获的主要是知识，却很难说对学生内在精神与灵魂有多少触动，因为这种形式的告知没有给学生的思维留下自由想象和发挥的空间，很难走进学生的心灵深处。正如福禄培尔曾经讲过的：

  人与人之间的关系……包含着深刻的含义与重大的意义。仅就这种关系的和谐一致就必须在儿童的心灵里及早加以培育，然而与其通过牵强附会的、直接要求的言语来培育，毋宁采用如同通过镜子反映那样的间接方式来培育。直接要求的教育起着束缚、阻碍、压制的作用。它可以驯服儿童，使其变成一个木偶。间接鼓励的教育,例如不是用于道德教育的那些诗歌里所反映的那样,会给儿童的心情和意志带来内部的自由,而这种自由对于儿童的这种心情和意志的发展和增强是十分必要的。只是在这种场合,儿童的外部生命与内部生命仍然必须保持协调一致,这一点,当然是首要的和必不可少的要求。这一点,在生活中越是可能表现得稀少和不明显,便越是应当在可能的情况下加以培育。甚至通常几乎不接触生活的教学和通常脱离生活的学校应当进行这方面的培育。①

这里福禄培尔就强调了对儿童进行人与人之间关系的教育,通过诗歌等文学作品镜子反映式的教育比直接教育的方式要更合理、更有效。这一点柏拉图也曾强调过,他认为史诗和悲剧之类的神话和英雄传说等文学作品对儿童最富于感染力,能在儿童心灵中留下深刻的印象,对儿童的品格发生重大影响。② 这是因为诗歌等文学作品所提供给孩子们的并不是理性的耳提面命式的信息和教导,而是一种浸淫于情绪氛围与体验空间的东西;因为诗歌等文学文本的语言是一种借助事物的表象来表现心灵、传达情感的表象符号,它使整个作品成为一个情感的意象,由于前文所述古今中外相同相通人性、人情的存在,和作品的意象与读者的审美体验之间存在一种异质同构的普遍联系等原因,意蕴深刻的文学作品便成为一种社会性的象征符号,这种社会性的象征符号表现为某种可以供读者填充自我体验和感受的呈开放状态的思想模式和情感模式,这种模式是一切优秀文学作品得以与解读者建立普遍联系的中介。③ 就是在自由地填充自我体验和感受的过程中,读者身临文本之境甚至看到或想到文本之外更深更远的东西,从中受到熏陶和感染,进而获得一种生命与精神的提升。比如,如果只用语言教导学生说,你们的母亲为你们付出了那么多,长大以后一定要好好报答她啊,学生听了可能不会有多么深刻的感觉。但如果学生经过解读孟郊的《游子吟》,里面的"慈

---

① [德] 福禄培尔:《人的教育》,孙祖复译,人民教育出版社 1991 年版,第 214 页。
② 张法琨:《古希腊教育论著选》,人民教育出版社 1994 年版,第 21 页。
③ 龙协涛:《文学阅读学》,北京大学出版社 2004 年版,第 267—268 页。

母手中线,游子身上衣。临行密密缝,意恐迟迟归。谁言寸草心,报得三春晖"便构成一幅慈母为儿子在临出远门前缝补衣服的画面:白发苍苍的老母亲,……毋需多言,虽然没有说一个"爱"字,但母亲对儿子深沉的爱和揪心的牵挂,在外的儿子对母亲的思念和感激之情,便展现在学生的眼前,每一个血肉之躯,一想到这幅画面,谁不会联想到自己的母亲,联想到母亲在日常生活中对自己点点滴滴的付出,谁又不会感动呢?就在这样的感动之中,学生便会从一个对人间最真挚、最伟大的母爱熟视无睹的顽童,提升为一个懂得理解母亲、关心母亲的孩子。由此美好的人性便一点点地在学生身上展现出来。所以,雅斯贝尔斯曾指出:"学习语言可以在无形中扩大个人的精神财富。……但若要增广我们的精神领域,就必须研读独具创见的思想家所呕心沥血写成的充满智慧火花的著作。"① "精神内涵通过诗歌和艺术所特有的把握方式,进入人的心灵之中。……透过古代那种纯朴而深邃的伟大,我们似乎达到了人生的一个新境界,体验到人类的高贵以及获得做人的标准。谁要是不知古希腊罗马,谁就仍停留在蒙昧、野蛮中。"②

三 视域融合、解释循环是学生超越自我的内在机制

语文文本中蕴含着丰富的德性与智慧,学生可以通过它来使自我获得提升与超越。但事实上,文本世界和学生的世界总是存在时空的距离以及时空所带来的经验、思想、习俗乃至整个生活上的差异,学生必须克服这种距离和差异才能使自身与文本成为同时代的,才能使陌生的文本变得熟悉,使文本的意义成为他自己的,进而才能从文本那里得到精神的滋养感受到生命的美好和美的力量的引领,获得自增。对文本的解读便是克服的途径。解读所用的工具就是理解。只有理解才能真正地使文本世界与学生的精神世界发生关联,理解实质上就是这两个世界的"相遇"和交融,采用加达默尔的术语就是"视域融合"。正是视域融

---

① [德]雅斯贝尔斯:《什么是教育》,邹进译,生活·读书·新知三联书店1991年版,第84页。

② 同上书,第56页。

合的结果扩大了学生的视野,提升了他们的精神境界。但学生从文本解读中获得的精神提升不是一次性完成的,而是由无数次视域融合共同逐渐促成的,每一次视域融合的结果都会成为再次解读的"前理解",文本解读因此就成为一个由无数次视域融合组成的螺旋式循环上升的过程,这种现象被哲学解释学称为"解释循环"。视域融合与解释循环是文本解读让学生提升自我、超越自我的内在机制。

(一)视域融合:学生在文本解读中提升与超越自我的源泉

文本是由书写固定下来的话语,它与说话人之间面对面的交流所讲的话语之间的最大区别就在于,这些话语是已经过去的了,它们脱离了当时讲话的具体语境,这就给解读者带来一个问题,作为与文本处于不同时空、语境下的我们,如何跨越这时空的鸿沟,去把握文本的意义以借助它来认识自己、提升自己?因为前文已经谈过,我们每个人都是社会、历史、文化的存在,我们永远不能单凭自己的力量去认识自己、提升自己,而必须借助记录社会、历史、文化精神的文本。所以,正如利科尔所说:"一切解释的目的就是征服文本所属的过去文化时代和解释者自身之间的距离和疏远。"[①] 这个跨越我们与文本之间时空鸿沟的问题,是每一个解读者都必须去面对的问题。

其实,作为一门专门研究如何理解文本意义之学问的解释学早就注意到了这个问题。以施莱尔马赫为代表的传统解释学认为解读者自己头脑中原有的经验会干扰或阻碍自己对文本的理解,只有将自我隐去,才能自由地进入文本去理解作者的原意。但这种认识后来被以加达默尔为代表的哲学解释学推翻。加达默尔发现,在解读中,读者原有的经验不但不会阻碍自己对文本的理解,反而成为自己理解文本的基础和前提条件。一是因为人不可能将自我已有的经验完全丢掉;二是因为没有这些经验,人就不可能读懂任何东西,就如一个没有任何生活体验的刚出生的婴儿不会看懂任何事物一样。读者头脑中原有的认知、经验等东西被加达默尔称为"前见""前理解""前见解",指理解者所处在的作为人

---

① 洪汉鼎主编:《理解与解释——诠释学经典文选》,东方出版社2001年版,第260页。

的存在的状态,是理解发生之前解读者必须具备的状态。"前见"或"前理解"这个词在加达默尔的老师海德格尔那里被称为"先结构"(有的译为"前结构"),海德格尔认为任何作为理解先决条件的"先结构"都包括三个方面①:一是"先行具有"(德文 Vorhabe,有的地方译为"先有"或"前有"),指我们每个人在具有自我意识之前,都已预先置身于一个包括他的文化背景、传统观念和风俗习惯等在内的世界之中了,正是这个先行具有的世界,让我们才有可能理解自己和文化;二是"先行视见"(Vorsicht,有的译为"先见"),指我们在理解前预先看见的东西,或预先选择的特定的观点和视角;三是"先行掌握"(Vorgriff,有的译为"先知"或"前把握"),指我们在理解前已具有的观念、前提和假定等,它们是我们理解未知事物的必要条件。读者的"前理解"决定了他的"视域"(horizon),即读者从某个立足点出发所能看到的一切。这个词自尼采和胡塞尔以来特别明显地被用于哲学的术语里,以此来标示思想与其有限规定性的联系以及扩展看视范围的步骤规则。一个根本没有视域的人,就是一个不能充分登高远望的人,从而就是过高估价近在咫尺的东西的人。② 加达默尔认为,解读中的视域不是封闭的和孤立的,它是理解在时间中进行交流的场所。为了把握文本的意义,解读者带着自己的"前理解"把"自身置入"文本中他人的处境之中,只有这样,他人的质性(包括思想品质、智慧人格等个性特征)才会被我们意识到。这种自身置入并不是我们把自己置入于作者的内心状态中,而是置入那种他人得以形成其意见的视域中。从而取得"一种对共同意义的分有"③。这就是在读者自我和文本之间发生了一种"视域融合",由此理解便产生了。"理解其实总是这样一些被误认为是独自存在的视域的融合过程。"④ 而"这样一种自身置入,既不

---

① [德]海德格尔:《存在与时间》(修订译本),陈嘉映、王庆节译,生活·读书·新知三联书店 1999 年版,第 175—176 页。
② [德]加达默尔:《真理与方法:哲学诠释学的基本特征》,洪汉鼎译,上海译文出版社 2004 年版,第 391 页。
③ 同上书,第 377 页。
④ 同上书,第 396 页。

是一个个性移入另一个个性之中，也不是使另一个人受制于我们自己的标准，而总是意味着向一个更高的普遍性的提升，这种普遍性不仅克服了我们自己的个别性，而且也克服了那个他人的个别性。"① 视域融合带来的结果是学生既超出了文本的视域，又超出了自己原有的视域，它把学生自己"暴露在本文之上并从它那里得到一个放大了的自我"②。学生由此在文本解读中得到了自我提升。

由此，学生带着他的前理解将自我置入文本中的他人之境，和文本之间发生"视域融合"，他就会跨越与文本之间的那条时空鸿沟，从文本那里获得自我提升。那么，我们再进一步追问，学生如何才能将自我置入文本中的他人之境？视域融合具体是怎样发生的？加达默尔并没有谈及视域融合的具体方法问题，没有告诉我们到底该怎样去做，因为他是拒斥方法的，尤其拒斥的是带有控制意味的所谓普遍性的一般科学方法。他曾在《真理与方法》一书的序言中说："像古老的诠释学那样作为一门关于理解的'技艺学'，并不是我的目的。我不想炮制一套规则体系来描述甚或指导精神科学的方法论程序。""精神科学的方法论问题在此一般不予讨论"③ 并申明："本书探究的出发点在于这样一种对抗，即在现代科学范围内抵制对科学方法的普遍要求。因此本书所关注的是，在经验所及并且可以追问其合法性的一切地方，去探寻那种超出科学方法控制范围的对真理的经验。"因为这些经验是"不能用科学方法论手段加以证实的"。④ 加达默尔正是要通过他的哲学解释学表明现代科学方法的局限，以及超越这种方法的正当性。所以他只是从本体论的角度阐述了文本和读者两个不同精神世界的融合，但对融合的具体方法和联接形式的问题却少有涉及。法国的利科尔注意到了这方面的缺憾

---

① ［德］加达默尔：《真理与方法：哲学诠释学的基本特征》，洪汉鼎译，上海译文出版社2004年版，第394页。
② ［法］保罗·利科尔：《解释学与人文科学》，陶远华等译，河北人民出版社1987年版，第147页。
③ ［德］加达默尔：《真理与方法：哲学诠释学的基本特征》，洪汉鼎译，上海译文出版社2004年版，序言第2—3页。
④ 同上书，导言第17—18页。

并力图去弥补,考虑是什么方式连接起这两个不同的精神世界。他认为文本意义是一种"象征性"结构,其自身有一种贯通融合抽象性与具体性、一般性与特殊性的能力,它能够同时在抽象的思辨与经验的体会中出现,故它既能够被抽象思辨所把握,又能被理解者通过想象感受到、体会到。① 由文义在解读者的视野中激起的抽象思辨和想象的世界即是作品的世界。理解依靠的就是思维和想象这两种能力。思维是一种"把握事物间的相同性(同一性、普遍性)"的能力,是一种抽象、概括、推理的能力;想象则是一种"把握不同事物间即在场的显现的事物与不在场的隐蔽的事物间的相通性"的能力②,是一种形成具象和联想的能力。思维和想象让学生发现处于不同时空中的文本世界和自我世界的相同和相通之处。没有思维和想象,解读者就无法跨进作品,理解便不会发生。思维和想象是架构文本和读者两个不同精神世界的桥梁,是使二者发生视域融合的内在动力源。对于语文文本的解读来说,为数不多的以说明、议论为主的实用性文本和议论性文本的解读,对思维能力的运用多些;而占大部分比重的文学性语文文本的解读,更多运用的是想象的能力,前文所述的体验和反思主要就是在想象中进行的。同时,基于基础教育阶段学生的思维特点,想象也更有利于他们在解读中去体验文本、反观自我、创造新的意义,从而在视域融合中获得自我心灵的舒展和精神的提升。所以,一定要让学生在文本解读中展开想象的翅膀,开动自己的思维,这样才能跨越自己与文本之间的时空鸿沟而将其纳入自我的视域之下,使自我获得提升与超越。

视域融合的过程被伽达默尔看作是一种发生在读者与文本之间的对

---

① [法]利科尔:《罪恶之象征》,转引自殷鼎《理解的命运》,生活·读书·新知三联书店1988年版,第94—95页。

② 张世英:《哲学导论》,北京大学出版社2002年版,第46页。注:这里的"思维"与"想象"是采用了张世英先生在哲学领域的说法,这与我们平时在心理学、教育学中所用的同一概念内涵有些不同。心理学、教育学中的"思维"内涵非常丰富,它指的是包括人的形象的、抽象的、直觉的、逻辑的、收敛性的、发散性的、线性的、非线性的等所有思维形式在内的总称,而张士英先生这里所说的"思维"基本上等同于心理学、教育学中所指的抽象思维、逻辑思维等主要的科学思维;而"想象"基本上等同于心理学、教育学中所指的形象思维、直觉思维、发散性思维等主要的艺术思维。

话过程,是读者与文本的"相遇"过程。作为一种对话过程,视域融合的实现要求读者与文本双方共同参与其中,彼此间是相互开放的,心灵是真诚敞开的,只有这样才能展开双方内在生命与精神的交流。"只有当解释者倾听文本、让文本坚持它的观点从而真正使自己向文本开放时,解释学的对话才能开始。"① 所谓开放,对于读者来说,一方面要在解读时把自己当前生命中所拥有的一切经验(即"前理解")经过反思都真实地展示给文本,完全向它敞开,处在文本面前的读者完全是一个真实的内心毫无遮掩的自我,这种真实自我并不是在解读前就已经暴露在文本面前的,而是随着解读的展开读者不断地从文本那里受到触动同时不断地反思自我,甚至将以往都没有意识到的自我也逐渐从潜意识中挖掘出来暴露在文本面前;另一方面,读者的开放意味着在解读过程中随时敞开心扉以一种真诚平等的态度去倾听来自文本的声音,去批判地接纳文本中异己的东西,如加达默尔所说:"这种开放性总是包含着我们要把他人的见解放入与我们自己整个见解的关系中,或者把我们自己的见解放入他人整个见解的关系中"。对于文本来说,它显然并不会像一个人那样和读者讲话,而是作为含有与读者相关的问题和答案的一堆文字摆在那里——"谁想理解一个本文,谁就准备让本文告诉他什么"②,它的开放和敞开是被读者开启的,当它开始"说话"的时候,"它并非简单地说它的语词,那种总是相同的、无生命的、僵死的语词,相反,它总是对向它询问的人给出新的答案,并向回答它问题的人提出新的问题","只有当文本所说的东西在解释者自己的语言中找到表达,才开始产生理解。""只要文本保持缄默,对文本的理解就不会开始。"③ 所以,解读者越是向文本敞开自我从中看到更多自己想要的问题和答案,他和文本之间的共同语言越多,文本就会向读者开放和敞

---

① [德]加达默尔:《哲学解释学》,夏镇平、宋建平译,上海译文出版社2004年版,编者导言第11页。
② [德]加达默尔:《真理与方法:哲学诠释学的基本特征》,洪汉鼎译,上海译文出版社2004年版,第348页。
③ [德]加达默尔:《哲学解释学》,夏镇平、宋建平译,上海译文出版社2004年版,第58页。

开的越多，它所蕴含的潜在意义就会越多地展示给解读者。这种潜在意义展示给读者的那一刻，实际上就是文本与读者的视域融合发生之时。因此，解读者与文本彼此敞开内在生命与精神的过程，就是双方对话逐渐深入的过程，也是视域融合度向纵深发展的过程。如果彼此不能深度开放或敞开，比如前面我们分析的新中国成立后疏离学生自我的语文文本解读，那学生对文本的理解就会停留在文本字面含义或所谓作者原意等浅表层面，学生就很难说能从文本解读中得到多少提升。

与此同时，视域融合需要解读者与文本之间是一种真诚平等的"相遇"关系。这里的"相遇"来自奥地利宗教家、哲学家马丁·布伯的相遇哲学。马丁·布伯曾按照人的生活态度把世界分为两重：一是"被使用的世界"（the world to be used），二是"我们与之相遇的世界"（the world to be met），并把前者用"我—它"（I-It）的公式来称谓，指一种把世界万物（包括人在内）当作使用对象的态度；把后者用"我—你"（I-Thou）的公式来称谓，指一种把他人他物看作具有与自己同样独立自由的主体性态度。"我—它"的态度是一种"主体—客体"二元对立的思维方式，它以"利用"的态度对待外物，这样就会将人自己与他人他物相限隔，导致"人文精神"的丧失；而"我—你"的态度则超越了主客分离而达至人与世界融合为一体的境界，将人与他人他物看作是一种"相遇"关系，即人与万事万物之间是一种在心灵深处可以直接照面的平等对话关系，人就在这种与他人他物的相遇之中去领悟"我"之价值，获得人之为人的精神，正如马丁·布伯所说："精神不在我，而在我与你之间。"① 在文本解读中，学生世界只有以"我—你"的平等态度与文本世界"相遇"，即学生只有将文本看作与自我平等对话的"你"，以"我"的整个存在走进"你"，发现、认识"你"，在"你"中照出"我"自己，才能与文本发生视域融合，实现对文本的理解，进而才能从文本解读中获得精神的提升。语文文本本身是一种双重存在：作为形下的作品文字的存在和作为形上的意义的存在，学生只有

---

① Martin Buber, *I and Thou*, English Edition by Charles Scribner's, 1958, p. 4. 转引自张世英《哲学导论》，北京大学出版社2002年版，第224页。

敞开自我的心灵平等真诚地去与文本"相遇"才能获取文本的意义，只有意义才能提升读者的精神境界。如果学生以仰视的态度对待文本仅仅止于对文本字面含义的占有，而没有让自己的经验与反思参与解读，或者相反地以俯视的态度对待文本仅仅囿于自己的前理解而顽固地不顾及文本的见解，自说自话，而没有尊重文本本身，那就都不是真正意义上的解读，都不能使自我得以提升和超越。正如托马斯·默顿所说："假如我把我的真理给了你，而没有从你身上得到真理的回报，那么，我们之间并没有真理可言。"①

视域融合很关键的一点就是要走进文本，认真倾听文本的声音，遵照文本的特点，因为任何视域融合都是学生与文本视域的融合，任何理解都是学生对文本的理解，只有知道了文本在说什么，才能将文本的视域纳入自我的视域，"理解就是这样一种对所说的东西进行同化的过程，以使它成为自身的东西"。而倾听文本的声音，最关键的就是要抓住文本的语言。因为"在理解中所发生的视域融合乃是语言的真正成就"②。"语言完全参与到思维或解释的过程之中，以致如果我们撇开语言传给我们的内容，而只想把语言作为形式来思考，那么我们手中可思考的东西就所剩无几了。"③ 所以视域融合的过程同时也是语言训练的过程，只是不要仅把语言作为形式来看待，而是从本体论的角度来理解语言。文本解读本身是一种语言过程，或者说是围绕着所意指的内容而用语词进行的一场游戏。解读者正是通过语言的游戏达到对自我和世界的理解。我们认真研读文本的语言就是对文本最大的尊重，也是视域融合得以发生的前提和基础。同时，语言的提升（包括语言的形式和内容）也成为学生在文本解读中所获得的提升的一个重要部分。精神的提升正是伴随着语言的提升而展开的，因为精神被意识到所依靠的正是作为"存在之家"的语言，人所生活于其中的真正的语言世界"基本

---

① ［加］史密斯：《全球化与后现代教育学》，郭洋生译，张华审校，教育科学出版社2000年版，第126页。

② ［德］加达默尔：《真理与方法：哲学诠释学的基本特征》，洪汉鼎译，上海译文出版社2004年版，第490页。

③ 同上书，第522—523页。

上包含了能使我们的观点得以扩展和提升的一切"①。"只有在语言中，精神生命才能得到完全、彻底的表达，而这种表达使一种客观的理解成为可能。"② 当然，语文课堂情境中的文本解读，其视域融合不仅发生在学生与文本、作者之间，还发生在学生与教师之间、学生与学生之间、学生与教科书编者之间等，这些视域融合最终都不同程度地拓展着学生的视野，更新着他们的人生经验，提升着他们的精神，但这些都属于教学解读的范围，都是以学生与文本之间的视域融合为基础的，我们将把它放到下一章进行讨论。

（二）解释循环：学生在文本解读中提升与超越自我的动力机制

理解其实就是学生与文本作为对话双方的视域融合或"相遇"的过程。但学生从文本解读中获得的精神提升不是靠一次视域融合就能达成的，而是由无数次视域融合的螺旋式循环上升来逐渐实现的。因为文本理解对前理解的内在要求使上次视域融合的结果自然地成为下次理解时的前理解而参与到新的视域融合之中，如此循环往复，学生的认知与精神、智慧与德性就在这循环往复的过程中得以提升。这种循环往复的过程，被哲学解释学称为解释循环。

解释循环（the hermerneutic circle），原来最具代表性的表述是狄尔泰的"整体只有通过理解它的部分才能得到理解，而对部分的理解又只能通过对整体的理解"③ 这句话，它讲的是一种文本解读的方法。这种方法着眼于文本自身形式的整体与部分之间的循环，即总是从预先推知整体、其后在部分中解释整体这种主观的反思中来理解文本。按照这种理论，理解的循环运动总是沿着文本来回跑着，并且当文本被完全理解时——这里的理解指施莱尔马赫所认为的当理解者完全把自己置于作者精神之内，这种循环就停止了。这是一种封闭的方法论层面的循环，它完全将解读者作为社会、历史、文化的存在这一人之为人的根本特性

---

① ［德］加达默尔：《真理与方法：哲学诠释学的基本特征》，洪汉鼎译，上海译文出版社 2004 年版，第 580 页。
② ［德］狄尔泰：《对他人及其生命表现的理解》，载洪汉鼎《理解与解释——诠释学经典文选》，东方出版社 2001 年版，第 106 页。
③ 殷鼎：《理解的命运》，生活·读书·新知三联书店 1988 年版，第 145 页。

排除在外，使解读陷入一种无穷后退的怪圈和窘境，因而在施莱尔马赫和狄尔泰那里被看作是理解中消极的恶性循环。

而海德格尔却认为解释循环不可以被贬低为一种恶性循环，因为他从存在论的角度看到了在这种循环中包藏着最原始认识的一种积极的可能性，那就是他认为谁想理解某个文本，谁就是在完成一种意义筹划，一当某个最初的意义在文本中出现了，那么解释者就为整个文本筹划了某种意义；"对前筹划的每一次修正是能够预先作出一种新的意义筹划；在意义的统一体被明确地确定之前，各种相互竞争的筹划可以彼此同时出现；解释都开始于前把握，而前把握可以被更合适的把握所代替：正是这种不断进行的新筹划过程构成了理解和解释的意义运动。"① 所以他这样来描述解释循环："对本文的理解永远都是被前理解的先把握活动所规定。在完满的理解中，整体和部分的循环不是被消除，而是相反地得到最真正的实现。"② 正是"前理解"（当然，这是加达默尔的话，所以用了"前理解"这一术语，前面说过，海德格尔用的是"先结构"这一术语）的被发现，使海德格尔赋予了解释循环以存在论意义，因为是"前理解"彰显了解读者是一种社会的、文化的历史性存在，将解读者已有的生命体验带入到文本解读中，带入到文本中的人类精神世界中，使个体自我的生命体验如同一条孤单的小河流汇入了人类精神宝库的海洋之中，让自我在其中尽情地吸收成长所需要的营养，让生蛮的未受过教化的作为自然存在物的自我找到了使自己提升为文明而丰富的精神存在物的家园。同时，前理解也表征着人对未来的开放性，因为正是由于前理解的存在，解读者才具有了理解的可能性，才能够在此基础上向未来可能的存在开放。所以，前理解使文本解读成为一种基于历史而又向着未来开放的循环活动。因而，海德格尔说："决定性的事情不是从循环中脱身，而是依照正确的方式进入这个循环。"③ 由此，

---

① ［德］加达默尔：《真理与方法：哲学诠释学的基本特征》，洪汉鼎译，上海译文出版社2004年版，第345页。
② 同上书，第379页。
③ ［德］海德格尔：《存在与时间》（修订译本），陈嘉映、王庆节译，生活·读书·新知三联书店1999年版，第179页。

他还进一步将这种循环运动扩展至人自身的存在状态，他认为："为自己的存在而在世的存在者具有存在论上的循环结构。"① 这种观点源于他对人存在方式的看法，他认为人的存在方式就是与他人一起的存在，他人的共在属于"此在"的内在结构："此在的世界是共同世界。'在之中'就是与他人共同存在。他人的在世界之内的自在存在就是共同此在。"② 所以任何个体的"此在"都要融入这个"共同世界"才能存在，而融入的方式便是领会、理解，这里的理解不再属于主体的行为方式，而是此在本身的存在方式。人的一生就是理解的一生，理解使个人认识自我和他人以及共同生活的世界，使个人由自然存在物上升为社会、历史、文化的精神存在物，从而获得人之为人的"类"特征。而人类这个整体以及人类所共同生活的世界，也正是由于每一单个人的提升而获得提升和发展。进而，人类整体和世界的提升与发展又反过来促进个体的提升与发展……这样，个人与人类群体和共同生活的世界就在理解的作用下处于一个相互交融和促进的良性循环上升的模式之中。这种人自身存在的循环结构的揭示，为我们认识学生从文本解读中获得提升和超越提供了存在论支撑，因为文本解读是人获得对人类整体和共同生活的世界理解，进而获得人类客观精神的培育与引导的主要途径。

加达默尔继承海德格尔的观点并借鉴了狄尔泰的说法对理解的循环作了如下描述："理解永远是由整体理解（解释者的前理解）运动到部分（传统之一部分）又回到整体的理解（解释者所达到的新的理解）"，③ 显然这里所说的整体与部分的内涵超越了狄尔泰将其仅仅局限于文本自身的理解而赋予了它以本体论意义，同时相对于海德格尔的描述，这种说法却更明确地揭示了理解使人获得提升和超越的内在机制。正是由于理解总是从解读者的前理解出发去与记录传统的文本发生视域融合，然

---

① ［德］海德格尔：《存在与时间》（修订译本），陈嘉映、王庆节译，生活·读书·新知三联书店1999年版，第179页。
② 同上书，第138页。
③ 参见殷鼎《理解的命运》，生活·读书·新知三联书店1988年版，第147页。

后这一视域融合的结果又回归为解读者的前理解这一特点，使它成为解读者自我转变的过程。在无数次的文本解读中，解读者经历了前述在与文本的视域融合中自由想象的变更，随着其前理解的不断扩大，解读者自我也被逐渐丰富和扩大。而这种丰富和扩大，是随着解读者对自我前理解（实际上就是对自我本身）的不断解构和建构展开的。加达默尔认为理解包含着一种"丧失自身"的因素[①]，实际上指的就是理解过程中解读者对原有自我的否定和解构，正是要先解构原有自我所具有的经验和视域，才能让自我向着文本开放——确切地说是向着文本中的他人和共同生活的世界开放，敞开心扉去倾听文本、接纳文本、吞食或融合文本，在这个过程中不断地扩充自我、提升自我，进而建构一个新的自我。解构和建构的连接点便是视域融合，视域融合使读者在吸纳文本中他人经验的过程中打破自我原有的经验、视域而建构一个新的自我；解构和建构的循环运行则是解释循环的展开，就在这种永无止境的循环往复中自我得到渐进式的提升和超越。所以，文本解读实际上又是一个对原有自我不断解构和建构的螺旋式循环上升的过程，学生的认知、精神等"前理解"所包括的一切都会在这一过程中如滚雪球一般不断得到扩展和提升。海德格尔因此曾"把理解活动本身设想为超越运动，即超越存在者的运动"。加达默尔也说："谁'理解'一个本文，谁就不仅使自己取得对某种意义的理解，而且——由于理解的努力——所完成的理解表现了一种新的精神自由的状态。"[②] 经过文本解读之后的"我"，已不再是原来的我，它已经得到了超越，实现了人的自增性。

（三）学生在视域融合、解释循环的共同作用中获得自我超越

总之，是视域融合和解释循环使学生在文本解读过程中获得一种渐进式、无限可能的提升和超越，而这种提升和超越必须靠学生自己来完

[①] ［德］加达默尔：《哲学解释学》，夏镇平、宋建平译，上海译文出版社2004年版，第51页。

[②] ［德］加达默尔：《真理与方法：哲学诠释学的基本特征》，洪汉鼎译，上海译文出版社2004年版，第337页。

成，是一种自我提升与超越。因为视域融合、解释循环必须由学生自己作为解读的主体带着他全部的相关人生经验即前理解通过亲自与文本打交道才能完成，而不是通过教师将结论告知他（她）等越俎代庖的中介行为获得的。"视域"这一代表着解读者全部人生体验或者说全部生命与精神的概念决定了视域融合是精神与精神的融合，心灵与心灵的碰撞，而不仅仅是认知的叠加；而解释循环的生存论意义也决定了只有将解读者自我的个体生命源源不断地融入文本中的人类群体生命精神之中，才能成为一种推动个人自我提升与超越的良性循环。所以加达默尔说："进行理解的意识不再依赖那种所谓使过去的消息同现代进行中介的再说，而是在直接转向文字留传物中获得一种移动和扩展自己视域的真正可能性，并以此在一种根本深层的度向上使自己的世界得以充实。"① 让学生直接接触文本，亲自在文本解读中展开想象，进行体验和反思，是视域融合得以发生的关键，也就是学生在文本解读中获得提升和超越的关键。而我们实然语文课堂中的文本解读之弊端恰恰是剥夺了学生与文本直接展开生命交流的机会，教师滔滔不绝的讲授阻隔了学生与文本的"亲密接触"，抑制了学生内在心灵的敞开和自我对话、自我反观的欲望和激情，由此学生原本善感的心灵渐渐变得封闭，渐渐由于缺少人类美好精神雨露的滋润而荒漠化，失去了对这个生机勃勃的世界主动去感知和触摸的好奇心和激情，他（她）怎么会感受到人生的丰富和美好？

第三节　理解的应用中造就自我、实现自我

一　学生实现自我的潜在欲求及其实践性

人作为一种社会、历史、文化的精神存在，不仅有认识自我和提升、超越自我的本能需求，还有一种实现自我的内在欲求。马斯洛的自我需要理论很好地阐明了这一点。他说："一位音乐家必须作曲，一位

---

① ［德］加达默尔：《真理与方法：哲学诠释学的基本特征》，洪汉鼎译，上海译文出版社2004年版，第504页。

画家必须绘画，一位诗人必须写诗，否则他就无法安静，人们都需要尽其所能，这一需要就称为'自我实现的需要'。"① 这里他所说的自我实现主要指人充分利用和开发自我的天资、能力、潜能等来实现自我的人生价值，因而"自我实现的人"指的是音乐家、画家、诗人等能够超越于本能需要之上的境界高超的人，是人类中的最好典范。我们认为，并不是只有音乐家、画家、诗人这样的人才有自我实现的需要，几乎所有的人都有这样的需要。这源于人所独有的区别于动物的精神属性，源于人被他人和社会尊重的心理需要和人发展自身的需要。根据马克思主义"他们的需要即他们的本性"的观点，人实现自我的需要是人之为人的本性。而且，我们所说的"实现自我"在内涵上不同于马斯洛的"自我实现"，指的是人实现自我的潜在性和可能性，成为他可能成为的自己——一个自主、能动的、个性的精神主体。对于基础教育阶段的中小学生来说，如果说认识自我主要是在与他人和客观精神的比照中看到自己生命、精神的可能和局限、优长和不足；提升、超越自我主要是使个体自我从人类共同精神的宝库中汲取自我成长的营养、受到教化，获得人之为人的美好人性，从而由那个生蛮的、未受教化的自然存在物转化为一个社会、历史、文化的精神存在物，成为一个能够与他人共在的社会人、文化人、道德人，融入人类的共同生活之中，是一种由个体自然性向人类普遍性、社会性的提升；那么，实现自我就主要是指学生在共同人性的基础上成为一个独立的、高尚而富有智慧的他自己，以自己而不是他人或海德格尔所说的"常人"的面目去生存，从而能够独自去面对这个世界，能够独自去走好自己的人生之路。让每个学生成为他自己，实现他自己，是教育的最终目标。正如联合国教科文组织"国际教育发展委员会"所指出的，教育就是"帮助一个人以一切可能的形式去实现他自己"。②

---

① ［美］马斯洛：《自我实现的人》，许金声、刘锋等译，生活·读书·新知三联书店1987年版，第2页。

② 联合国教科文组织国际教育发展委员会：《学会生存》，华东师范大学比较教育研究所译，教育科学出版社1996年版，第197页。

实现自我之所以可能，是因为人是一种潜在性存在、一种可能性存在、一种生成性存在。人身上有无穷的潜能等待着去开发和实现，这一点早就被夸美纽斯、康德、马克思等人论述过：夸美纽斯将人的头脑比作一粒具有内在力量的种子，"没有必要从外部给人注入任何东西，只需要人自己所固有的蜷缩在内部的东西伸展出来"[1]；康德也说："人生来具有许多未来发展的胚芽"[2]；马克思则更明了地指出：人是具有"自然力、生命力"的"能动的自然存在物"，"这些力量作为天赋和才能、作为欲望存在于人身上"[3]。正因为人有潜在性，所以也就具有了可能性——一种人所独有的特性，如卡西尔所说："只有在人那里，在人这种派生的理智那里，可能性的问题才会发生。"[4] 雅斯贝尔斯也曾有过类似的阐述："人是一个没有完成而且不可能完成的东西，它永远向将来敞开大门。"[5] "人类并不是一个已经不再发展的固定的族类，不像动物一样是不可改变的，人类有着无限发展的可能性。"[6] 海德格尔把人称为"此在"，"只要此在存在，它就筹划着。此在总已经——而且只要它存在着就还要——从可能性来领会自身"[7]。他进而把具有可能性的本真的人称为一种"本真能在"，"这种本真能在是由此在本身在其生存可能性中见证的"[8]。作为生存的人是开放性的人，他总是面临着各种选择和可能性。人总是想把不可能变成可能，因而就总是被理想召唤着、指引着，为之去奋斗。杜威正是看到了青少年未成熟状态

---

[1] ［捷］夸美纽斯：《大教学论·教学法解析》，任钟印译，人民教育出版社 2006 年版，第 41 页。

[2] 任钟印编：《世界教育名著通览》，湖北教育出版社 1994 年版，第 500 页。

[3] 人民教育出版社教育室编：《马克思恩格斯列宁论教育》，人民教育出版社 1993 年版，第 63 页。

[4] ［德］卡西尔：《人论》，甘阳译，上海译文出版社 2004 年版，第 77 页。

[5] ［德］雅斯贝尔斯：《新人道主义的条件与可能性》，转引自刘放桐等《现代西方哲学》（修订本），人民出版社 1990 年版，第 623 页。

[6] ［德］雅斯贝尔斯：《什么是教育》，邹进译，生活·读书·新知三联书店 1991 年版，第 64 页。

[7] ［德］海德格尔：《存在与时间》（修订译本），陈嘉映、王庆节译，生活·读书·新知三联书店 1999 年版，第 169 页。

[8] 同上书，第 307 页。

的积极的和建设的方面,将潜力理解为一种发展的势力或能力,具有进一步向前生长的可能性,才提出了"教育即生长"这个命题。苏霍姆林斯基也曾再三提醒教师们要记住:"人的力量和可能性是不可穷尽的。"① 人的潜在性和可能性使学生具有了可塑性、可教育性、可实现性,是人实现自我的前提和基础,也是教育得以展开的根基。"实现自我"所要实现的正是自我的潜在性和可能性。但人的潜在性和可能性不是固定不变的,而是不断生成的,人的能动性使人还是一种生成性存在,一种能够创造的存在,"自然只是使人走完了一半,另外一半尚待人自身去完成"②。人的本质力量的全部生成,就是人的自我实现。③

然而,按照马克思主义的观点,要想让学生实现自我的潜在性、可能性、生成性,将它们转化为现实,必须通过人的实践活动,而不是像马斯洛所认为的那样仅仅依靠个人"反求诸己"的内在体验。因为实践是一种对象性活动,人作为一种"社会存在物"④,只有在实践活动中,通过与对象——他人、他物,以及观念形态的对象相互作用,才能够把自己现有水平如知识、技能、情感、意志、智力、体力、道德品质等表现出来,"人只有凭借现实的、感性的对象才能表现自己的生命"⑤,"生产劳动给每一个人提供全面发展和表现自己全部的即体力的和脑力的能力的机会"⑥,这里恩格斯所说的"生产劳动"即是实践活动。与动物无意识的本能活动所不同的是,人的实践活动是有意识、有目的、有计划的活动,是一个创造性的辩证过程,它能够使人发挥其作为主体所特有的自主性、能动性和创造性。实践活动不仅使对象发生变化,同时也改变了人自身,使人自身的潜在性、可

---

① 余文森、郑金州:《基础教育课程改革的关键词》,福建教育出版社2005年版,第143页。
② [德] 蓝德曼:《哲学人类学》,彭佳译,贵州人民出版社2006年版,第80页。
③ 岳伟:《促进人的自我实现:一种新的教育目的观》,《南京师大学报》(社会科学版) 2008年第1期。
④ 人民教育出版社教育室编:《马克思恩格斯列宁论教育》,人民教育出版社1993年版,第63页。
⑤ 同上书,第64页。
⑥ 同上书,第99页。

能性、生成性发挥出来。正如马克思所说：当人通过实践"作用于他身外的自然并改变自然时，也就同时改变他自身的自然，使自身的自然中沉睡着的能力发挥出来"①。这一发挥的过程，便是人实现自我的过程。

文本解读便是这样一种实践活动，它让学生在理解、创生文本对象的意义的同时，也把存在于学生精神中的诸多潜在性、可能性呼唤出来，使学生自我得到实现。一方面，文本世界扩展了学生对人类生命的可能性的视野，为学生发挥自我的内在精神潜力提供了具体情境。正如狄尔泰所说：人"对于生命的新的视野以及个人生命的内部转变是有限的。现在，理解为他打开了一个更为广阔的可能性的范围，而这些可能性在他的现实生命中是不存在的"②。在解读中，"无数的思想特征从被阅读的言语中涌现出来"③、生成出来。只有通过文本这个广阔的视域，学生才能开发出自我生命中原不存在的可能性。另一方面，正如一切实践活动都具有目的性一样，理解这种实践活动具有筹划性质。"谁理解，谁就知道按照他自身的可能性去筹划自身"④，筹划"把可能性作为可能性抛到自己面前，让可能性作为可能性来存在"⑤。因而"理解的筹划活动具有造就自身的本己可能性"⑥。学生在理解文本意义的过程中会不自觉地去发掘他自身的可能性并按照这种可能性去筹划、设计、选择自己的未来。然而，学生要把这种自我筹划和设计变为现实，有效实现自我的种种可能性，亦即实现自我，还必须通过对理解的应用，抓住理解的应用性，让文本解读成为一种亚里士多德意义上的实践

---

① 人民教育出版社教育室编：《马克思恩格斯列宁论教育》，人民教育出版社1993年版，第74页。

② [德] 狄尔泰：《对他人及其生命表现的理解》，载洪汉鼎《理解与解释——诠释学经典文选》，东方出版社2001年版，第104页。

③ 同上书，第103页。

④ [德] 加达默尔：《真理与方法：哲学诠释学的基本特征》，洪汉鼎译，上海译文出版社2004年版，第338页。

⑤ [德] 海德格尔：《存在与时间》（修订译本），陈嘉映、王庆节译，生活·读书·新知三联书店1999年版，第169页。

⑥ [德] 海德格尔：《理解和解释》，载洪汉鼎主编《理解与解释——诠释学经典文选》，东方出版社2001年版，第117页。

活动。

学生实现自我的潜在欲求和其必须通过实践活动来达成的特点，以及文本解读这种实践活动自身的特性，是语文文本解读能够让学生实现自我的前提和基础。下面我们将进一步从语文文本自身的特点和理解的应用性这两个方面来阐释语文文本解读能够让学生实现自我的内在机制。

二 语文文本是学生造就、实现自我的脚手架

利科尔在北京大学演讲时有过一个形象的比喻："胡塞尔的思想是一个布满了脚手架的工地。"彭启福先生曾借用利科尔的这种说法，把任何文本都可以看作是一个布满了脚手架的工地，并认为文本的含义和作者的主观精神可以说是作者赋予文本这块工地的脚手架，而文本的意义则是读者依据这些脚手架构筑起来的适用的精神性大厦。[①] 在这里彭先生采用这一比喻很好地说明了文本、作者和读者三方在构筑文本意义中的关系和地位，并强调了读者在这一构筑过程中起着的关键性作用。这为我们认识文本在学生自我教育中所起的作用提供了很好的启示。根据《现代汉语词典》对"脚手架"的解释：为了建筑工人在高处操作而搭的架子。[②] 我们认为文本本身实际上就是一个"脚手架"，它让学生通过它来造就自我、实现自我。

我们知道，自从学校教育成为一种专门的、有组织的育人活动以来，它便与真实具体的生活实践分离开来，成为一种以间接经验为中介来改造人自身主观世界的实践活动，这些间接经验以文字等书写符号的形式记录在文本中，让学生以最经济、最便捷的形式在最短的时间内去进行尽可能多的间接实践，以促进自己的成长。之所以能够如此，是因为文本符号与实际生活实践之间有一种描摹或抽象概括的关系。马克思

[①] 彭启福：《文本诠释中的限度与超越——兼论马克思文本诠释的方法论问题》，《哲学研究》2007年第2期。

[②] 中国社会科学院语言研究所词典编辑室编：《现代汉语词典》，商务印书馆2005年版，第687页。

曾说过，社会活动决不仅仅存在于直接共同的活动这种形式中，在社会性的以这种活动的内容本身为根据并且符合其本性的地方都会出现。①除了直接的实践形式外，文本便是社会生活会出现的主要地方，它是社会生活实践的符号性再现。在教育中，各类教育文本以不同的符号来再现人类的生活实践，如数学用数字和图形、美术用色彩和线条、音乐用音符等，语文文本所运用的主要是语言符号，而且与历史、政治这些同是运用语言符号的文本所不同的是，语文文本的语言大都是形象生动的文学语言，它们有很强的情境性，这种情境性使语文文本成为现实生活的描摹或缩影，为学生提供了虚拟的实践情境，让学生像在真实的情境中一样在头脑之中去"进行"各种实践活动，"经历"各种各样的社会生活，体验各种各样的人生，从而得到思维和想象力、判断力和选择力等的训练，实现自我的内在潜力。比如《在烈日和暴雨下》②一文中有段对祥子在暴雨下拉车的描写：

> 祥子的衣服早已湿透，全身没有一点干松的地方；隔着草帽，他的头发已经全湿。地上的水过了脚面，湿裤子裹住他的腿，上面的雨直砸着他的头和背，横扫着他的脸。他不能抬头，不能睁眼，不能呼吸，不能迈步。他像要立定在水里，不知道哪是路，不晓得前后左右都有什么，只觉得透骨凉的水往身上各处浇。他什么也不知道了，只茫茫地觉得心有点热气，耳边有一片雨声。他要把车放下，但是不知放在哪里好。想跑，水裹住他的腿。他就那么半死半活地，低着头一步一步地往前拽。坐车的仿佛死在了车上，一声不出地任凭车夫在水里挣命。

文中"裹""砸""横扫""拽"等这些词语为读者描摹了一个旧

---

① 人民教育出版社教育室编：《马克思恩格斯列宁论教育》，人民教育出版社1993年版，第62页。

② 洪宗礼主编：《义务教育课程标准实验教科书九年级上册〈语文〉教材》，江苏凤凰教育出版社2009年版，第76页。

社会的人力车夫在水中"挣命"的情境,它像一个脚手架那样摆在学生面前,让能够读懂它的学生不由自主地顺着它去进入祥子所生活的那种情境之中,去体验祥子在暴雨中拉车的痛苦感受,从而产生自己对生活与以往不同的认识和感受。同样地,《背影》为学生描摹了一位胖胖的父亲动作艰难地为儿子爬月台买橘子的情景,它让学生在感动之中将自己内心深处对父母的深情发掘出来;《我的叔叔于勒》再现了一个异域社会的人际场境,让学生进入其中去认识那个特定社会中的伦理道德和价值取向,从而在与现实的比较中形成自己的相关判断;等等。尽管学生有什么样的感受要取决于他自身的前理解以及他能否将自身的前理解和这种情境联系起来,这就属于下面我们即将要谈的理解的应用性问题了;但无论如何,不管学生有没有或有什么样的感受,语文文本起到了脚手架的作用,为学生在文本解读中加工再造自我原有的东西提供了前提和基础。如果没有这样情境化的语言,比如只一句"祥子在烈日和暴雨下拉车"这样的概括化表述,是很难让学生在其中展开联想和想象,去体会与自己处于不同时空中的祥子的生活,并将之与自己当下的生活进行比较的,那也就很难在解读中形成自己的什么感受和体验了。没有感受和体验也就没有自己对外界事物的见解和看法,亦即没有自己的思想,那就不是他自己,而只能是像海德格尔说的那种说着共同话语、只会按照习俗和惯例去生活的"常人"了。另外,语文文本由于其语言多是一些象征与隐喻性语言,所以往往给读者留下许多空白点和未定点让学生去展开充分的联想和想象,越是精微动人、奇妙灵幻的地方,越需要读者积极地调动自己的心理潜能去填补。在填补空白和未定点的过程之中,读者的联想和想象力、反省力等就得到了训练和实现。

但语文文本的情境与实际生活中的情境不同的是,它是经由作者从特定的视角看到的,浸透着作者的情绪、情感。所以克罗齐称之为"由情感统辖着的意象群",王国维称之为"由性情渗透的境界"。① 语

---

① 钱谷融、鲁枢元:《文学心理学》,华东师范大学出版社2003年版,第270页。

文文本的情境是作者基于自己对生活的敏锐感觉,在脑海里形成一幕幕的鲜活的情境画面,然后再将精当的语言运用于它们的结果,它们蕴含着作者自我的丰富情感体验、极强的自我意识和洞察力、欣赏力、判断力等内在精神品质。作者的这些内在精神品质在文本中的实现也为学生拓宽他们的视野、实现他们的可能性提供了脚手架。

三 理解的应用是学生实现自我的内在机制

然而,语文文本这个脚手架只是为学生建构文本的意义并在其中造就、实现自我提供了可能,要想真正把这种可能变为现实,还要靠学生亲自爬上这个脚手架去进行实际操作——即进行对文本的解读这一实践活动。而在解读之中,尤其要抓住的是理解的应用特性。理解的应用是学生造就、实现自我的内在机制。

认为理解具有应用性,这是加达默尔的观点。在他之前的古老的诠释学传统中,应用问题就有着重要的地位,但他们的应用指的是在理解、解释之后的一种行为,是指将理解和解释的结果当做一种必须服从的真理或命令来执行的行为,因而当时以圣经为诠释对象的神学诠释学和以罗马法为诠释对象的法学诠释学都特别强调"应用"这一诠释要素。稍后的浪漫主义诠释学将理解和解释看作一个内在统一体,认为解释是理解的表现形式,但却将应用这一要素放逐到诠释学之外。加达默尔在前两者的基础上,认为不仅理解和解释是内在统一的,应用实际上也是解读这一统一过程中一个不可或缺的组成要素。他说:"如果我们反复思考一下,我们将达到这样一种观点,即在理解中总是有某种这样的事情出现,即把要理解的本文应用于解释者的目前境况。"① 所以他所说的应用在内涵上已不同于古典诠释学那里的应用,即应用"不是理解现象的一个随后的和偶然的成分,而是从一开始就整个地规定了理解活动","不是某个预先给出的普遍东西对某个特殊情况的关系"②,

---

① [德]加达默尔:《真理与方法:哲学诠释学的基本特征》,洪汉鼎译,上海译文出版社2004年版,第399页。

② 同上书,第420页。

亦即"不是把我们自身首先理解的某种所与的普遍东西事后应用于某个具体情况，而是那种对我们来说就是所与本文的普遍东西自身的实际理解"①。也就是说，在加达默尔那里，应用本身就发生在理解过程之中，是理解不可或缺的组成部分，离开了应用就不可能达到真正的理解——应用是理解本身的特性，或者说，理解具有应用性。因为如加达默尔所说："研讨某个流传物的解释者就是试图把这种流传物应用于自身。"而所谓"应用于自身"就是指解释者为了理解某个文本，"他一定不能无视他自己和他自己所处的具体的诠释学境况。如果他想根本理解的话，他必须把本文与这种境况联系起来"②。把文本的内容与解读者自己在解读时所处的具体境况联系起来，从自身的实际境况和问题出发去领会理解和运用文本的内容，而不是将其像作为普遍的"放之四海而皆准"的真理生搬硬套地拿过来执行，这就是加达默尔所说的"理解的应用"之内涵。

理解的应用性表明了理解的真正本质就在于应用，理解是始于应用、为了应用的，指明了文本解读的出发点和目的地是学生自己在当下某个特定时空中的具体境遇和问题，而不是外在于学生自身的客观知识或意义，因为不能被应用于具体境况的知识或意义一般来说总是毫无价值的。学生只有将文本和自身的具体情况与实际问题联系起来，才能爬上文本这个脚手架去构建文本的意义大厦，实现文本意义的创生。"对既有本文的内部结构及其连贯性做一点描述，仅仅重复一下作者说过的话等，还不能算是真正的理解。人们必须使作者的说法重新回到生活中去，……在一切理解中，最主要的问题还是本文的叙述与我们对于有争议的现实的理解之间的意义关系。"③对文本的真正理解必然是基于学生对自己现实境遇的理解，因为学生总是要从自身的前理解出发来理解文本，对自己现实境遇的理解便是对自己"合法前见"或者说正确的

---

① [德]加达默尔：《真理与方法：哲学诠释学的基本特征》，洪汉鼎译，上海译文出版社2004年版，第442页。
② 同上书，第420—421页。
③ [德]伽达默尔：《科学时代的理性》，薛华等译，国际文化出版公司1988年版，第86—87页。

前理解的选择和确定，只有理解了自己的现实境遇判定了自己由文本而引发的前理解才能将之与文本的叙述有机结合起来，进而创造出基于自己前理解的独特的文本意义。文本意义就总是在学生自己的特定境况中以其独特的方式被创造性地修正和补充，没有学生自身境况的这种参与，真正的理解不会发生。在这里，加达默尔意义上的应用使学生达到对文本的真正理解，而真正的理解也必然是基于这种应用的，只有这种应用才能产生真正的理解。以往追寻作者原意或肢解文本审美形式的语文文本解读正是缺少了这种将学生自己境遇和文本联系起来的应用，将学生自我疏离在解读之外，所以真正的理解根本就没有发生，因而也就算不上真正意义上的解读。21世纪初课程改革所颁布的义务教育和高中语文课程标准都特别强调的个性化解读和创造性解读，也必须抓住理解的应用性才能真正实现。理解的应用性使个性化、创造性解读成为可能。

其实加达默尔对理解应用性的认识，正是来自于他的老师海德格尔对亚里士多德思想的应用性理解。加达默尔曾这样回忆说："在海德格尔的讲课中，我们经常切身感触到，我们分不清什么是他说的内容，什么是亚里士多德的思想。这是我们那时已经开始体验到，后来我在理论中证明和表述的绝妙的解释学真理。"① 加达默尔的意思是，海德格尔对亚里士多德思想的解读，没有停留在语义学的分析上面，也没有去片面地追寻作者原意，而是将亚里士多德的思想应用于自身的诠释学处境，促成了对亚里士多德思想的创生。这种创生使亚里士多德的思想不再是外在于海德格尔的东西，而是融进了海德格尔原有的思想之中，成为他生活的一部分。同样地，马克思的思想也是他对黑格尔、费尔巴哈等前人思想的应用性理解的结果；毛泽东思想和邓小平理论又是这两位伟人将马克思的思想创造性地应用到我国当时具体的现实境遇之中的结果。所以说，正是应用，实现了文本意义的创生和理解的价值；正是应用，促成了海德格尔对亚里士多德的思想、马克思对黑格尔、费尔巴哈

---

① ［德］加达默尔：*Philosophical Apprenticeship*，The MIT Press，1985，p.47. 转引自章启群《伽达默尔传》，河北人民出版社1998年版，第75页。

等人的思想以及毛泽东邓小平又对马克思的思想的个性化、创造性理解；也正是理解的应用，使海德格尔、马克思、毛泽东、邓小平造就、实现了他们自己，使他们成为我们所认识的伟人。进而，我们也可以这样毫不夸张地说，只要我们常规的语文文本解读抓住了理解的应用性，经常让学生在应用中去实现个性化解读、创造性解读，谁敢说第二个、第三个海德格尔、马克思、毛泽东、邓小平不会在他们中间产生呢？因为这些伟人们就是在对前人著作文本的创造性解读中成就了他们自己，我们充满无限潜力和可能性的聪明可爱的学生们又怎么不可以在语文文本解读中来造就自我、实现自我呢？只要在理解的应用中实现了真正意义上的解读，一切皆有可能！

那么，我们再进一步追问，在文本解读中理解的应用为何能够如此神奇，它究竟是怎样让解读者造就、实现自我的呢？同时也就是在探讨：理解的应用能够让学生在语文文本解读中造就、实现自我的内在机理是什么？这是一个最为关键、也颇有难度的问题，同时也是最值得我们探讨的问题。我们认为对这个问题的探讨还是要从加达默尔所说的应用的内涵说起。前面说过，加达默尔认为谁要是想理解某个文本就是试图把这个文本应用于自身，而"把文本应用于自身"就是指解读者在理解时必须把文本与他自己和他自己所处的具体的诠释学境况联系起来。文本解读正是在解读者把文本应用于自身的理解过程中让解读者悄然造就、实现了他自己。这是因为，解读者在把文本与他自己和自己所处的具体境况联系起来的过程中，他已经在进行一种亚里士多德意义上的实践活动——以自主判断和自由选择为特征的实践活动，而不是一般意义上的对某种普遍规则、道理或观点的被动听从或执行的实践活动。在这种实践活动中，如加达默尔所说："你必须决定自己将要做什么，为此你就必须达成对自身境况的领会，达成自身对它的理解。"① 也就是说，学生必须自主地去领会文本的内容和自身的具体境况，并对他自

---

① ［美］Palmer. Gadamer, *In Conversation: Reflections And Commentary*, Yale University Press/new Haven & London, 2001, p.79. 转引自彭启福《理解之思——诠释学初论》，安徽人民出版社2005年版，第123页。

己所处的具体境况的多样性和特殊性做出判断和选择,决定自己想要做什么,把自己置身于文本中的情境并找到它与自身实际境况的契合点,从而得到解决自己生存境况中所遇问题的启示。因而这种实践活动需要学生有一种对具体境况中的特殊事物进行判断的能力,需要有一种妥善地处理一般知识和具体境况之间张力的能力,这就是亚里士多德所说的"实践智慧"。亚里士多德说:"实践智慧不只是对普遍东西的知识,它更应当通晓个别事物,因为它的本质是践行,而践行必须与个别事物打交道……"① 所以实践智慧是一种针对个别性的智慧,它所关涉的是每一个实践活动的具体实际情况,根据这种具体情况选择和安排达到目的的手段并作出有关我们对于目的的抉择。而要做到这些,必须具备一种对普遍真理和具体事物进行判断、选择进而整合的能力。这种能力的实现,就落实在像文本解读这样具体的实践活动中。理解的应用性对学生将文本中的普遍真理与个人自身实际境况联系起来的要求,使文本解读成为一种非常适合造就学生实践智慧的实践活动。

"实践智慧"的核心是判断力。张能为先生说:"在理解的实践经验中,不是理解的实践规则,而是具体的实践洞察力成为决定性的东西,因为有了这种实践洞察力,人们才会有对普遍的实践知识或智慧的无限追求。"② 这里所说的实践洞察力也是指以判断力为核心的观察、领略事物的能力。康德认为,所谓"判断力"就是把特殊包含在普遍之下进行思想的能力,它可分为两类:"规定的判断力"和"反思的判断力"。当普遍法则是给定的时候,将特殊归摄于普遍法则之下的判断力就是"规定的",而当特殊的东西是所给予的时候,判断力必须在缺乏概念的情况下为自己找一个借以判断的规律,它就是"反思的"。③ "规定的判断力"是一种认识能力,它并不能让学生有足够的智慧去应

---

① [古希腊]亚里士多德:《尼各马可伦理学》,廖申白译,商务印书馆2003年版,第176—177页。
② 张能为:《理解的实践——伽达默尔实践哲学研究》,人民出版社2002年版,第126页。
③ 张志伟主编:《西方哲学史》,中国人民大学出版社2002年版,第568页。

对千变万化、千差万别的特殊事物。我们过去乃至现在仍存在的好多教师将文本中的某些道理直接作为知识灌输给学生，然后让他们按照这些道理去做事做人，即那种政治思想或道德"教化型"的解读，实际上就只是让学生学会一种"规定的判断力"。要想把知识化为智慧，还需要一种为特殊事物寻找特殊法则，谋求从特殊上升到普遍的判断力，这就是"反思的判断力"。"反思的判断力"才能让学生具有应对自我具体境遇的实践智慧。我们所说的语文文本解读中理解的应用活动就是要通过让学生在每个具体的文本境遇中去反思自身的现实境况，并根据自身的实际作出合乎自己目的要求的判断来训练学生的这种判断力。这种判断力是人之所以成为一个独立的人的基本要求。"在人那里，判断力是主要的力量，是真理和道德的共同源泉。因为只有在判断力上，人才是整个地依赖于他自己的，判断力乃是自由、自主、自足的。"① 但在现实生活中，我们太过于迷信和盲从权威、科技、习俗，囿于各种先入之见，太轻易地放弃了自己独立思考、独立判断的权利，常常出现如胡适先生曾说的"把人家的思想胡里胡涂认作自己的思想"的现象，因而就时常陷入对自身具体境况的困惑与迷惘。我们的教育，正是要通过文本解读所创设的解释学情境来让学生学会判断，并在这种不断的判断中，唤醒学生的自我意识，让他们具备面对自己实际生活的"实践智慧"，使他们的"我思"是真正的"我思"。"判断力是某种绝对学不到的东西，因为没有一种概念的说明能指导规则的应用。"② 判断力必须靠学生自己在具体的实践情境中调动他所有的潜能通过独立的思考去进行不断的判断训练来养成，这是任何他人都不能代替的。这一点当代德国教育家本纳教授也曾谈及过，他认为教育的任务在于培养学生的判断能力和参与能力，而这些能力的养成是在学生亲身经历的经验和思考过程中来实现的。他说："当一个人的生命开始时，我们不知道他将来会从事什么样的活动，因此，必须对所有人施予一个共同的逻辑和教育。

---

① [德]卡西尔：《人论》，甘阳译，上海译文出版社2004年版，第12页。
② [德]加达默尔：《真理与方法：哲学诠释学的基本特征》，洪汉鼎译，上海译文出版社2004年版，第40页。

这种共同的逻辑和教育指向判断力和参与，指向个体生活方式的选择和自由，指向现在和不确定的未来。""借助经验和思考过程是学习者自己必须经历的，他人也不可替代学习者为他制定目的。"① 所以那种只能传授外在于学生的客观知识的灌输式解读是绝对培养不出有智慧的学生的。"唤起学生的求知欲和判断力，以及控制复杂情况的能力，使他们在特殊情况下应用理论知识对前景作出展望——所有这些能力不是靠一条体现在各科目考试中的固定规则所能传授的。"② 只有让学生在思考中才能学会思考，在判断中才能学会判断。只有使语文文本解读成为一种亚里士多德意义上的实践活动，才能给学生提供思考和判断的具体情境，才能让学生在对文本的理解应用中自由地追寻他自己心灵的声音，从而养成自己独立思考、自主判断、自由选择的习惯和能力。

另外，当前语文文本的情境性、时代性、与青少年生活的密切联系性等特点也便于学生在解读中进行理解的应用，使学生将文本情境与自身的实际境况联系起来。在解读中，学生会进入解释学情境去展开联想、想象，对文本进行"在场性体验"，去经历无限丰富的人生境遇，扮演无数不同类型的人生角色：既是表演者又是观察者，既是想象者又是思考者，既是活动者又是评判者。作为表演者和想象者，学生在想象中经历着角色的生活，体验着角色的情感；作为观察者和思考者，学生又审视着、评判着角色的一切，暗中进行着道德、价值、审美上的判断。这无疑扩大了学生的人生视野，使自己有限的生命在时间和空间上得到无限延展，给自己创造了无限想象、比较、选择、判断的机会，使自己在这样虚拟的时空中得到精神的建构、心灵的陶冶、思维的训练、人性的提升，从而极经济、俭省地获得了丰富的人生体验、了解了他人和世界，更了解了自己，从而让自己在更多的生活境遇中学会选择、判

---

① 彭正梅：《教育的自身逻辑——德国教育家本纳教授访谈》，《全球教育展望》2009年第11期。

② ［英］怀特海：《教育的目的》，徐汝州译，生活·读书·新知三联书店2002年版，第10页。

断,学会筹划自己的人生让自己按照自己的本性、向着自己可能的方向去成长发展,从而让自己的潜能发挥出来,成为可能的自己。另外,语文文本尤其是文学文本存在诸多空白点和不定点,这是众所周知的,在解读中学生填补它们的过程,也是一个展开自己的联想和想象力、判断力、选择力等的过程,这诸多能力的展开过程也是一个造就自我的过程。总之,正是理解的应用特性,使它最大限度地整合了自我与世界的关系,最大限度地冲破了个体发展的局限,在客观上为个体提供了更多的可能性,从而更完整地塑造了自我。[①]

我们经常说,教育是一种成"人"活动,它的根本任务是"使人成为人"。那么,什么是真正意义上的人,教育究竟要让学生成为什么样的人?笔者以为,语文文本解读所给予学生的自我思考力、判断力和选择力,给予学生的德性与智慧,足以使他们成为一个真正意义上的独立自主的人,让他们去冲破权威、科技、习俗等种种的支配和控制,去迎战未来人生中的种种不确定性。文本解读照亮学生的成人之路,为他们提供方向和精神力量。学生完全可以在文本解读中实现自己的种种可能性,成为他可能成为的最好的他自己。

本章小结 语文文本解读有一种自我教育品格

自我认识、自我提升与超越和自我造就与实现是自我教育的内在机制。其中,自我认识指主体借助客体对象来寻觅自己、关照自己、反省自己、分析自己,从而得到自我确认和自我肯定,是一种主体由外向内探寻,将对象自我化的过程,它是自我教育的前提和基础;而自我提升与超越是指主体借助客体对象来充实自我、改造自我,使自我成为一个更高更好的自我,它是自我教育的主体内容;自我造就与实现则指主体借助对客体对象的实践活动进一步来实现自我的潜能和可能性,从而成为一个真正独立自主的具有主体性的人,它是自我教育的最终目标。相对于自我认识是主体由外向内的探寻来说,自我提升与超越、自我造就

---

① 李燕:《对话:教育交往的合理阐释》,《济宁师专学报》1998年第12期。

与实现则是主体由内向外的开拓延展。哲学解释学视野下的语文文本解读恰是一个学生的内在自我与以文本形式表现出来的外部世界和他人精神的交互作用过程，在这个过程中体验与反思、视域融合和解释循环、理解的应用使语文文本解读成为一种让学生自己借助文本来反观与认识自我、提升与超越自我和造就与实现自我的过程。由此，我们说，本然的语文文本解读过程就是一个学生在其中进行自我教育的过程，它有一种自我教育的品格。

第四章

自我教育:语文文本解读的应然追求

从前述中我们可以得出这样一个结论:学生在语文文本解读中受到教育主要靠的是内在自我的主体性参与,是学生自己在与文本亲自打交道的过程中,让自我发生了认知与精神的转变、德性与智慧的提升,最终可以通过文本解读来实现自我的本己可能性,成为他可能成为的自己。这是哲学解释学视野下的语文文本解读何以能让学生教育自我的本然机制。但这并不表明学生在文本解读中的自我教育是自然发生的,就不需要教师的作用了,恰恰相反,只有在教师遵循上述规律的前提下,给学生以合理恰当的引导,才会让学生变成一个自觉、成熟的解读者,进而让语文文本解读变成一个学生自我教育的过程。学生的自我教育应该成为语文文本教学解读的追求。本章所要解决的问题是课堂教学中的语文文本解读如何去做才能实现学生的自我教育。与第一章对实然解读的分析相照应,我们基本上还是从语文文本解读的目的、内容、方法这几个维度来展开探讨。

第一节 解读目的:以学生自我发展为鹄的

教育是一种有指向、有目的实践活动,作为整体教育活动之一分子的语文文本解读当然也不例外。米歇尔·德·蒙田说过:"风儿只会帮助驶向港湾的人。"目的为行动定向并规范着行动。规定目的在逻辑上被视为"寻找手段或方法之起点"的前提，缺乏明确定义过的目的，"也就缺乏准确选择合适手段、合适内容和合适教学方法的任何基础"。① 要让语文文本解读变成学生自我教育的过程，首先要探讨它的目的指向问题。

语文文本解读的目的指向不同于一般文本解读的目的指向。一般文本解读活动可以有多种指向，如对作者创作意图的探究或重建，对作品本身包括其人物、所反映的社会环境、写作手法等某些要素的品评与鉴赏等，它们可能是为了研究而解读，也可能是为了提升自我、为了消遣或为了解决问题、为了实用而解读，或者为了其他的目的而解读，而语文文本解读则不同，它不仅仅是文本解读活动，而且还是一种教育教学活动，它必须受一定的教育目的和语文教育目的引导和制约，必须定位在"育人"的价值取向上，指向对学生的教化。所以，以往实然语文文本解读的目的总是受当时的教育目的指引和制约的：新中国成立初期的教育目的是为政治服务，因而语文文本解读的目的便指向了对学生的政治思想教育；新时期的教育目的是为国家发展经济服务，所以语文文本解读的目的指向的是国家经济建设所需人才应具备的基本知识技能，后来在应试教育愈演愈烈的情况下逐渐异化为直接指向应对考试。应该说，这样的解读目的在当时的社会历史条件下有其各自的历史合理性，事实证明，在这样的解读目的指引下各自所形成的一套文本解读体系的确发挥了其所应承担的育人功能，为当时国家的政治或经济建设做出了应有的贡献。但是，在这种文本解读体系一味指向为国家和社会服务、充当服务工具的同时，它也将人（学生）自身当成了工具来培养，其相应的解读内容如归纳主题思想或肢解文本的知识技能点将学生个体自我的丰富性、复杂性、独特性拒之门外，同时其相应的以灌输或训练为主的解读教学方法又将学生的自主能动性扼杀了，所以以往的语文文本解读都给人（学生）造成了不同程度的自我缺失或异化影响，这样可能在短时间之内能够满足国家和社会发展的一时功利之需，但从长远来

---

① ［德］沃尔夫冈·布列钦卡:《教育科学的基本概念：分析、批判和建议》，胡劲松译，华东师范大学出版社2001年版，第134页。

说反而不利于国家和社会的创新与发展，因为国家和社会的发展需要有创造力的个人来推动，而个体的创造力来自于自我身心的全面而自由的发展。所以，21世纪初的新一轮课程改革目标在继续强调教育为国家社会发展服务的同时，将关注的重点转向了对学生个体整体素养的提高，具体到语文新课程目标则强调了学生语文素养的提高和个性的发展，但由于考试制度的依然存在和人们矫枉过正的思维习惯，在实际的语文文本解读中，一方面常态课堂文本解读仍将目的重点指向学生对知识的掌握和技能的提高；另一方面大量的公开课、示范课为了体现新课标精神将解读目的又偏向了对学生人文素养的提高和个性的发展而冷落了学生知识能力的提高，这样的解读目的又使新世纪初的语文文本解读走向了学生过度阐发文本人文内涵、无限衍义的极端，给学生自我造成一定程度的浮躁化、平庸化影响。可见，语文文本解读目的在其各个维度中起着导向标的作用，它直接影响着整个解读活动的进行，更影响着学生自我在解读活动中的发展。可以说，1949年以来语文文本解读中出现的疏离学生自我的偏差很大程度上来自它目的定向的偏差。那么，我们的语文文本解读到底应该以什么样的目的指向来进行才能最大限度地让学生得到发展，让它变成一个学生自我教育的过程呢？

这自然让我们想到了杜威所曾谈及的良好目的和良好的教育目的的标准。在杜威那里，目的所标明的是任何自然过程的结果，这个结果是被意识到的，并成为决定当前的观察和选择行动的方式的一个因素。他认为良好目的的标准是[①]：所确定的目的必须是现有活动的产物，由活动内在地决定而不是从活动外部强加给的；目的必须是灵活的，它必须可以更改以符合活动的要求；目的必须使活动自由开展，或者说必须始终体现出活动的自由，这种自由是由手段与目的的结合与协调来保证的。与此同时，他特别将目的分为内在目的和外部目的两类，内在目的是指在活动内部产生，由活动过程内在地决定，其作用是如同指导活动进行的计划一样使活动可以继续下去，在活动过程中这种目的与手段可

[①] ［美］杜威：《民主主义与教育》，王承绪译，人民教育出版社1990年版，第115—117页。

以互相转换，二者区分只是为了方便，每一目的的实现，又成了下一目的的手段；而外部目的是从活动以外强加给的，具有静止性和固定性，它对于活动过程来说，是僵硬呆板的，是要达到和占有的东西，在外在目的支配下，活动只是获得某种外在于活动的别的东西的手段，活动自身的意义变得无关紧要。在这一理论的基础上，杜威又进一步提出了良好的教育目的应具备的特征[①]：必须建立在受教育者特定的固有活动和需要（包括他的本能、习惯、能力、需要等）的基础上；必须能转化为与受教育者的活动进行合作的方法；必须不是一般的和终极的目的，而是具体的、直接的，因为一般意味着抽象，或者和一些特殊的语境分开，"这种抽象性又意味着遥远而不切实际，这样又使我们返回到把教和学仅仅作为准备达到和它无关的目的的一种手段"。[②] 这些特征还主要是从形式上对良好的教育目的作出了厘定，更为重要的是杜威还赋予了良好的教育目的以实质性的内容："教育即生长"，即教育是为了促进儿童不断的"生长"，儿童的生长本身就是目的，生长的目的内在于生长过程中，生长既是目的，又是手段，具有内在的连续性，这些完全符合上述良好教育目的所具有的形式化特征。我们可以看出杜威的教育目的的形式化特点与实质内容是高度吻合的，二者具有内在的一致性，共同表现出内在性、儿童性和动态性特点。也就是说，杜威认为教育目的应该内在于教育过程之中，在教育过程自身之外没有目的，他反对任何来自教育过程以外的外在目的；这一内在目的是建立在儿童活动和需要基础之上的，让儿童成为整个教育过程的活动者、参与者，强调了儿童在教育中的主体地位；教育是一种持续不断的促进儿童生长的过程，它没有终结，所以教育目的也应该是动态变化的，它不是一种结果，而是使过程持续下去的计划或手段。

应该说，杜威的这一教育目的论是儿童本位的，这与他儿童本位的教育观是一致的，但他并没有无视教育的社会功能，他认为社会是教育的归宿点，教育的最终目的是为民主主义社会培养合格的公民，这可谓

[①] ［美］杜威：《民主主义与教育》，王承绪译，人民教育出版社1990年版，第119—120页。
[②] 同上书，第120—121页。

第四章　自我教育：语文文本解读的应然追求

是教育的"外在目的",但民主的社会制度正是在促进公民生长的基础上才得到合理性辩护的[①],因而在杜威那里,教育的"内在目的"与"外在目的"是有机统一的。这种教育目的观基于的是社会对教育的育人要求与儿童自身成长内在需要的统一。当前,我国社会的发展进入到一个"以人为本"的阶段,基础教育的功能逐渐由以往的为社会政治或经济服务、充当"政治工具"或"经济工具",而转向对"人"本身的重视,转向对学生个体的全面发展的关注,社会对人的要求与人自身自由而全面发展的内在要求逐渐趋向统一。[②] 所以,在这种社会背景和教育背景下,杜威的良好目的的标准和良好教育目的的标准无疑为我们审视以往语文文本解读的目的并确立语文文本解读的应然目的提供了极有价值的参考。

　　首先,我们认为以往语文文本解读的目的——新中国成立初期指向思想政治教化的解读目的和新时期(包括现在实际语文课堂中仍大量存在的)指向知识能力的解读目的基本上都是功利性的外在目的。先说前者。进行思想政治教化本身就是外在于学生需要的,因为可以说没有几个十多岁的少年会从内心里产生对政治的兴趣和需要,依照他们年龄段的内在心理特点和学习、生活阅历等"前理解",他们一般情况下是不会从文本中解读出什么以中心思想的形式来表达的思想政治意义的,而且这样的解读目的对学生的成长与人生很难说有多大的帮助,所以这种解读目的完全是一种外部强加。再说后者。本来获取知识技能是由文本解读内部产生的目的,也是学生成长所必需的东西,而一旦它们被当作为了考试这一目的而追求的东西时,知识技能本身的意义就变了味道,就转变为应付考试的工具,也成了外在于学生自身的外在目的。而且,这两种外部目的都是先在于解读活动自身的,是固定的东西。在

---

　　① Daniel Pekarsky, "Dewey's Conception of Growth Reconsidered", *Educational Theory*, Vol. 40, No. 3, Summer, 1990, p. 284. 转引自夏正江《教育理论哲学基础的反思：关于"人"的问题》,上海教育出版社 2002 年版,第 121 页。

　　② 参见程亮《改革开放以来我国教育价值理念的更新——基于基础教育宏观决策的分析》,《国家教育行政学院学报》2008 年第 11 期；柳海民、娜仁高娃《基础教育改革 30 年：理论创新与实践突破》,《东北大学学报》(哲学社会科学版) 2008 年第 5 期。

这样的外在目的引导下，解读活动本身成了实现它们的手段，"活动自身有没有意义，无关紧要。和目的比较起来，活动只是不得不做的苦事；这是在达到目标之前必须通过的事情，只有目标才是有价值的"。①因而解读活动本身成了一件枯燥的苦事，久而久之变得机械、序化，学生由于在其过程中没有足够的自由和主动权，不仅收获寥寥，而且其人格尊严和个体自我的价值被扼杀，所以不能得到应有的良好发展。

所以，鉴于以往文本解读的外部目的给学生自我带来的不良影响，我们应该参考杜威良好的目的和教育目的之标准来从内部确立语文文本解读的目的。根据前述杜威所认为的内部目的之特点，我们认为语文文本解读的目的指向应该是学生的自我发展。其确立的原因可以从三个方面来阐述：首先，语文文本解读作为语文教育活动的一种子活动，其目的必然从属于语文教育乃至整个教育之目的。有"现代课程理论之父"之誉的拉尔夫·泰勒曾说过："教育是一种改变人的行为方式的过程。这个'行为'是从广义上说的，它既包括外显的行动，也包括思维和感情。"②因而对学习者本身的研究是教育目标的基本来源。几乎所有的教育家和教育研究者都认为，人，每一个个体的人，他的特点和发展是一切教育活动的原点和核心。"对于人的心灵本质及其发展问题的看法，这是一切教育理论家论述教育种种理论问题的基础。教育的问题，归根结底是如何理解和发展人的心灵的问题。古今中外，概莫能外。"③古希腊"三杰"、昆体良、夸美纽斯、卢梭、裴斯泰洛奇、第斯多惠、福禄贝尔等都曾强调过这一点。雅斯贝尔斯也主张"教育是人与人精神相契合的活动"，"教育是人的灵魂的教育"④。小原国芳说："我想把教育的出发点归之于人，回到人"，"如果不承认自我塑造、自我教育、自我创造这种自我发展的人格活动能力，教育则无从成立，多么有名的

---

① [美]杜威：《民主主义与教育》，王承绪译，人民教育出版社1990年版，第117页。
② [美]拉尔夫·泰勒：《课程与教学的基本原理》，施良方译，瞿葆奎校，人民教育出版社1994年版，第3页。
③ 张法琨选编：《古希腊教育论著选》，人民教育出版社1994年版，第10页。
④ [德]雅斯贝尔斯：《什么是教育》，邹进译，生活·读书·新知三联书店1991年版，第2—4页。

第四章　自我教育：语文文本解读的应然追求

教师，多么好的教育方案，下多大的功夫也终归徒劳。"① 苏霍姆林斯基也强调："教育，首先是人学。"英国专门研究教育目的的学者怀特教授曾对教学目的做过调查，结果表明，当今许多教育理论与学生家长及教师们所持的教育观念一样，都肯定以学生为中心的教育目的所占的主导地位。他因此强调："毫不夸张地说，教育工作者和教育学家们只有认为教育应该主要（如果不是全部的话）为学生的利益着想才算得上是明智之举。"② 促进人自身的发展也是当今教育的主题。"教育的最终目的是提高人的综合素质，促进人的个性发展，发挥其创造潜能，把世界建设得更加美好。"③ 1996年4月11日联合国教科文组织"国际21世纪教育委员会"向教科文组织正式提交的报告——《学习：（人类的）内在宝库》中便强调了这一点。④ ……所以，无论是教育还是语文教育，其目的最终都应落在"人"身上，确切地说，是落在人的自我发展身上。那么，语文文本解读的目的也应与之相吻合。其次，这一目的也同时从属于语文文本解读所从属的文本解读之目的。语文文本大多数是文学作品，虽然是经过选编的、具有特殊用途的文学作品，但它们毕竟还是文学作品，所以语文文本解读的目的也应该有和文学解读目的相一致的一面。康德将人看作是"文化的最后目的"，认为文化的构成是为了人的生命存在本身。我们认为文学解读最后的目的也是为"人"，因为文学解读"是生命的直接表达和个人性传达。它不是为了寻求科学的真理，而是为了寻求生命的本源感觉，正视历史生活的真相，通过生命间的比较与感悟来呈现生命的真理"⑤。如果忽视了人的存在，忽视解读自身相对人的意义，那么解读也就找不到价值依托。进一步说，文学解读的目的是为了人类生存的自由与幸福，一方面"为

---

① ［日］小原国芳：《小原国芳教育论著选》上卷，由其民等译，人民教育出版社1993年版，第350页。
② ［英］怀特（White, J.）：《再论教育目的》，李永宏等译，教育科学出版社1997年版，第31页。
③ 张兆林：《非物质文化遗产保护领域社会力量研究》，中国社会科学出版社2017年版，第160页。
④ 万金党：《内容，还是形式？——关于阅读教学的人文思考》，《语文学习》1997年第1期。
⑤ 李咏吟：《解释与真理》，上海译文出版社2004年版，第57页。

了外在世界之理解"(为认知),另一方面"为了内心世界之安宁"(为精神、灵魂)。① "文学艺术就是自由的生命审判,我们在感知艺术中的生命形象,同时也就是在审视自己的人生,我们在对艺术中的生命形象进行价值判断时,也就是对个人的存在意义的真正反思。"② 前面第三章我们所论述的语文文本解读与学生自我教育之间的内在契合也证明了语文文本解读的自我发展指向的合理性和可能性。最后,自我发展是作为解读主体的学生之成长的内在要求。冯契先生说过,自我的塑造是一个过程,自我是在"我思"之中发展起来的,要把自我作为一个过程来看。③ "自我即主体本身经历着由自在而自为的运动。这个由自在而自为的过程,既是精神主体(即心灵)的逐步自觉,也是人的本质力量和个性的逐步解放,以求自由发展。"④ 基础教育阶段,随着学生自我意识的不断增强,寻求自我的发展是每一个学生的内在需求。文本解读自我亲历的内在要求和解读文本即是解读自我的特点恰为学生的自我发展提供了可能和契机。裴娣娜教授曾认为当今世界教育改革的潮流是"学会发展",追求每一个学生的生动、活泼、主动发展。⑤ 笔者认为这种发展主要是学生的自我发展。

应该说,指向自我发展的语文文本解读目的是符合杜威所说的良好的目的和教育目的之标准的。首先,这一目的是建立在语文文本解读活动和学生自我成长的内在要求之基础上的。寻求自我发展,既是学生自我成长的内在要求,也是学生在语文文本解读活动中的目的和追求。同时,解读文本即是解读自我,建构文本意义也就是在建构自我,语文文本解读这一活动的目的和报酬,是让学生自我获得全面而有个性的发展,因而这一目的是内在于语文文本解读的。其次,这一目的是灵活的,它能转化为与受教育者的活动进行合作的方法。根据哲学解释学的

---

① 李咏吟:《解释与真理》,上海译文出版社 2004 年版,第 72 页。
② 同上书,第 205 页。
③ 冯契:《冯契文集(第 1 卷):认识世界和认识自己》,华东师范大学出版社 1996 年版,第 217 页。
④ 同上书,第 383 页。
⑤ 裴娣娜:《对教育观念变革的理性思考》,《教育研究》2001 年第 2 期。

原理，学生能够在文本解读中获得自我教育、自我发展，但这种发展不是一次性的，它没有终结，永远在过程中，每一次解读的结果促进了学生的自我发展，同时这一结果也成为下一次学生解读的"前理解"而会再次促进学生新的自我发展。所以这一目的不是固定的、僵死的，而是灵活的、是不断发展的。最后，这一目的可以使文本解读活动自由开展，或者说能够始终体现出文本解读活动的自由。在哲学解释学意义上，每一文本理解活动都是一个创造的过程，创造性是文本理解的内在特性，因为所有的理解都要依靠学生的前理解来完成，每一学生个体自我的前理解都是独特的、个性化的，不同的学生在同一文本解读中可以得到不同的体现他自己特色的发展。学生在文本解读中的这种自我发展之特性，也为文本解读活动的自由展开提供了前提和方向。自由的解读可以促进学生的自由的个性化的发展，同样，自我发展的目的指向也可以让学生大胆、自由地去解读，而不是像以往那种局限于政治教化或获取知识技能的僵化、固定的解读目的那样限制了学生自由解读的空间。

当前社会要求与教育自身的目的逐渐趋向一致，这为语文文本解读的目的指向学生的自我教育、自我发展提供了现实的可能性。21世纪以来，新课标已经打破了"外部目的"结下的坚冰，使目的"向内转"的文本解读航道开始畅通，将文本解读的目的转向了对学生自我的关注。但由于它对"语文素养"这一课程目标核心概念内涵的表述有些笼统模糊，以致一线的老师们对其具体内涵产生片面理解，在课堂解读教学中要么仍将解读目的局限于语文知识能力，要么就抛开语文抛开文本走向了空洞的人文教化的极端。应该说，新课标的目标指向是科学合理的，我们应该继续朝着这一方向走下去，只是应该对学生的自我发展有一个正确的认识，不能仅仅将其目的局限于语文方面的素养，而应着眼于学生自我的整体、全面的发展，只不过与其他学科不同的是，我们是从语文（语言、文字、文学）的角度去促进学生的全面发展。所以我们应该做的是，如何立足语文，以语言、文字为抓手，让学生通过领悟文本背后的东西去获得自我精神的发展，而不是仅仅局限于抓手本身，当然，更不能抛开语文文本自身而去作架空的教化说教。

前述已经表明了我们的观点：语文文本解读的目的应该指向学生的自我发展。那么，我们还需进一步探讨的是，这种自我发展目的的具体内容是什么，即要发展学生自我的什么，哪些方面？它可以在哪些方面发展学生自我？先从自我的特点说起。根据前面我们的概念界定，自我具有可能性与潜在性，这为自我的发展提供了前提与可能；同时自我还具有完整性，它是一个认知与精神、理性与非理性的统一体，这为语文文本解读发展学生自我指明了方向，即语文文本解读要指向学生自我的全面发展，向着一个完整丰富的人的方向去发展，而不是像以前那样仅仅发展其中的某一方面，这是教育的真谛，也是文本解读作为一种教育活动的最终指向。但语文文本解读所能够提供给学生的发展又不是无限度的，我们只能在其自身的规定性、独特性和可能性之内去探讨它应该在哪些方面去促进学生的自我发展。语文文本解读自身的教学性决定了它首先必须承担发展学生解读语文文本的兴趣、能力和习惯的任务，让学生学会解读、喜欢解读，能够更好地去解读；教学生学会在解读中获取文本信息，以及获得文本"如何传播信息"的言语智慧，并养成适合自己的独特的文本解读态度、习惯和策略方法。这就是说首先要掌握文本解读这个工具本身，让学生自我在文本解读本身的知能方面获得发展，这是语文文本解读必须履行的基本任务。同时，语文文本解读的教育性决定了它还必须在前者的基础上，通过让学生与文本进行深度接触，从中受到真善美的熏陶与感染，形成良好的情感、态度、价值观，获得对自我和世界的客观而独特的认识，进而获得自我的人格个性、精神境界的超越和发展，最终成为具有智慧（包括敏锐的感知力，丰富的情感力，独特的想象力，健康的审美力，准确的理解力和判断力等）与德性（具有人性的良知、正义感和责任心等美好精神品质）的独立自主的自我。

为了更好地达到让语文文本解读促进学生自我的认知与人格精神的全面和谐发展的目的，我们可以借鉴日本自我取向的语文文本解读的做法，即根据不同语文文本的文体特点确定其相应的解读目的，让各类语文文本承担它自己独特的育人功能，即所谓各司其职、各尽其能。"日本的小学语文教学中，文学作为独立的领域与说明文共同构成阅读的两大部分。文学教材的独立,使得文学作品得以充分发挥、运用其独特性,让学生充分享受文学体验,享受文学作品带来的美的感受。这种教育理念,决定到文学作品被选入教材时,不仅要求作品本身在内容上要符合儿童心理,要耐人寻味,能够引起学生的共鸣和讨论,有一定感染力,而且禁止加以删改。在阅读时,注重一时的感受和感动。分析、判断能力、概括段意和中心思想等能力,则被放在说明文教材中训练。"① 这就要改变以往将所有语文文本不加区分地统一对待的状况,不同文本解读相互僭越,越俎代庖,以致所有的文本解读都眉毛胡子一把抓,既无重点又无特色,文本解读教学几乎成了语文课堂教学的代名词,什么都想解决却最终什么也解决不好,耗时多而收效低,尤为严重的是影响到学生自我的全面而有个性的发展。这一点,王荣生先生在他的博士学位论文中对语文教材选文所作的四类区分②(定篇、例文、样本、用件)为我们提供了很好的参考,我们可以将"定篇"这样的经典文学文本的解读目的重点指向学生自我人格个性的养成和精神境界的提升;将其他三类文本的解读目的重点指向学生自我文本解读能力的提升和认知视野的拓展。

另外,不同学段的语文文本解读目的应该在具体内容的侧重点上有个梯度变化。从整体上说,从小学到高中,应该由以提高学生的语言运用能力、文本解读能力、拓展认知为重心逐渐转向以提升学生的人格个性和精神境界为重心,因为解读能力和相应的认知视野是更好地从文本解读中获得人格个性和精神境界提升的基础,前一目的如若没有很好地实现,后一目的也就不能很好地达成甚至无从谈起。顾明远先生曾在上海召开的教学研讨会上指出过,对于语文的工具性和人文性,不同年龄段应侧重于不同方面:小学要更多地重视语文的工具性,中学要在继续重视语文工具性的同时,将重点转向对语文文化内涵的理解。③ 也是强

---

① 付宜红:《日本语文教育研究》,北京师范大学出版社2003年版,第190页。
② 参见王荣生《语文科课程论建构》,博士学位论文,华东师范大学,2003年,第8章。
③ 宋晓梦:《中国教育学会会长顾明远:中小学应分别侧重语文的人文性和工具性》,《光明日报》2009年8月25日第6版。

调了这种梯度性。就这两种目的分别来说，各自在不同学段也应该注意其发展的梯度和循序渐进性。其中前一目的可以按照文本组合元素从小到大的顺序，即按照字、词、句、段、篇的顺序来依次进行，同时中间伴随习惯、态度、方法、策略的梯度养成；后一目的可以按照从培养学生的自我意识到个性意识、个性和主体意识、主体性的梯度来发展学生自我的人格个性。

相应地，为了更好地发展学生自我，在具体的课堂文本解读教学中，目标的表现形式也应该以生成性目标、表现性目标为主来取代以往的行为目标为主，以此来体现对人的主体价值和个性解放的不懈追求。

第二节 解读内容：以学生自主建构文本意义为中心

正如一个系统要想高效运作必须其内部各组成要素都能发挥它自身的功能，或者一台机器要想正常工作必须它的每个零件都能正常工作一样，语文文本解读要想充分发挥它特定的育人功能，必须形成特定的解读体系，它的各组成要素必须都保持协调一致，这是系统论告诉我们的道理，也是语文文本解读的历史给我们留下的启示。当前社会对人的要求和教育自身的使命促使语文文本解读教学必须以促进人的自我发展为目的，文本解读自身的内在机制为实现这一目的提供了前提可能。接下来需要我们探讨的便是在课堂文本解读中应该以什么样的解读内容和方法过程来进行，才能形成一个能够实现学生自我教育、自我发展的解读体系。先来探讨解读内容。解读内容指从文本中解读什么，它是实现解读目的的抓手或凭借，是语文课堂中文本解读活动所展开的内容的主体。语文文本解读究竟能否促进学生的自我教育、自我发展，很大程度上取决于其解读内容是否为学生的自我发展提供了抓手或平台。

对学生自我产生什么教育影响，解读内容是非常关键的因素。回顾以往的语文文本解读内容，它们都是在特定的解读目的导向下孕育形成的，都在一定程度上影响着学生的自我发展。新中国成立初期以概括中心思想或追寻作者原意为解读内容，它在方便于当时利用文本解读来实现思想政治教化的教育目的的同时,却将学生疏离在文本原本丰富的意蕴之外,就好比剥夺了学生亲自观看一场精彩电影的机会而只让他们了解了电影简介一样,它让学生的心灵变得狭窄单一;而新时期肢解文本形式的解读内容,看起来好像是让学生接触了文本,但却让学生远离了文本的整体意义,为了进行知识技能的训练而进行的条分缕析的拆解扼杀了学生的想象力和对文字本身敏锐的感悟力,它可能让学生掌握了世界上最精美的语言,但学生却不知道去表达什么和怎么去表达有价值的东西——因为这种解读让僵死的知识技能塞满了学生的头脑,让他人的意志控制了学生的思想,给学生带来了思想的贫瘠和精神家园的荒芜;新世纪初过度阐发文本人文内涵的解读内容,却由于走了极端将学生的主体性绝对化而让本来可以促进学生自我发展的文本人文内涵解读失去了它应有的功能。可以说,以往的文本解读内容大都将学生与文本的整体意义或深层意义疏离开来了,因而不能很好地促进学生的自我发展。

那么,怎样的解读内容才能更好地促进学生的自我教育、自我发展呢?这要从语文文本解读之所以能够促进自我教育、自我发展的根源谈起。根据马克思主义的实践观,人是一种实践性的存在,实践是人的基本存在方式,人只有在自己的实践活动中通过有目的地与客体"打交道"才能促进人自身的发展。所以马克思曾说:"个人怎样表现自己的生活,他们自己也就怎样。"[1] 因而有学者从这一原理出发,提出教育原本是一种人之自我建构和发展的实践活动,"教育的过程,不仅是,甚至主要不是对受教育者施加外部影响的过程,而是一个受教育者在教育者的指引下不断建构他自身心智结构的过程"[2]。所以,语文文本解读作为一种教育实践活动,它只有让学生在其中亲自与文本"打交道",从中建构生成带有他自己心智活动印迹的东西才能促进学生自我的发展。也就是说,语文文本解读必须让学生做解读的主体,或者说做解读行为的承担者,亲历文本意义的生成过程,才能促进学生自我的发

---

[1] 人民教育出版社教育室编:《马克思恩格斯列宁论教育》,人民教育出版社1993年版,第66页。
[2] 鲁洁:《教育:人之自我建构的实践活动》,《教育研究》1998年第9期。

展。因而，我们需要改变以往对解读内容的预设的、确定的认识，而将其看作是学生在与文本打交道的过程中自主建构生成的动态的意义，它是学生从自我已有的经验（即哲学解释学中的"前理解"）出发对文本内容的加工和重组，带有个人特色。也就是说，我们认为语文文本解读要想实现它促进学生自我教育、自我发展的目的，需要将学生自主建构文本意义作为解读内容。

这里非常有必要首先对"意义"一词作出自己的界定和解释，因为它是一个内涵非常丰富的词语，不同的人不同的语境可以对它作出不同的解释。难怪列·维斯特劳斯曾在《神话与意义》一书中写道："在语义学里，有一件非常奇怪的事，那就是在整个语言里，对'意义'这个词，你要找出它的意义恐怕是最难的了。"美国学者奥格登和瑞卡兹曾写了一本书叫《意义的意义》，书中专门列举了人们实际在不同的意义上使用着的"意义"一词竟然有20多种。① 早期维特根斯坦作为逻辑原子论者，倾向于认为语词的意义就是它所指称的对象；而后期当他转向语言哲学观的时候，则认为一个语词的意义就是它在语言中的相对用法②。胡塞尔认为，普遍意义就是意向活动的结果，意义存在于行动的体验中，行为的意向本质能赋予表达以意义，故所谓意义就是表达式的意义。海德格尔则认为"意义就是世界本身向之展开的东西"③。"意义就是某某东西的可领悟性的栖身之所。在领会着的展开活动中可以勾连的东西，我们称之为意义。"④ 赫施作为美国解释学的代表人物之一强调意义的客观确定性，他认为意义是为一部作品展示出来的东西。它是作者通过运用一种特殊的符号系统所表达的含义。……《MIT认知科学百科全书》将一种表述的意义界定为"决定着说话者在使用这一表述时要言说的东西的特征"，是"说话者运用一种表述时的交流

---

① 秦光涛：《意义世界》，吉林教育出版社1998年版，第63页。
② ［英］维特根斯坦：《哲学研究》，汤潮、范光棣译，生活·读书·新知三联书店1992年版，第31页。
③ ［德］海德格尔：《存在与时间》，陈嘉映、王庆节译，生活·读书·新知三联书店1987年版，第175页。
④ 同上书，第185页。

意图",是"与其形式相对的东西",这里讲的是一种表述的意义,因此"对意义的讨论都要区分说话者的意义和语言的意义"①。《现代汉语词典》中对意义的解释是:1. 语言文字或其他信号所表示的内容。2. 价值、作用。② 这是从语言自身和说话者的两个角度来解释的,是意义的最常见的含义。可见,意义之所以有那么多的定义,关键是定义者所持的出发点和立场之不同。由于语文文本解读是一种对象性实践活动,它涉及的是解读者与文本之间的关系,所以我们在综合以上的基础上主要从主体和客体之关系的角度来界定"意义"一词:所谓意义,就是对人有所意谓的客体对主体的精神活动的一种指向,这种指向只有在人的理解中才能显现出来③,并对人的精神产生价值和作用。这里的意谓是说客体总要通过它的自身存在表达某种不同于它的自身存在的东西,比如"羊"字,可以意谓着羊那种动物;雪地上的一串足印,可意谓着有人经过了那里。这些事物所意谓的东西与它们本身的存在并不相同,人可以从它们的本身存在中理解到它们所意谓的东西。这种意谓实质上就是客体对主体精神活动的一种指向,它使人从这种指向的角度去理解眼前的客体,寻求对客体的认知和其对自身的价值。离开主体的精神活动,这种指向便无由对人发生作用。同时,只要存在主体的精神活动,精神便总要去追寻这种指向,亦即追寻它对人自身的价值、作用。所以,意义的存在只能在人的理解这种精神活动中显现,意义的作用,只能通过理解活动才能产生,意义本身也就是理解活动的对象和内容,理解也只有通过意义的追求才能完成。这种界定,强调了理解活动对意义的决定作用,突出了人在意义的显现过程中的主体地位和自主能动性,同时也规定了客体的指向是人在决定意义过程中的边界。它表明了意义既不是完全来自主体一方,也不是客体原本就有的,而是产生于主体对客体的理解活动中,理解活动是促使意义产生的关键,意义是联接

---

① Robert A. Wilson, Frank C. Keil 主编:《MIT 认知科学百科全书》,上海外语教育出版社 1999 年版,第 13 页。

② 中国社会科学院语言研究所词典编辑室编:《现代汉语词典》,商务印书馆 2005 年版,第 1618 页。

③ 秦光涛:《意义世界》,吉林教育出版社 1998 年版,第 69 页。

主体与客体的纽带。因而将意义作为语文文本解读的内容，便将读者与文本联系在了一起，改变了以往二者疏离的状况。关键的是这里读者的所指，语文文本解读要想促进学生自我的发展，必须让学生真正做理解活动的主体，做真正的解读者，让他们亲自按照文本的指向去亲历理解活动，而不是由教师来越俎代庖，这是我们必须反复强调的。

那么，还有一个关键问题是，文本的意义仅是一种指向，它何以在学生的理解活动中显现出来？它是自显的吗？当然不是，哲学解释学就专门探讨了这个问题。前面一章已对此作了具体探阐述，即学生的理解得以完成意义得以产生所依赖的是他的前理解，即他头脑中已经拥有的东西如经验、知识结构、思维习惯、情感态度价值观等。所以任何意义的解读都需要读者从自身的前理解出发对文本进行意义的建构，文本意义是读者结合自己的前理解按照文本的指向进行生成建构的结果。近年来在教育理念中颇具影响力的建构主义也强调了学习不是被动地接受外在信息的过程，而是一个积极主动的建构过程，教学时必须让学生建构起自己的意义，这里的意义就是学生以自己原有的经验系统为基础经过对文本等学习客体进行理解、加工、改造、重组等建构活动的结果。因而在建构主义影响下的理解活动具有建构的特征，认为阅读是读者的原有知识和文章的信息相互作用而建构文章的意义模式。[①] 只有经过学生自主建构的知识，才能成为学生自己知识结构的一部分，使学生的认知得到拓展；只有经过学生自主理解和建构的文本意义，才能内化为学生自我的精神品质。语文文本解读只有成为这样一个让学生自主建构文本意义的学习过程，才能更好地促进学生自我的发展。这是因为，意义的生成建构、创造发展过程，也就是人的主体性、主体立场不断生成和发展的过程，建构意义的同时就是在建构学生自我。只有在自主建构文本意义的过程中，学生自我才能作为主体展开如前所述的体验、反思、与文本的视域融合、应用等理解活动，也只有在这样的实践活动中，学生才能作为主体来反观、认识自我，提升、超越自我，最终造就、实现自

---

① 倪文锦、谢锡金主编：《新编语文课程与教学论》，华东师范大学出版社2006年版，第161页。

我，使自我成为一个得到了发展的新的自我。

很显然，我们这里的意义不同于以往文本解读中所指的课文"意义"。以往面对一篇课文文本，我们往往要对其进行归纳"主题思想"或"作者意图"，解读课文的过程就成为复原作者原意的过程，并以所归纳的结果为满足，认为这就是课文意义（事实上常称"思想意义"）。这其实是对课文尤其是文学课文意义的一种误解。错误之处在于它"把文学看作是一种哲学的形式，一种包裹在形式中的思想"，认为文学只是用形象来表达思想，它与其他文体的不同只在于手段和方法，而不在于内容。因而像对待其他应用文体一样通过概念演绎与逻辑综合去获取其意义，往往造成了意义分析的单一化、教条化、图解化和功利化，似乎是找到了意义，而实际上则可能是"假意义"或"伪意义"，或者只能理解作品的表面意义而不能深入作品的内部，陷入了理解作品意义的误区。实际上，"意义"并不等同于"主题思想"，更不是"作者意图"。"主题只是作品的意义核心"[①]，而人们对文学作品的理解和欣赏并不局限于它的意义核心，而是力图体验、感受、认识、理解作品的多种具体的意义。"作者意图"只是揭示作品意义的重要依据，根据英美"新批评"的观点，如果从作者意图来获取作品意义的话，那是一种分析作品中的"意图谬误"，其结果是不能得到作品的真实意义。马克思也早就指出"意图"的不可靠，他说："对于一个著作家来说，把某个作者实际上提供的东西与只是他自认为提供的东西区分开来，是十分必要的。"[②] 因为作者想表现的是一回事，而是否表现了又是一回事，而且事实上往往是"形象大于思维"。如李商隐《无题·相见时难别亦难》中的两句："春蚕到死丝方尽，蜡炬成灰泪始干"，最初作者是用来表达恋人之间的相思之情的，后来却常被人们借以表达对某种奉献精神的赞美。我们所说的意义与以往解读中的课文意义不同之处主要在于它是一种存在论思维下的解读内容，将学生与文本融合在了一起，这样才能促进学生内在自我的发展，而以往的所谓课文意义或思想意义

---

① 王纪人：《文艺学与语文教育》，上海教育出版社1995年版，第65页。
② 参见王纪人主编《文艺学与语文教育》，上海教育出版社1995年版，第75页。

是二元思维下的产物，它不仅将学生自我与文本丰富的意蕴隔离开来，更重要的是它也将人自身的能动性和丰富性扼杀了。

而且，这里的意义也不等同于新课标中所说的文本意义。新课标中仅强调了"阅读文学作品的过程，是发现和建构作品意义的过程"。[①] 而对论述类、实用类等文章文本的阅读则没有强调学生的自主建构，而是强调了教师对相应阅读内容和策略的引导。看来它认为只有文学文本的解读才需要强调对文本意义的建构。所以，它所指的文本意义在外延上要小于我们所说的意义，仅仅指文学文本中超出字面意义之外的意蕴、意味。而我们所说的意义指向的是所有"有所意谓的客体"，或者说指向的是所有某个不同于自身的客观事物，是这一客体"对主体的精神活动的一种指向"。所以，不仅仅文学文本有这种指向，文章类文本同样也有这种对主体精神活动的指向，即文章类文本也有这种具有意向性的意义，它的意义的显现或实现也同样依赖于人的理解活动。而根据哲学解释学和建构主义的观点，凡是理解都具有建构的特征，故我们认为，不仅文学文本的解读是在建构文本的意义，文章类文本的解读也是在建构文本的意义，让学生自主建构文本的意义不仅是文学文本解读的中心内容，也应该是文章类文本解读的中心内容。但要明确的是，在具体的文本解读教学中，其教学内容不仅包括让学生建构文本意义本身，还应该包括关于如何建构的策略、方法、态度等，不过所有的活动都是围绕着让学生建构和学会建构文本意义展开的，所以我们说，学生自主建构文本意义是走向自我发展的语文文本解读的中心内容，意义之外没有解读。新课标对文章类文本的解读没有明确指出这一点，很容易给人造成一种误解，就是文学文本的解读需要重视学生对文本意义的建构，让学生自己做解读的主人，发挥其主体地位，发展其情感、态度、价值观等个性人格方面的素养，而非文学文本还是像原来那样注重解读技能的训练，主要由教师来教给他们解读的方法，学生主要还是被训练者，这样就会又回到原来的老路上去，剥夺了学生在文章类解读中的主

[①] 中华人民共和国教育部制订：《普通高中语文课程标准（实验）》，人民教育出版社2003年版，第16页。

体地位，就不能最大限度地促进他们的自我发展。

当然，由于文本本身特点的不同，同样是建构文本意义，文学类文本和文章类文本的解读内容有着很大的区别，二者所建构的意义层面不同，对学生自我发展的影响也各有侧重。我们先借用波兰现代现象学美学家英伽登的作品层面理论来分析文学文本意义的建构。英伽登曾把文学作品在结构上分为四个基本层次：1. 字音层；2. 意义单位；3. 图式化方面；4. 被再现客体。并认为在这四个基本层次之外，文学作品还有一种形而上品质（metaphysical qualities）——它是我们从文学作品中感受到的一种气氛、情调或特征，如崇高、神圣、悲壮、恐惧、震惊、哀婉、凄凉等，"揭示了生命和存在的［更深的意义］，进一步说，它们自身构成了那常常被隐藏的意义"[①]。我们把它称为第五层。文学作品是由这样五个层面所构成的多层独立、层层相依，具有复调效果[②]的审美客体。而不是像过去那样人们认为只有从形式到内容一种结构。如果说前四个层面表现的是"在场"的"画意"，它重在向人传达信息，使读者借助想象通过语言以及对语言"空白点""不定点"的填充，看到的是艺术形象；那么，第五个层面代表的则是"不在场"的"乐意"，也就是文学作品的内在含义和象征意蕴，是信息背后蕴含的思想、情感、意义和韵味。黑格尔曾说："意蕴总是比直接显现的形象更为深远的一种东西。"它使得作品意义超越了具像自身，上升为一种新的精神境界，是作品的内在生命，它才是对读者的精神品质提升产生最大价值的东西。一切文学艺术都是画意和乐意的统一。解读文学文本，如果建构的意义仅停留在对作品画意的关注，那就辜负了对文学作品的解读，收获的只能是浅层认知的东西，而深层的"真理"却"空空如也"（海德格尔语），所以最为重要的应是去关注文中那些"不在场"的乐意。当然，英伽登所说的各层面结构都是作品的意向性意义或

[①] 胡经之、王岳川主编：《文艺学美学方法论》，北京大学出版社1994年版，第285页。

[②] 注：所谓"复调效果"，即是指文学作品产生的效果是一种由多层在一起形成的合声，或者说，一种整体效果。参见胡经之、王岳川主编《文艺学美学方法论》，北京大学出版社1994年版，第286页。

"潜在意义","前理解"不同的读者在解读中会关注不同的层面,相应地就会建构不同层次的意义,得到不同程度、不同层次的精神提升。以往语文教学中的文学文本解读,常常仅满足于艺术形象的分析,甚至仅满足于获知文本的表层信息,因而造成了解读的浅表化、程式化、僵死化、让学生失去兴趣等不良后果,严重折损了文学文本的教育价值,不能使学生自我从中得到应有的发展。同时,文学作品的乐意是建立在画意基础之上的,只有充分了解、感受到画意,才能体悟到蕴藏于其背后的乐意,或者说,只有立足于作品文本的语言和基本意义,才能解读到其深层意义。新课改之后的好多课堂文学文本解读,由于过分突出了学生的主观能动性,出现了无视文本客体对学生主体解读活动的指向、脱离文本基本意义而过度生发或无限拔高其人文意义的极端现象,也同样背离了建构"意义"的真正含义。

而文章文本由于其语言符号的能指与所指的含义具有相对的稳定性,加之其语言组织和结构安排的逻辑性,使其意义具有趋中心化、单一化特点,而不像文学文本的意义结构那样是多层面的。但它毕竟是作者的精神产物,其文字符号相对于读者来说是一种外部语言,它的意义也具有意向性,对读者的理解活动也有着一种指向、规定,比如它要求读者按照它自身的体式特点去理解等。所以,解读者要理解文章的意义必须按照它自身的指向规定性把外部语言转化为自己的内部语言,把他人的思想转变成自己的观点,如朱熹所说"使其言皆若出自吾之口,使其意皆若出于吾之心"。而这种转化并非被动地原封不动地照搬,而是在解读者通过自己的判断、推理、分析、综合、比较、想象、联想等复杂的思维活动,让自己原有的知识结构与文章信息相互作用下完成的,这实际上就是一种建构意义的心智活动,但此处所建构的意义实际上还仅仅是一种对文本内容的"理解"。以往的文章文本解读大都停留在这个层面,有的甚至还不能达到这个层面,认为文章文本就是客观中立的"无情物",仅仅将其解读当作一种获知文本信息、学习语言、文体知识和文体阅读方法、技能的手段,基本上没有个人情感价值方面的参与,这种解读最多只能促进学生自我认知方面的发展,有的甚至只能让学生收获一些外在的信息或静态的知识,很难谈得上能够对学生自我的发展有什么实质性的帮助。在此,我们可以借鉴罗杰斯的意义学习理论。罗杰斯立足于他的人本主义教育思想,从一个完整的有着情绪、情感体验和不同知觉特点的个体的人的角度出发,提出了旨在促进人的身心全面发展和自我实现的意义学习理论。这种理论认为学习具有个人参与的性质、学习是自我发起的、是由学生自我评价的,尤其强调了学习是学习者自我的认知结构和情感结构的共同参与,他认为这样的学习不仅会带来学生自我知识的增长和经验的丰富,而且还会使学生的行为、态度乃至个性都发生变化,这样的学习才是有意义、有价值的。这启示我们,即便是文章文本的解读也应该是学生认知与情感态度的共同参与过程,但这种情感不像文学文本解读那样是来自文本的熏陶感染,而主要是一种来自学生自身的对待文本和解读的情感态度,即学生应该以一种积极主动的情感态度去参与解读,在解读的过程中既要在老师的指导下积极地反思自己已有的知识经验并使之与文本内容发生视域融合,同时还要积极地思考理解文本内容的思维操作过程,更要对自我的思维活动有一种自觉意识和自我监控能力。这样,文章文本解读所建构的意义不仅包括了对文本内容的理解,还包括了对理解策略(比如对不同文体的文章解读应该运用不同的方法等)和理解过程本身的理解。在这样的意义建构过程中,学生不仅拓展了认知,提高了文本解读能力,还能形成自己独特的思维风格和思维习惯,进而形成自己认识、分析事物的个性和对待事物的情感态度,实际上也就是在理性认识方面形成了新的自我。

　　一切理解都是自我理解,建构意义也就是在建构自我。所以,文学文本解读所建构的意义主要是一种关乎人生价值的意义,它为学生的人生定向,让学生的人生更加丰盈多彩,从而成为一个富有德性的感性自我;而文章文本解读中所建构的意义主要是一种关乎人生事理、策略的意义,它为学生提供生存所必需的文本解读能力和分析事物的理性思维能力,让学生成为一个富有智慧的理性自我。它们都是学生自我全面而有个性的发展所不可或缺的。

关于文本解读以让学生自主建构意义为中心这一主张,首先是出于笔者自己对语文教育的经验和感悟。笔者曾在中学做过十年的语文教师,深切体会到只有引领学生走进文本,让他们自己在文本浩瀚的意义海洋中自由地畅游,全身心地舒展在文本之中,才会让他们感受到语文之美、语文之深、语文之灵,才会让他们喜欢语文、爱上语文,才会让他们有一种"有困难,找语文",借语文文本解读来解脱自我心中的困惑谜团、来树立自我的理想与价值、来让漂泊不定的心灵找到宁静的安放之所的内在欲求与愿望。因为人生就是在追求意义之中展开,失去了意义感的人生就如没有风帆的航船,让人找不到方向与价值。而那种只注重文本的语言、结构形式,追求知识与技能的文本解读,只会扼杀语文的灵性,而让学生感觉到语文的无趣与无奈。同时,这种主张可以说也是国内外阅读界的共识。美国学者埃迪·C.肯尼迪认为,尽管迄今为止对于阅读和阅读过程的解释,没有一个可被普遍接受的定义,但在众多的公开发表的见解中有一个共同的核心,那就是都在探求人们如何从印刷文字或其他符号中获得意义。[①] 因此,理解意义成为美国文本解读的核心内容。日本"教育科学研究会国语部会"认为阅读是人类的认识活动,是通过认知和理解日语作品来提高认识;阅读不是为了读懂语言本身,而是为了理解包含在语言中的思想感情。[②] 日本教育家小原国芳曾强调:"国语教学不只是简单的文字或字母用法和段落句读的问题,除此之外,更重要的是内容问题。国语不是训诂之学,而是活思想问题,是川流不息的生命。"[③] 利科尔也说:"解释是思想的工作,它在于在明显的意义里解读隐蔽的意义,在于展开暗含在文字意义中的意义层次。"[④] 所以,"理解和解释的任务显然不是重构或复制原来的思想,而是阐明和揭示具有真理性的思想。"[⑤] "意义阅读是阅读价值的永

[①] 曾祥芹、韩雪屏:《国外阅读研究》,大象出版社1992年版,第29页。
[②] 闫苹、周鸯主:《语文比较教育》,广西教育出版社2006年版,第219页。
[③] [日]小原国芳:《小原国芳教育论著选》下卷,刘剑桥等译,人民教育出版社1993年版,第109页。
[④] 洪汉鼎:《理解与解释——诠释学经典文选》,东方出版社2001年版,第256页。
[⑤] 同上书,第218页。

恒取向。"① 因为阅读生活实践告诉我们，绝大多数人的阅读需求价值，除了少数从创作需要出发而去开展阅读的人会比较关注文本的形式、言辞之外，文本解读的基本需求取向是获取信息和陶冶心性。日本文艺理论家桑原武夫曾于1964年和1965年两年间，曾就文艺的价值问题向社会各阶层作过广泛调查。他调查的题目是："诸位在阅读文学作品之际，是怎样的必要条件得到满足的情况下，你们在认为这部作品有价值呢？"这实际上就是问人们在阅读文学作品时，希望从中得到的是什么，或者说，是在调查读者潜在的阅读动机。调查结果表明：在诸多欣赏动机中，认识社会和人生的动机最为强烈、突出；在文艺所具有的诸多价值中，反映或表现社会和人生的价值最引人注目。② 另外，前文所述中国古代和国外好多语文文本解读的做法也证明了这种观点的普遍性。

　　解读文本就是一种认识存在和做人的本质的途径，是人类自我理解的原生状态，建构文本意义就是在建构自我。正如阐释学关注的并非阐释学本身，而更多关注的是人生的意义问题，以及怎样用某种使生活得以延续下去的方式来解释人生一样，语文文本解读关注的并不是语文文本本身，而关注的是作为解读者的学生，关注的是学生怎样从文本解读这一活动中认识自我、提升自我进而实现自我。语文文本解读固然要让学生从中学习语言知识和解读技能，但培养学生丰富善感的心灵、高贵上好的人性和智慧的头脑永远比知识技能的获得重要得多，更何况建构文本的意义与在其中获得知识技能并不矛盾。只是任何时候都不能将主次颠倒、重心偏离。否则，如果只重视知识技能而忽略了意义，那就会让学生自我变得平庸和乏味，就会如怀特海曾批判的那样"理解所有关于太阳的知识"，但却"看不到日落的光辉"③。

---

① 胡绪阳：《语文德性论》，博士学位论文，湖南师范大学，2006年，第228页。
② 参见钱谷融、鲁枢元《文学心理学》，华东师范大学出版社2003年版，第370页。
③ [美] 小威廉姆 E. 多尔：《后现代课程观》，王宏宇译，教育科学出版社2000年版，第211页。

第三节 解读方法:哲学解释学解读法与师生对话结合

　　由于语文文本解读是一种教育、教学活动,所以谈到它的方法总是涉及两方面的方法,一是单纯解读文本的方法,二是文本解读教学的方法,这两方面总是协调一致的。而一定的文本解读内容也总是一定的解读方法的体现。前述我们主张以学生自主建构意义为中心的解读内容,实际上就是受到了哲学解释学方法论的支撑。强调理解的历史性,认为读者的前理解是理解得以发生的条件;强调理解就是对文本意义的探究、创生,文本的意义既不是来自文本作者或文本本身,也不是来自于读者自身,而是来自于读者与文本双方的视域融合,理解的过程就是视域融合的过程,这便是哲学解释学方法论的要义。哲学解释学第一次将文本意义确立的主动权由以往的作者转向了读者,看到了读者在文本意义生成中的能动地位,这是对读者人的地位的高扬和对作者权威决定意义论的反拨。但它并没有走向偏向读者一方的极端(尽管有好多人误认为有这种倾向),"视域融合"这一核心概念表明了它对读者意义决定权的设界。同时,视域融合的过程又被伽达默尔看作是发生在读者与文本之间的"对话"过程,"对话"的平等内涵指明了解读者必须与文本平等"打交道"才能从中得到应有的发展,仰视文本把它奉若神明或无视文本读者随意主观生发都不能实现读者的发展。这种解读法与以往语文文本解读实际运用的社会学、文章学、语义学和接受美学、解构主义解读法相比,更符合教育传承文明、发展文明、发展人自身的使命,因为那些方法要么无视人的存在,要么将人的主体地位无限拔高,都不适合作为语文教育中文本解读的核心方法。此外,哲学解释学中的体验、反思、解释循环、应用等概念、方法都强调了解读者自我在整个解读过程中的亲历性和能动性,它们共同使文本解读的过程成为解读者自我教育的过程。这些都为语文课堂教学中的文本解读提供了可供依循的方法论。由于前面我们已经详尽阐述了这种方法论是如何让

第四章 自我教育:语文文本解读的应然追求

学生进行自我教育、获得自我发展的,故此处就不再赘述。下面需要我们详尽探讨的是在语文课堂文本解读教学中应该运用什么样的教学方法,才能遵循这一文本解读方法论去实现促进学生自我发展的解读目的。

据前所述,以往不同时期的课堂文本解读教学分别主要运用了教师教授(灌输)、师导生练和学生信马由缰地讨论发言这些教学方法。很明显,教师越俎代庖或对学生放任不管,这些教学方法已不能再融入以发展学生自我为目的的语文文本解读体系,因为它们都将学生自我与文本疏离开来了。而根据哲学解释学原理,要让语文文本解读成为一个让学生自我教育、自我发展的过程,必须让学生与文本进行"亲密接触",意向性地走进文本并与文本展开深度对话,发生深层次的视域融合。而由于学生是不成熟的读者,他们的深度解读需要教师给予引导、促进。所以,教师在语文课堂文本解读中所要做的就是依循哲学解释学的原理,去引导、促进学生与文本之间的深度对话发生。正如罗森布拉特所说:"教学是通过阅读课文来引导学生进行自我评价,以提高其个人从课文激发思维能力的过程。思维发展的起点在于必须依靠每个人自己的努力,发挥自己的才智,针对课文的刺激组织相应反应。教师的任务就是促使形成良好的相互作用,或更加确切地说,是引导具体阅读者对具体作品产生交流。"[①] 由此,让语文文本解读走向学生自我教育、自我发展的问题就转变成了另一个问题:在语文课堂文本解读教学中教师怎样做才能促进学生与文本之间的深度对话交流呢?只要学生与文本之间深度对话交流的问题解决了,学生自然地就会从中得到了最大限度的自我教育、自我发展。

那么教师怎样做、运用什么样的文本解读教学方法才能对学生与文本之间的深度对话交流起到引导、促进作用呢?任何行动都要以理念为先导。教师首先要做的就是转变教学观念,改变自己的角色定位。以往政治教化型、知识能力训练型解读之所以采用灌输、训练的

---

① 江山野:《简明国际教育百科全书·课程》,教育科学出版社1991年版,第280页。

教学方法,除了当时解读目的的制约以外,很重要的一点就是教师在教学理念上有一种对学生解读的控制意识、权威意识,将自己的(实际上更多时候是教学参考书上的)解读强加给学生,认为自己的解读就是绝对的标准和权威,"真理就在我这里,你们必须要服从我的教导",殊不知,这种观念的出发点是教学,是教师要完成的教学任务,而不是学生自身的发展。在这种观念的指导下,纵然教师有促进学生与文本深度交流的良好愿望,也只能是一种愿望而已,因为这种观念只会使教师外在于学生的解读情境,只会将学生当成一个接受者和旁观者,而不会使之成为一个积极的文本意义建构者。所以,教师要想真正促进学生对文本的深度解读,必须要改变以往的控制意识和权威意识,改变自己的角色定位,让自己由原来文本意义的控制者、给定者转变为学生建构文本意义的促进者、帮助者,由让学生"听我解读""接受我的解读"变为"我教你或听你解读""帮你成为解读的主人和意义的创生者"。

而要做到这些,唯一的选择就是在课堂文本解读中通过对话与学生进行沟通,将以往师生之间的灌输、训练关系变为一种民主的对话关系。一方面,从文本解读本身来说,"阐释学方式更多地具有对话的性质,而不是去作分析或声言占有了真理"。[①] "在诠释学框架之中的意义和理解来自进行联系的过程,来自对我们在世界中的存在的解释。意义,如加达默尔所指出的,基于对话,基于与他人的讨论。"[②] 课堂文本解读教学与其他形式的语文教学不同之处就在于它是基于对文本的理解、阐释进行教学,而真正的理解必定是对话性的;同时,为了指导、促进学生对文本的理解,教师必须先对学生的理解进行理解,只有理解了学生的理解,认识到学生的理解所达到的层次、在理解中出现的问题,才能有的放矢地对学生进行启发引导、点拨。所以课堂文本解读教

---

① [加拿大]史密斯(Smith, D. G.):《全球化与后现代教育学》,郭洋生译,张华审校,教育科学出版社 2000 年版,第 126 页。

② [美]小威廉姆 E. 多尔:《后现代课程观》,王宏宇译,教育科学出版社 2000 年版,第 218 页。

第四章　自我教育：语文文本解读的应然追求

学中对话的过程很大一部分是教师了解学生自己解读文本（或称之为"初读"）的过程，没有这一点做基础，教师的指点就是盲目的或者就又成了外在的强加。而我们实际的课堂解读中，好多教师都缺乏这种了解学生解读情况的意识，结果他所作出的点拨大都是学生自己能够从中读到的东西，以致使师生之间的解读对话造成一种水平滑动，造成极大的教学浪费。另一方面，文本解读毕竟是一种教学活动，而教学近年来被理解为一种语言性沟通活动，它在本质上具有一种对话品格。因为教师对学生的教是在二者的语言性沟通之中进行的，这种语言性沟通有助于发展学生的认识、立场、态度等，具有巨大的造就人格的潜能。在这样的教学对话中，"'非正式性、平等性、灵活性、适应性、创造性将取代追求正式性、权力性、官僚性、僵化性和线性思维模式的传统价值观'。教师角色将更多地促进和帮助学生自发地学习如何对付迅速的变化，如何思维，如何决策，如何解决问题，如何获得洞察力，如何变得富有创造性"。[①] 所以，克林伯格认为教学原本就是形形色色的对话，拥有对话的品格，他说："在所有的教学之中，进行着最广义的'对话'。……教师与学生不懂得'独白'，……不管哪一种教学方式占支配地位，这种相互作用的对话是优秀教学的一种本质性的标识。"[②] 只有在这样的对话式解读教学中，学生才能有一个宽松民主的氛围去做解读的主人，去自主地建构意义，教师也才能在此过程中适时地给学生的解读以指导和促进。

《普通高中语文课程标准（实验）》中说："阅读教学是学生、教师、教科书编者、文本之间的多重对话，是思想碰撞和心灵交流的动态过程。阅读中的对话和交流，应指向每一个学生的个体阅读。教师既是与学生平等的对话者之一，又是课堂阅读活动的组织者、学生阅读的促进者。"[③] 这段话为我们指明了思考的方向。在课堂文本解读教学的诸

---

① 钟启泉编：《学科教学论基础》，华东师范大学出版社2001年版，第255页。
② 同上书，第256页。
③ 中华人民共和国教育部制订：《普通高中语文课程标准（实验）》，人民教育出版社2003年版，第16页。

多对话关系中，学生、教师与教科书编者的对话是前提，因为学生、教师所与之对话的语文文本是语文教材中的选文文本，它们是经过了教科书编者精心编选的用来教学的文本，在一定程度上体现着语文教育的价值理念，使文本解读有着语文教育的规定性，所以学生、教师在进入文本解读前应该先与编者展开对话，以领会编辑的编选意图；学生与文本之间的对话是核心和指向，因为语文文本解读促进学生自我教育、自我发展的解读目的最终要通过这一对话来实现；学生与教师之间的对话是关键，因为学生个体与文本对话的深度和高度必须经过学生与教师的对话才能提升；学生与学生之间的对话是必要的手段，因为这是解读教学中让学生个体发挥作为学习者主体性、积极性、创造性的重要平台，它使学生个体在与他人的合作、探究之中获得一种互补性的提高。实际上，在阅读教学所有的对话之中，还有一种潜在的对话：学生和教师的自我对话。教师的自我对话是对自我教学理念和行为的反思，其最终目的是更好地促进学生的对话；而学生的自我对话是解读走向纵深的保障，学生在与文本和自我的对话中完成对自身的改造和转换。在整个对话体系中，学生个体是对话的主角、中心，也是所有对话的目的指向，一切对话都围绕着如何促进学生个体的自我教育、自我发展这一目的来展开；文本是对话的立足点和根基，远离了文本一切对话都是离题的对话；而教师是使各种对话得以有效展开必不可少的组织者、引导者、促进者，没有教师的组织或引导的对话，不是教学对话。下面，需要我们着重来谈的是教师如何通过对话来引导、促进学生与文本之间的深度对话。

一　精心设问"激疑"，开启体验反思

至此，我们已经明确了本研究的一个重要观点：语文文本解读要让学生获得自我教育和自我发展，其关键点在于必须让学生与文本"亲密接触"，走进文本，亲历文本，二者发生深度的视域融合。就像学走路必须自己去走，学说话必须自己去说才能学会一样，老师等别人解读得再好，学生获得的只是解读的结论，是知识性的东西，而且知识若不能内化为能力和智慧,就永远是外在的,很难说对学生自我的成长产生多大促进。因为知识是公共的,只有智慧才是个人的。但现实当中一个非常普遍又令人忧虑的现象是,由于当前网络信息时代的到来,学生们极易获得教案、教参之类的别人现成的解读结果,加之社会阅读快餐化、图文化的大背景和考试压力大等原因,学生们的语文文本解读集体表现出浮躁化、浅表化,只顾追求表面的新鲜和刺激,根本没有兴趣和耐心去深入到文本展开深度思考。所以,面对这种现状,我们首先要做的就是用问题把学生的解读引入文本的深处,开启他们的体验、反思去进行深度解读。

那么,什么是问题?爱因斯坦曾说过,问题就是"在阅读的书本中找出可以把自己引到深处的东西"。① 从孔子、苏格拉底以来,很多哲学家都说过,思想开始于疑问。如孔子说:"疑,思问",苏格拉底讲:"惊诧是思想之母"。"疑问的内容就是问题。"② 没有疑问和问题就不会展开思考,没有思考就不会将外在的东西内化为自己的东西,就不会取得真正的进步和发展。所以,宋代的张载提出了"学贵有疑";皮亚杰将问题与干扰看作是"发展的内驱力",强调任何一种超越单纯的积累走向转化的发展观都需要关注问题与干扰所发挥的作用。③ 正因如此,问题在现代教育教学理论中被置于优先地位,从杜威"困难、问题、假设、验证、结论"的教学过程理论,到布鲁纳"创设情境——提出问题——验证假设——得出结论"的发现学习教学过程论,再到认知心理学中的"SO4R 阅读法"中所强调的在预习或概览的基础上进行提问、答问、再对教材文本进行深入加工等,都突出了问题的重要性。不仅如此,问题在诠释学里也具有优先性,加达默尔在《真理与方法》中曾专门用一节的篇幅阐述了这一观点。他认为"问题具有某种意义",这种意义是"一种使答复惟一能被给出的方向","问题的出

---

① 参见顾晓明《阅读的战略》,上海人民出版社 1995 年版,第 208 页。
② 冯契:《冯契文集(第一卷):认识世界和认识自己》,华东师范大学出版社 1996 年版,第 220 页。
③ [美]小威廉姆 E. 多尔:《后现代课程观》,王宏宇译,教育科学出版社 2000 年版,第 94 页。

现好像开启了被问东西的存在。"① 即"问题使被问的东西转入某种特定的背景中。"② 也就是说，问题乃是具有一般意义的文本和读者特定的解释情境之间得以贯通的中介，是文本的新义得以创生的通道。所以他强调说："谁想思考，谁就必须提问"，"因为提出问题，就是打开了意义的各种可能性，因而就让有意义的东西进入自己的意见中"。"理解一个问题，就是对这个问题提出问题。理解一个意见，就是把它理解为对某个问题的回答。"③ 因而，在语文文本解读中，问题是把学生引向解读深处的钥匙或突破口，只有在高质量的问题引导下学生才能够展开深入思考，进而建构起具有一定高度和深度的文本意义。这就需要教师在备课中去精心设计或在与学生的教学对话中适时提出高质量的问题。其实，当前学生解读的浅表化、浮躁化除了前述的客观外在原因之外，一个很重要的内在原因就是老师和学生没有提出高质量的问题。

怎样才能提出高质量的问题呢？这要从问题（当然，这里指的是真问题而不是假问题）产生的根源谈起。从哲学上说，问题是实际生活中的矛盾的反映，一方面是客观对象的矛盾的反映，任何认识对象都会包含有内在的矛盾；另一方面是认识主体自身矛盾的反映，由于人的认识总是受到主、客观条件的制约，他原来所把握的事和理总会出现不能解释或应对新情况的现象，于是他就有了疑问，有了知与不知的矛盾，这种矛盾或疑问就是问题。④ 这就是说，问题产生于知与不知之间，完全的知或不知都不会提出疑问、发现问题。所以，对于学生来说，只有意识到了自己的知与不知，尤其是发现了自己的不知、不足，才会出现"愤""悱"想主动去填补不知、不足的强烈愿望，才会积极地去思考；对于教师来说，只有了解了学生的知和不知，发现了他们在

---

① ［德］加达默尔：《真理与方法：哲学诠释学的基本特征》，洪汉鼎译，上海译文出版社2004年版，第471页。
② ［德］伽达默尔：《科学时代的理性》，洪汉鼎译，上海译文出版社1999年版，第466页。
③ ［德］加达默尔：《真理与方法：哲学诠释学的基本特征》，洪汉鼎译，上海译文出版社2004年版，第487页。
④ 冯契：《冯契文集（第一卷）：认识世界和认识自己》，华东师范大学出版社1996年版，第220页。

自己解读中出现的不足，才会提出富有启发性的问题去引发他们展开深入的思考。所以，在课堂语文文本解读中，教师了解学生的解读状况是非常关键的。没有对学生的了解做基础，教师所提出的问题就很难说能够符合学生的实际状况，要么提出的是学生已知的问题，让学生感到无味，白白浪费时间；要么提出的是脱离了学生实际水平的问题，他们根本无从理解和思考，也同样会使他们失去思考的兴趣和动力。这都不会对学生的解读有任何的促进作用。在课堂师生对话中，教师可以通过让学生表达自己对文本的理解、让学生提出自己在解读中所遇到的问题、教师向学生提问等多种方式来了解学生的解读状况。这种对学生初读情况的了解是教师通过高质量的问题将学生的解读引向纵深的前提。这些了解可以放在一节课的开始进行，也可以将之贯穿于整个课堂解读之中。钱梦龙、胡明道、李镇西等许多特级教师的课堂文本解读经常以学生的提问为线索来展开，根据学生问题的深浅和难易程度来适时给予评价并以此为基础灵活地提出富有启发性的问题把学生的解读引向文本深处，这可谓是在了解学生知的基础上进行提问的典范。而我们周围的好多教师往往是在课前按照自己的理解"精心"设计好问题，并在课堂对话中想方设法地"巧妙"地让学生围绕自己的问题去思考，对于符合自己理解的回答就给予高度评价，而不符合的就给予纠正，这样的教学对话看起来条理清晰、井然有序，好像教师的水平很高，但实际上就在教师的一步步提问，学生的一次次回答和教师对学生答案的纠正中，教师阻隔了学生对文本的自我领悟和感受，让学生成为教师思想的俘虏。当然，这里并不是说教师课前设计的问题就一定不好，而是要强调无论是在课前设计好的问题，还是在课堂对话中随机提出的问题，都要立足于学生对文本的理解状况，以把学生的解读引向纵深为旨归，而不是仅仅为了完成自己的教学任务或者为了展示自己对文本的理解有多么深刻独特。

所谓高质量的问题，就是富有启发性的问题，是能够将学生引入具体的文本解读情境之中，让他们发现自己的不足产生疑惑，并能够引发他们去进一步研读文本进行积极的体验反思、探索不知的问题。这类的问题应该能够触动学生思维的"穴位",使他们处于潜在状态的想象力、创造性,甚至灵感,在瞬间发出火花,也就是起到"投石激浪"的作用。其特点就是具有开放性,能够给学生留下思考的空间,使回答具有不固定性。这类问题"不是为了有效地收获正确的答案,而是为了更深入地挖掘问题的实质"①。比如,教学《凡卡》一文,有的老师提出了这样的问题:"凡卡想让爹爹接他回家乡的美好愿望能实现吗?即便回到乡下他能感到幸福吗?"这就是富有启发性的问题,它既能够让学生展开想象,还能够在体验中进一步认识到凡卡的悲惨遭遇和他所生活的社会状况,还能激发学生对自我生活状况的反思。而"学完这课,你受到什么样的教育?"这样的问题相对来说就是一个大而无当的问题,既没有一定的指向,又没有给学生带来广阔的想象空间,不能激发学生的深入思考,只能泛泛回答。同时,高质量的问题必须符合当前的课程理念、紧扣课文的教学目标和文本的价值取向,否则容易造成问题的盲目性和随意性或对学生产生误导。另外,课堂对话中教师提出的多个问题之间应该有一定的层次性、逻辑性,由易到难、由繁到简,层层递进,使学生的认识逐步深化。

当然,教师要提出能够引发学生深入文本进行体验反思的高质量问题需要满足以下前提条件:第一,教师自己对文本已有了深入而独特的解读。如果教师只是盲从教参或别人的解读,他对文本的理解没有任何的创造性,他是无论如何也提不出高质量的问题的。谁也不会想象一个墨守成规的毫无创见的人能够开启别人的智慧。第二,教师对文本除了要有自己的独特解读外,还需尽量站在学生的角度去解读,预想学生的解读会达到什么程度,会遇到什么障碍,即备课时"心中要时刻有学生"。第三,教师应该有广博的知识素养,包括专业知识、与课文相关的所有知识等,这样才能从容应对课堂解读中因对话的开放性而可能产生的各种问题。第四,教师还需有较高的教学素养,出色的教学机智。比如敏捷的思维力,灵活的决策力,丰富的想象力,亲切、热情、坦率

---

① [美] 小威廉姆 E. 多尔:《后现代课程观》,王宏宇译,教育科学出版社 2000 年版,第 146 页。

的提问态度等。

二 激活学生"前见",促进视域融合

我们在前一章已有所论述,"前见"(或称"前理解""前结构""前把握")在哲学解释里被视为理解得以发生的前提条件,指的是人在理解之前所处的整个存在状态,它在内涵上既包括人所拥有的语言、生活阅历和人生体验、知识储备和艺术修养、个性心理和情感态度价值观、思维方式、直觉、潜意识、动机等,也包括人所处的时代生活环境、文化背景、传统观念和风俗习惯等对理解产生影响的一切因素。理解在哲学解释学里被看作是一种具有历史性的行为,"前见"就代表着人的历史性,规定着理解者的视域。理解是理解者与被理解者的视域融合或相遇,没有视域便没有理解,所以"前见"是理解的前提条件或基础,人总是从自身的"前见"出发去理解。同时,"前见"也构成了理解的边界和限度,理解者有什么样的"前见"就会有什么样的理解。正因如此,"前见"在解释学里备受重视。加达默尔说:"谁试图去理解,谁就面临了那种并不是由事情本身而来的前见解的干扰。"[①] 接受美学家姚斯也说过:任何一位读者,在其阅读一部具体文学作品之前,都已处于一种先在理解或先在知识的状态;没有这种先在理解与先在知识结构,任何文本都不可能为经验所接受。其实,远不只是解释学,"前见"在学习心理学领域也被特别强调,尽管它们没有使用"前见"这一概念:认知心理学强调人头脑中已有的知识和知识的组织结构对人的行为和当前的认知活动起着决定性的作用;建构主义心理学认为学习就是知识的建构过程,而在知识的建构过程中,学习者已有的知识经验起着非常重要的作用,所以知识的学习应该以个人的经验为依据。奥苏伯尔的那句名言更是很有力地说明了这一点:"假如我不得不把全部的教育心理学归纳为一条原理的话,我将一言以蔽之:影响学习的最重要

---

① [德]加达默尔:《真理与方法:哲学诠释学的基本特征》,洪汉鼎译,上海译文出版社2004年版,第345页。

的因素就是学习者已经知道了什么，探明这一点，并据此进行教学。"①所以，当前以认知和元认知理论为基础而形成的新阅读观，特别强调了阅读的交互作用特征和理解的建构特征，认为所有的读者都运用其头脑中的原有知识结合所读文章提供的线索以及阅读情境的暗示来建构文章的意义模式。因而学生用来理解文章的原有知识被看作是最重要的。②

然而，"前见"如此重要，在我们实际的课堂文本解读中却没被引起应有的重视。我们经常见到那种干巴巴的只能读出文本字面意义的解读；或者解读时所涉及的东西仅局限于所讲的课文而不能做任何的联系或拓展的情况；或者虽然师生也在对话，但对话的内容只是在平面上滑行，学生的发言基本上就是随意的、表面性的，甚至是脱离了文本的，因为他根本就没有走进文本，也没有兴趣走进文本，只是在文本的外面或表层"徘徊"……出现这些现象很大程度上都是因为学生的"前见"没有被激活。当"前见"没有被激活或出现缺乏时，对文本的理解往往是肤浅的，甚至没有发生。举一此类案例。

以下是《植物妈妈有办法》最后一节课的教学片断，括号内为学生的回答。

师：植物妈妈只有这几种办法吗？（不是）

师：还有没有办法？（有。植物妈妈的办法很多很多）

师：这些办法需要同学们平时怎么样？（仔细观察）

师：仔细观察才能怎样啊？（得到知识）

师：如果不细心能不能得到？（不能）

师：植物生长在哪里？（大自然）

师：粗心的小朋友能不能得到它？（不能）你们是不是粗心的小朋友？（不是）那你们能不能得到知识？（能）

师：小朋友真聪明！现在我们把这首诗有感情地朗读一遍。

---

① 参见张华《课程与教学论》，上海教育出版社2005年版，第129页。
② 倪文锦、谢锡金主编：《新编语文课程与教学论》，华东师范大学出版社2006年版，第160—161页。

这样的解读就是没有激活学生"前见"的表现，师生的对话没有思维的交锋、碰撞，没有精神的交流，没有唤醒学生已有知识经验和自我反思，学生对文本的认识就仅仅停留在表面语言形式上，双方没有发生什么视域的融合。这样的解读不能给学生的成长带来任何的促进，简直是在浪费学生的生命时光。

那么，怎样激活学生的"前见"呢？关键而有效的办法是帮助学生寻找与文本的联系点、契合点，也就是寻找文本与学生的"前见"相同、相通、相关或相似的地方。这要根据不同文本的不同特点来寻找不同的契合点。一般地，对于文学类文本可以着重寻找情感上、阅历上、文化上、价值观上等的契合点，对于文章类文本可以着重寻找知识上、思维上等的契合点。比如，钱理群教授在南京师范大学附中开设了一门"鲁迅作品选读课"，为了让学生走进鲁迅，以"父亲和儿子"为主题来开讲，"找到了一个鲁迅的生命和学生的生命之间的契合点，通过这个契合点，鲁迅的生命命题成了学生自己的生命命题，学生和鲁迅之间自然就产生了一种契合"。（钱理群语）[①] 学生从自己与父亲的感情出发去理解鲁迅与父亲的感情，同时又以后者来反观前者，这样就形成了学生与鲁迅及其文本之间的交流，产生视域融合。一般情况下，由于文本是"人类精神的客观化物"，它出自人之手，总是反映着人类个体或群体的情感、精神，由于人之为人的"共通感"的存在，读者总是能够从文本中找到与自我的契合点的，这也就是常说的"一切理解都是自我理解"的原因。而且，编选入中小学语文教材中的选文文本，大都考虑到了学生的年龄、阅历、认知等特点，贴近学生的生活，易于找到与学生的契合之处。即便是有些年代久远、创作背景特殊的文本确实很难找到与学生的直接的契合点，那也能找到间接的契合之处，因为与学生没有任何契合之处的文本就是完全脱离了学生实际水平和年龄特点的文本，就是学生完全不能读懂的文本，那样的文本是不会选入教材之中的。找到了契合点，唤醒了学生的"前见"，才能使学生与文本发

[①] 白冬梅：《帮助学生寻找与文本的契合点》，《内蒙古教育》2006 年第 3 期。

生深度的视域融合，才能使解读走进学生的生活和心灵，对学生的自我教育、自我发展起到应有的作用。同时，激活了"前见"，才会使学生的解读富有个性、富有创造性。因为所有的理解都源自"前见"，而每个人的"前见"都必定是特定的、与他人不同的。不同的人带着不同的"前见"解读同一文本，就会产生不同的理解，这就是"一千个读者有一千个哈姆雷特"的原因。而且，即便是同一个人，他的"前见"也会随着"时"与"境"的变化而有所不同。正因如此，清代的张潮才说出了这样的话："少年读书，如隙中窥月；中年读书，如庭中望月；老年读书，如台上玩月。皆以阅历之深浅为所得之深浅耳。"①

当然，重视"前见"的同时，教师还要合理地对待学生的"前见"。既不要否定、压制学生的前见，也不要过分夸大前见而任其泛滥。然而，在实际的课堂师生对话中，这两种情况都时有发生。前者比如我们经常看到的总是要求学生接受教学参考书上的标准答案，而否定学生从自己的前见出发得出的与之相异的理解的现象。而后者过分夸大前见的情况实际上也很常见，除了新课改以来出现的教师对学生无论说出怎样的理解都一律给予肯定、表扬这种现象之外，还有一种我们并未认为它夸大了学生的前见而对之普遍接受但实际上却是如此的现象，那就是教学参考书和其他的所谓"权威解读"，它们往往成为学生自己解读文本的"先入之见"而阻碍了他们将解读走向深入。如加达默尔所说："权威的过失在于根本不让我们使用自己的理性。"② 权威的解读让学生产生一种盲从心理而主动放弃了自己独立解读文本的权利，这是应该引起我们的注意的。加达默尔曾对前见作过区分，认为那种与文本所说的东西相符合的前见是合法的前见，它们对理解有正面的价值，使理解得以可能产生；而那种与文本所说的东西不相符合的前见（被加达默尔称为"盲目的前见"）则是不合法的，它们阻碍理解并导致误解的产生。只有合法的前见才能使学生对

---

① 蒋成瑀：《读解学引论》，上海文艺出版社1998年版，第233页。
② ［德］加达默尔：《真理与方法：哲学诠释学的基本特征》，洪汉鼎译，上海译文出版社2004年版，第358页。

文本作出正确合理的解读。所以教师在激活学生前见的同时,也要对不合法的前见给予适当的纠正或引导,这样才能保证文本解读真正对学生的自我发展起到促进作用。

三 引生返回自身,实现理解的应用

根据哲学解释学的观点,理解具有应用性。但这种应用性主要的不是指理解规则的那种技术上的可操作性,而是对"理解即应用"的意识。[①] 这种对理解的应用意识就是指解释者为了理解某个文本,"他一定不能无视他自己和他自己所处的具体的诠释学境况。如果他想根本理解的话,他必须把本文与这种境况联系起来。"[②] 即,只要读者在理解一个文本,就要有意识地把文本和自己所处的具体的解读境况联系起来,就要做一种从文本返回到自身的运动,但这种返回运动主要不是发生在理解之后,而是在理解之中。在解读中返回自身,将文本和自己的情感、价值、认知、阅历以及自己当下生活中的现象和问题等联系起来,这本身就是对文本的理解。这样的理解才是真正属于读者自己的带有自我个性的理解,才是能够对自我的实际生活、对自我的成长发展真正有价值的理解。因为任何人解读文本,最终的目的从来都不是仅仅为了解读而解读,而是为了理解和改变自身,为了让自己从中得到照亮和启迪,或者为了解决当下的某个问题。即,理解从来都是始于自我、为了自我的。因而,对于语文文本解读来说,其最终的目的是让学生自我得到更好的成长与发展。而只有在理解的应用中,才能让学生把文本与自我融为一体,用文本来充实、提升自我,来造就、实现自我,实现语文文本解读的最终目的。没有应用,就会让学生的解读止步于冷冰冰的浅表的字面意义,而不会将文本深处最宝贵的东西挖掘出来,因为那些最宝贵的、关涉生命与精神的东西必须由读者立足于自身活生生的生活与生命才能开启!

[①] 彭启福:《理解之思——诠释学初论》,安徽人民出版社 2005 年版,潘德荣序第 8 页。
[②] [德]加达默尔:《真理与方法:哲学诠释学的基本特征》,洪汉鼎译,上海译文出版社 2004 年版,第 420—421 页。

那么，在语文课堂文本解读中，怎样才能实现理解的应用呢？那就是要遵循理解的应用之内涵与特点，引导学生在对文本语言文字的揣摩、体验中不断地返回自我、关照自我，让自我与文本展开心灵与心灵的交流，情感与情感的共振，让自我的实际境遇与问题在文本中找到映照和应答，而不是像我们以往的政治教化取向的解读和知识能力取向的解读那样，常常让学生以第三者的立场对文本进行冷眼旁观，仅仅让他们去思考作者的意图是什么、文章的中心思想是什么或该课文有哪些知识能力点等外在于自我的东西。这一点，美国、日本等国家的母语文本解读为我们提供了很好的借鉴和启示。在前文我们对国外母语文本解读的梳理介绍中可以看到，美国的好多教师在课堂文本解读经常以"你"为主语来设计问题；其母语教材[①]的助读系统所设置的"联系你的经历"、"日志写作"和"专题聚焦"等这些引导学生将文本内容与自己的经历联系起来的栏目中我们也可以体现其对理解的应用性的重视。日本则主张在传记故事等作品的解读指导中，让学生在读物中认为"我就是"那样的人物，或者提出"如果主人公就是我该怎么办"一类的问题，让学生处理。[②] 这也是重视理解的应用性之表现。2002年4月开始正式在日本全国小学使用的小学《学习指导要领》阅读领域的目标中所指出的"能够一边品味文章中有关人物的心情、场景描写及优美的叙述一边阅读""能一边关注文中所写的事实与作者感想、意见等的关联，一边带着自己明确的想法、思考进行阅读。"[③] 等要求也可以体现这一特点。

这就要求教师在课堂文本解读对话中首先要做到"目中有人"，认识到每一位学生都是具有独特个性和生命体验的活生生的"具体个人"，而不是一个被抽空了个人独特性、丰富性和复杂性的"抽象个

---

① 注：一般来说，美国多数中学在语文教育方面会选择三部教程：一部《英语》，主要讲解语法知识，一部是《拼写》，注重单词的拼写训练，还有一部《文学》，介绍各种题材的美国文学作品。（参见马浩岚编译《美国语文：美国中学语文教材编译》，同心出版社2004年版，序言第1页。）这里所说的语文教材指的是《文学》教程。

② 曾祥芹、韩雪屏：《国外阅读研究》，大象出版社1992年版，第208—212页。

③ 付宜红：《日本语文教育研究》，北京师范大学出版社2003年版，第28—29页。

人",有意识地引导他们在解读中不断地从文本返回到自身,想到他们自我的具体境遇,比如可以针对不同的文本启发学生思考这样一些问题:如果你是文本中的××,你将会怎么办?在文本中作者或文中的某个人对某事或某现象是怎样看的,那你是怎样看的呢?在你的成长经历中或实际生活中遇到过类似的事情吗,你是怎样处理的,通过与文本的对话,你对自己原来的想法或做法有了什么新看法吗,它触动你作出了怎样的改变?……这样的问题可以引导学生在解读时做到"心中有我",学会从文本中看到自己、读出自己,而不是像以往那样只以第三者的身份出现在文本解读中。这样就会让学生自我进入到文本的具体境遇之中去体验他人的情感活动和生活经验,并在不断的返回自我的运动中展开联想、想象、分析、比较、判断、选择等"我思"活动,从而使学生的自我意识得到增强,成为一个具有判断力、选择力、想象力、思维力、情感力的独立自主的他自己。

当然,语文文本解读中的这种返回自我的应用活动必须是建立在引导学生反复揣摩、品味文本语言的基础之上的,因为不经由语言这一媒介,就无法进入文本,也就谈不上什么返回。而且,返回又是为了更好地理解文本进而更好地作出新的返回的返回,在这一过程中始终离不开对文本语言文字的体味和涵泳,这是必须要强调的。就在这样的文本→自我→文本→自我的不断往返运动之中(这实际上就是解释循环),学生对文本的理解实现了最终的应用——使自我得到了提升、超越和发展。

结　语

　　教育是一种"成人"活动，它最终的目的是要使人发展成为一个健全的自我——一个集人类的共性与个体的个性、集认知与精神、集智慧与德性于一身的独立自主的自我。而教育这一最终目的的实现却主要依靠的不是他人，而是受教育者自己，教育从根本上说是一种受教育者的自我建构活动。因为"外部世界对个人才能的实际发展所起的推动作用为个人本身所驾驭"①，人做了什么，从事了怎样的实践活动，他就是什么，他就会成为什么样的人。教育要想使人发展成为一个健全的主体自我，必须让人成为教育活动的主体才行。语文文本解读作为一种教育活动，也必须让学生成为解读活动的主体才能发挥它的育人功能。而所谓成为解读活动的主体就是要让学生亲自去自主地解读文本，去和文本进行深度接触，而不是由他人越俎代庖。从这一立足点出发，我们回顾、审视新中国成立以来我国实然的语文文本解读，发现它们都在不同程度上偏离了这一根本原则，不但没有让学生做解读的主体，反而将学生与文本疏离开来了，因而给学生的自我发展造成了不同程度的负面影响。这种偏离不只是表现在某一方面，而是整个解读体系，它的各个维度都在影响着学生。新中国成立初期三十年政治教化取向的语文文本解读，它以思想政治教育为主要目的，以挖掘主题思想为中心内容，运用社会学、文章学文本解读法和教师讲授的教学方法，在满足教育的政

---

　　① 中共中央马克思恩格斯列宁斯大林著作编译局编译：《马克思恩格斯全集》第3卷，人民出版社1982年版，第286页。

治需要的同时，却在一定程度上给学生带来一种自我主体性丧失的影响，使学生更多地成长为一种没有个性的"社会人""公共人"；而新时期以来知识能力取向的语文文本解读，它以让学生获取知识能力为主要目的，以解析文本形式为中心内容，运用文章学、语义学文本解读法和师导生练的教学方法，在满足教育的经济需要的同时，却在一定程度上给学生带来一种自我异化的影响，使学生更多地成长为一种情感冷漠、思想赤贫的"知识人""工具人"；21世纪初新课改以来人文素养取向的语文文本解读，在努力弥补以往不足的同时，却又走向了矫枉过正的极端，它虽然以提高学生人文素养、发展个性为目的，但由于在解读内容上以过度阐发文本人文内涵为中心，在解读方法上主要运用的是接受美学和解构主义这类特别强调读者对意义决定作用的文本解读法，并在教学中主要采用的是学生讨论发言教学法，这导致其解读目的在实际上的落空，给学生带来一种自我平庸化影响，使学生会逐渐成长为一种热衷表面、不讲实效的"浮躁人"。

　　在这种情况下，比较的方法会为我们打开新的视野。当我们以同样的立足点去审视我们的前人和国外语文文本解读的做法时，发现他们却大都凸显了学生自我在解读中的主体地位和内在参与。那么，这种做法的学理依据是什么，怎样从学理上去阐释学生在语文文本解读中是怎样让自我得到发展的？哲学解释学作为一门专门研究理解和解释现象的比较成熟的理论，为我们提供了学理的依据和支撑。它让我们发现本然的语文文本解读活动实际上就是一个学生在其中进行自我教育的过程：体验与反思让学生在语文文本解读中反观自我、认识自我，视域融合与解释循环让学生在语文文本解读中提升自我、超越自我，理解的应用让学生在语文文本解读中造就自我、实现自我。而体验与反思、视域融合与解释循环、理解的应用实际上就是学生在文本解读过程中的主体活动，是学生作为解读主体与文本客体之间的本体论意义上的直接的、非中介性的"亲密"交往活动，没有这种"亲密"接触和交往，学生就不会最大限度地从文本解读中得到自我发展。而我们以往语文文本解读的失误就在于没有让学生与文本发生这种"亲密"接触和交往，而是将二者疏离开来,不是教师越俎代庖以自己或教参等的解读代替了学生的解读,就是抛开了文本的整体深层意义而去追逐知识能力点的训练,或者走向抛开文本而让学生单方肆意生发文本意义的极端。

  所以,面对学生作为不成熟的读者单凭自身力量不能或没有兴趣去走进文本深处的现状,我们的教师应该做的就是踏踏实实、诚心诚意地做好促进工作,想方设法地去引导、帮助学生意进性地走进文本,去和文本进行"亲密接触",促进他们之间视域的相遇与融合,进而真正让学生建构出自己的文本意义。具体的做法就是:首先,在解读目的上要将解读活动指向学生自我,指向自我全面而有个性的发展,而不是像以往那样指向学生自我之外的东西,如政治教化、考试等,这是这一活动的方向和指南,没有这一方向的引导,还是会走原来的老路。其次,解读内容要以学生自主建构文本意义为中心,让学生解读文本的过程变成一个自主建构意义的过程,进而变成一个建构自我的过程,因为理解文本就是在理解自我,建构意义即是在建构自我。最后,在具体的教学方法上,要以对话理念和方法为核心,让教师在与学生自由、平等的对话之中,给学生与文本的深度对话以一种自然的引导或促进。为了实现这种引导或促进,教师可作出如下努力:精心设问"激疑",引发学生在解读中的体验与反思;激活学生"前见",促进学生与文本间深度视域融合的发生;引导学生在解读中不断地返回自身,实现理解的应用。故,课堂教学中教师所有的举动都是围绕着促进学生与文本之间的深度对话展开的,因为只要这一目的实现了,也就实现了语文文本解读最大限度地促进学生自我发展的教育功能——实际上是学生的自我教育、自我发展,因为语文文本解读从其本然的内在机制上来说,具有一种自我教育的品格。

  总之,本研究以"语文文本解读的自我教育品格"为题,旨在作出以下强调:语文文本解读是一种教育活动,具有极大的育人潜质,不能只将其局限于狭隘的学科教学意义之内;语文文本解读教育功能的发挥最终依靠的主要是学生自己,是学生自我在与文本的深度接触中通过体验、反思等主体性活动让自己受到教育、获得发展,文本解读的过程本身是一个自我教育的过程，任何他人的解读都不能代替学生自己的解读，只有这样才是真正的语文文本解读，这是哲学解释学意义上语文文本解读的内在品格；教师在课堂上所要做的就是一种启发、引导、促进的工作，帮助学生在文本解读中最大限度地实现自我教育，而不是为了展示自己解读得如何精彩，或者以真理拥有者自居对学生实施一种外在的灌输性教育。

本研究的创新点：

1. 研究视角的创新。以往的语文文本解读研究多从"文论"或"阅读"的角度专注于文本解读这一活动本身，探讨的主要是"如何去做"的问题，而本研究则将关注的焦点转向了作为解读者的"人"（学生）自身，转向了对学生自我在语文文本解读中如何最大限度地受到教育、获得发展的关注，探讨的是"为何去做"、"依何去做"和"如何去做"的问题，即它主要是从育人的角度、从如何最大限度地促进学生自我教育、自我发展的角度来审视语文文本解读的特性。这就将语文文本解读的研究由以往的"文论"或"阅读"立场拉回到"教育"立场上来。

2. 研究内容的创新。(1) 总结出1949年以来我国语文文本解读的三种形态。新中国成立初政治教化取向的语文文本解读，新时期知识能力取向的语文文本解读，21世纪初人文素养取向的语文文本解读。让人对当下的语文文本解读有个全方位的理性认识和把握。(2) 提出了语文文本解读的自我教育品格。对语文文本解读和学生自我教育、自我发展之间的关系进行了哲学解释学意义上的原理阐发，揭示了语文文本解读能够让学生进行自我教育的内在机制，以及有意识地扭转一直以来教师代替学生解读一统天下的局面，让学生做解读的主人，让他们自己在解读中教育自己，这也是语文文本解读实现其育人目的必由之路。(3) 找到了语文文本解读过程中自我教育之途。论文认为语文文本解读应以学生的自我发展为指向，以学生自主建构文本意义为中心，以对话为基本的教学方式。

参考文献

一 著作类

[1] [法] 埃德加·莫兰：《复杂性理论与教育问题》，陈一壮译，北京大学出版社2004年版。

[2] [意] 艾柯等著，柯里尼编：《诠释与过度诠释》，王宇根译，生活·读书·新知三联书店1997年版。

[3] [德] 沃尔夫冈·布列钦卡：《教育科学的基本概念：分析、批判和建议》，胡劲松译，华东师范大学出版社2001年版。

[4] [加拿大] 阿尔维托·曼谷埃尔：《阅读史》，吴昌杰译，商务印书馆2002年版。

[5] 北大哲学系外哲史教研室编译：《西方哲学原著选读》，商务印书馆1982年版。

[6] [巴西] 保罗·弗莱雷：《被压迫者教育学》，顾建新等译，华东师范大学出版社2001年版。

[7] [法] 保罗·利科尔：《解释学与人文社会科学》，陶远华等译，河北人民出版社1987年版。

[8] [法] 贝尔曼-诺埃尔：《文学文本的精神分析：弗洛伊德影响下的文学批评解析导论》，李书红译，天津人民出版社2005年版。

[9] [法] 巴依尔：《语言与生命》，裴文译，南京大学出版社2006年版。

[10] 陈嘉映：《海德格尔哲学概论》，生活·读书·新知三联书店 1995 年版。

[11] 陈黎明、林化君：《20 世纪中国语文教学》，青岛海洋大学出版社 2002 年版。

[12] 蔡美惠：《台湾中学国文教学研究》，广东教育出版社 2006 年版。

[13] 曹明海：《文学解读学导论》，人民文学出版社 1997 年版。

[14] 曹明海、宫梅娟《理解与建构——语文阅读活动论》，青岛海洋大学出版社 1998 年版。

[15] a 曹明海：《语文教学本体论》，山东人民出版社 2007 年版。

[16] b 曹明海：《语文教学解释学》，山东人民出版社 2007 年版。

[17] 陈圣生：《现代诗学》，社会科学文献出版社 1998 年版。

[18] 陈太胜：《作品与阐释：文学教学引论》，广东教育出版社 2006 年版。

[19] 曾祥芹、张维坤、黄果泉：《古代阅读论》，河南教育出版社 1992 年版。

[20] 曾祥芹：《说文解章：文章知识新建构》，中国海洋大学出版社 2005 年版。

[21] 程翔：《语文课堂教学的研究与实践》，语文出版社 1999 年版。

[22] 陈序经：《中国文化的出路》，中国人民大学出版社 2004 年版。

[23] 成中英：《本体与诠释》，生活·读书·新知三联书店 2000 年版。

[24] 成中英：《从中西互释中挺立：中国哲学与中国文化的新定位》，中国人民大学出版社 2005 年版。

[25] ［法］德比亚齐：《文本发生学》，汪秀华译，天津人民出版社 2005 年版。

[26] ［法］丹纳：《艺术哲学》，傅雷译，安徽文艺出版社 1998 年版。

[27] 邓楠：《文学批评新视野下的文本解读》，南海出版公司 2005 年版。

[28] ［德］第斯多惠：《德国教师培养指南》，袁一安译，人民教育出版社 2005 年版。

[29] ［美］杜威：《民主主义与教育》，王承绪译，人民教育出版社 2001

年版。

[30] [美] 杜威：《确定性的寻求：关于知行关系的研究》，傅统先译，上海人民出版社 2005 年版。

[31] [美] 杜威：《人的问题》，傅统先等译，上海人民出版社 2006 年版。

[32] 董希文：《文学文本理论研究》，社会科学文献出版社 2006 年版。

[33] [法] 方丹：《诗学：文学形式通论》，陈静译，天津人民出版社 2003 年版。

[34] 冯建军：《当代主体教育理论》，江苏教育出版社 2001 年版。

[35] [美] 弗洛姆：《为自己的人》，孙依依译，生活·读书·新知三联书店 1988 年版。

[36] [德] 福禄培尔：《人的教育》，孙祖复译，人民教育出版社 1991 年版。

[37] 傅丽霞、张西玖：《多维视角中的语文解读学》，山东教育出版社 2007 年版。

[38] 冯契：《认识世界和认识自己》第 1 卷，华东师范大学出版社 1996 年版。

[39] 傅修延：《文本学：文本主义文论系统研究》，北京大学出版社 2004 年版。

[40] [德] 费希特：《论学者的使命人的使命》，梁志等译，商务印书馆 2005 年版。

[41] 付宜红：《日本语文教育研究》，北京师范大学出版社 2003 年版。

[42] 方智范：《语文教育与文学素养》，广东教育出版社 2005 年版。

[43] [德] 伽达默尔：《真理与方法》，王才勇译，辽宁人民出版社 1987 年版。

[44] a [德] 加达默尔：《哲学解释学》，夏镇平等译，上海译文出版社 2004 年版。

[45] b [德] 加达默尔：《真理与方法：哲学诠释学的基本特征》，洪汉鼎译，上海译文出版社 2004 年版。

[46] 郭宏安：《二十世纪西方文论研究》，中国社会科学出版社1997年版。

[47] [法]格雷马斯：《论意义》上、下册，吴泓缈、冯学俊译，白花文艺出版社2005年版。

[48] 顾黄初、李杏保主编：《二十世纪前期中国语文教育论集》，四川教育出版社1991年版。

[49] 顾黄初：《顾黄初语文教育论集》，人民教育出版社2002年版。

[50] 龚群：《生命与实践理性》，中国社会科学出版社2004年版。

[51] 高时良编注：《学记评注》，人民教育出版社1982年版。

[52] 高孝传、杨宝山：《课程目标研究》，教育科学出版社2000年版。

[53] [联邦德国]H.R.姚斯、[美]R.C.霍拉勃：《接受美学与接受理论》，周宁、金元浦译，辽宁人民出版社1987年版。

[54] [德]海德格尔：《诗·语言·思》，彭富春译，戴晖校，文化艺术出版社1991年版。

[55] [德]海德格尔：《面向思的事情》，陈小文、孙周兴译，商务印书馆1999年版。

[56] a [德]海德格尔：《存在与时间》（修订本），陈嘉映、王庆节译，生活·读书·新知三联书店2000年版。

[57] b [德]海德格尔：《荷尔德林诗的阐释》，孙周兴译，商务印书馆2000年版。

[58] c [德]海德格尔：《人，诗意地安居：海德格尔语要》，郜元宝译，张汝仁校，广西师范大学出版社2000年版。

[59] 华东师范大学教育系、杭州大学教育系：《现代西方资产阶级教育思想流派论著选》，人民教育出版社1980年版。

[60] a 洪汉鼎：《理解的真理：解读伽达默尔〈真理与方法〉》，山东人民出版社2001年版。

[61] b 洪汉鼎：《理解与解释——诠释学经典文选》，东方出版社2001年版。

[62] c 洪汉鼎：《诠释学——它的历史和当代发展》，人民出版社2001

年版。

[63] 洪汉鼎、傅永军：《中国诠释学》第3辑，山东人民出版社2006年版。

[64] 胡经之、王岳川主编：《文艺学美学方法论》，北京大学出版社1994年版。

[65] 胡经之、王岳川、李衍柱：《西方文艺理论名著教程》，北京大学出版社2003年版。

[66] 胡经之：《文艺美学》，北京大学出版社2006年版。

[67] [英] 怀特（White, J.）：《再论教育目的》，李永宏等译，教育科学出版社1997年版。

[68] [英] 怀特海：《思想方式》，韩东辉、李红译，华夏出版社1998年版。

[69] 黄希庭、郑涌等：《当代青少年价值观研究》，人民教育出版社2005年版。

[70] 黄小寒：《自然之书读解——科学诠释学》，上海译文出版社2002年版。

[71] 黄耀红：《百年中小学文学教育史论》，湖南师范大学出版社2008年版。

[72] 蒋成瑀：《读解学引论》，上海文艺出版社1998年版。

[73] 蒋成瑀：《语文课读解学》，浙江大学出版社2000年版。

[74] [英] 加登纳：《历史解释的性质》，江怡译，文津出版社2005年版。

[75] 蒋济永：《文本解读与意义生成》，华中科技大学出版社2007年版。

[76] 贾可春：《罗素意义理论研究》，商务印书馆2005年版。

[77] 金生鈜：《理解与教育——走向哲学解释学的教育哲学导论》，教育科学出版社1997年版。

[78] 金生鈜：《德性与教化——从苏格拉底到尼采：西方道德教育哲学思想研究》，湖南大学出版社2003年版。

[79] 教育部基础教育司组织编写：《全日制义务教育语文课程标准解读》，湖北教育出版社2002年版。

[80] 金吾伦：《生成哲学》，河北大学出版社2000年版。

[81] 靳玉乐、张家军、张军：《理解教学》，四川教育出版社2006年版。

[82] 金元浦：《文学解释学》，东北师范大学出版社1997年版。

[83] 金元浦：《接受反映文论》，山东教育出版社1998年版。

[84] 金元浦：《范式与阐释》，广西师范大学出版社2003年版。

[85] 金振邦：《文章解读的理论与方法》，东北师范大学出版社2001年版。

[86] 课程教材研究所编：《20世纪中国中小学课程标准·教学大纲汇编·语文卷》，人民教育出版社2001年版。

[87] ［德］康德：《论优美感和崇高感》，何兆武译，商务印书馆2005年版。

[88] ［捷克］夸美纽斯：《大教学论·教学法解析》，任钟印译，人民教育出版社2006年版。

[89] ［德］卡西尔：《人论》，甘阳译，上海译文出版社2005年版。

[90] 凌建侯：《巴赫金哲学思想与文本分析法》，北京大学出版社2007年版。

[91] ［英］洛克：《教育漫话》，杨汉麟译，人民教育出版社2005年版。

[92] 刘淼：《当代语文教育学》，高等教育出版社2005年版。

[93] 刘要悟：《教育评价基本问题研究》，甘肃文化出版社1997年版。

[94] 刘正伟：《国际语文课程与教学比较》，浙江大学出版社2008年版。

[95] 李定仁、徐继存：《课程论研究二十年（1979—1999）》，人民教育出版社2004年版。

[96] 鲁定元：《文学教育论》，湖北人民出版社2006年版。

[97] ［美］莱恩：《文学作品的多重解读》，赵炎秋译，北京大学出版社2007年版。

[98] ［美］拉尔夫·泰勒：《课程与教学的基本原理》，施良方译，瞿葆奎校，人民教育出版社1994年版。

[99] 刘放桐：《现代西方哲学》（修订本），人民出版社2000年版。

[100] 刘福根：《中学语文教学热点探析》，浙江大学出版社2001年版。

[101] 联合国教科文组织国际教育发展委员会编著：《学会生存》，华东师范大学比较教育研究所译，教育科学出版社1996年版。

[102] 李河：《走向"解构论的解释学"》，社会科学文献出版社2014年版。

[103] 罗进：《自我教育》，甘肃人民出版社1998年版。

[104] 兰久富：《社会转型时期的价值观念》，北京师范大学出版社1999年版。

[105] 李清良：《中国阐释学》，湖南师范大学出版社2001年版。

[106] 刘溶：《略谈中学文学教学问题》，湖北人民出版社1955年版。

[107] 赖瑞云主编：《文本解读与语文教学新论》，北京师范大学出版社2013年版。

[108] 柳士镇、洪宗礼：《中外母语课程标准译编》，江苏教育出版社2000年版。

[109] 刘铁芳：《新教育的精神——重温逝去的思想传统》，华东师范大学出版社2007年版。

[110] 龙协涛：《文学阅读学》，北京大学出版社2004年版。

[111] 李咏吟：《解释与真理》，上海译文出版社2004年版。

[112] 李幼蒸：《理论符号学导论》，社会科学文献出版社1999年版。

[113] 刘月新：《解释学视野中的文学活动研究》，华中师范大学出版社2007年版。

[114] 刘占泉：《汉语文教材概论》，北京大学出版社2004年版。

[115] 陆志平、顾小白：《课程标准与教学大纲对比研究·初中语文》，东北师范大学出版社2003年版。

[116] [英] M.麦金：《维特根斯坦与哲学研究》，李周山译，广西师范大学出版社2007年版。

[117] 中共中央马克思恩格斯列宁斯大林著作编译局译：《马克思恩格斯选集》第1卷，人民出版社1995年版。

[118] 倪文锦、欧阳汝颖主编：《语文教育展望》，华东师范大学出版社 2002 年版。

[119] 倪文锦：《初中语文新课程教学法》，高等教育出版社 2003 年版。

[120] 倪文锦：《高中语文新课程教学法》，高等教育出版社 2004 年版。

[121] 潘德荣：《文字 诠释 传统：中国诠释传统的现代转化》，上海译文出版社 2003 年版。

[122] 潘德荣：《西方诠释学史》，北京大学出版社 2013 年版。

[123] 潘新和：《新课程语文教学论》，人民教育出版社 2005 年版。

[124] 钱谷融、鲁枢元：《文学心理学》，华东师范大学出版社 2003 年版。

[125] 区培民：《语文教师课堂行为系统论析——课程教学一体化的视点》，华东师范大学出版社 2001 年版。

[126] [美] R. C. 斯普罗：《思想的结果》，胡自信译，北京大学出版社 2006 年版。

[127] 人民教育出版社教育室：《马克思恩格斯列宁论教育》，人民教育出版社 1993 年版。

[128] 饶杰腾：《语文学科教育探索》，首都师范大学出版社 2000 年版。

[129] 荣维东主编：《语文文本解读实用教程》，北京大学出版社 2016 年版。

[130] 施良方：《课程理论——课程的基础、原理与问题》，教育科学出版社 2004 年版。

[131] 孙兰英：《意义的失落与重建》，吉林人民出版社 2005 年版。

[132] [加拿大] 史密斯：《全球化与后现代教育学》，郭洋生译，教育科学出版社 2002 年版。

[133] 石鸥：《教学别论》，湖南教育出版社 2001 年版。

[134] 石鸥：《教育困惑中的理性追求》，湖南师范大学出版社 2005 年版。

[135] 孙绍振：《直谏中学语文教学》，南方日报出版社 2003 年版。

[136] 舒新城：《教育通论》，福建教育出版社 2006 年版。

[137] 舒远招：《德国古典哲学——及在后世的影响和传播》，湖南师范大学出版社 2005 年版。

[138] 石中英：《知识转型与教育改革》，教育科学出版社 1999 年版。

[139] 石中英：《教育学的文化性格》，山西教育出版社 2005 年版。

[140] 尚杰：《德里达》，湖南教育出版社 1999 年版。

[141] 邵瑞珍：《教育心理学》（修订本），上海教育出版社 2003 年版。

[142] 孙正聿：《超越意识》，吉林教育出版社 2001 年版。

[143] 孙正聿：《哲学修养十五讲》，北京大学出版社 2004 年版。

[144] 孙正聿：《哲学通论》（修订版），复旦大学出版社 2006 年版。

[145] 童庆炳主编：《文学理论教程》，高等教育出版社 1998 年版。

[146] 童庆炳：《中国现代文学理论价值观的演变》，北京大学出版社 2005 年版。

[147] 田正平、肖朗：《中国教育经典解读》，上海教育出版社 2005 年版。

[148] [苏联] 瓦·阿·苏霍姆林斯基：《少年的教育和自我教育》，姜励群等译，北京出版社 1984 年版。

[149] 王爱娣：《美国语文教育》，广西师范大学出版社 2007 年版。

[150] 吴冰沁：《走进高中语文教学现场》，首都师范大学出版社 2008 年版。

[151] 吴刚：《知识演化与社会控制：中国教育知识史的比较社会学分析》，教育科学出版社 2002 年版。

[152] 王国维：《人间词话》，上海古籍出版社 2006 年版。

[153] 王纪人：《文艺学与语文教育》，上海教育出版社 1995 年版。

[154] 汪家熔：《民族魂——教科书变迁》，商务印书馆 2008 年版。

[155] 王丽：《中国语文教育忧思录》，教育科学出版社 1998 年版。

[156] 王丽：《中学语文名篇多元解读》，广东教育出版社 2006 年版。

[157] [法] 贝纳尔·瓦莱特：《小说——文学分析的现代方法与技巧》，陈艳译，天津人民出版社 2003 年版。

[158] 王荣生：《语文科课程论基础》，上海教育出版社 2003 年版。

[159] 王荣生：《语文教学内容重构》，上海教育出版社2007年版。

[160] 王松泉、王柏勋、王静义主编：《中国语文教育史简编》，社会科学文献出版社2002年版。

[161] 吴试颖主编：《外国现代教育史》，人民教育出版社1997年版。

[162] 王文彦、蔡明：《语文课程与教学论》，高等教育出版社2002年版。

[163] 王岳川：《现象学与解释学文论》，山东教育出版社1999年版。

[164] 韦志成：《现代阅读教学论》，广西教育出版社2000年版。

[165] 吴兆武：《文学理论教学革新研究：兼论中学语文教育》，安徽大学出版社2000年版。

[166] 吴忠豪：《外国小学语文教学研究》，上海教育出版社2009年版。

[167] 王先霈：《文学文本细读讲演录》，广西师范大学出版社2006年版。

[168] 王耀辉：《文学文本解读》，华中师范大学出版社1999年版。

[169] 徐长福：《理论思维与工程思维的僭越》，上海人民出版社1998年版。

[170] 熊川武、江玲：《理解教育论》，北京教育科学出版社2005年版。

[171] 新课程实施过程中培训问题研究课题组编写：《新课程与教师角色的转变》，教育科学出版社2001年版。

[172] 夏丏尊、叶圣陶：《文心》，生活·读书·新知三联书店1999年版。

[173] [美] 小威廉姆 E. 多尔：《后现代课程观》，王红宇译，教育科学出版社2000年版。

[174] [日] 小原国芳：《小原国芳教育论著选》，由其民、刘剑乔、吴光威译，人民教育出版社1993年版。

[175] 夏正江：《教育理论哲学基础的反思：关于"人"的问题》，上海教育出版社2002年版。

[176] 叶闯：《理解的条件——戴维森的解释理论》，商务印书馆2006年版。

[177] 殷鼎：《理解的命运》，生活·读书·新知三联书店1988年版。

[178] 杨国荣：《理性与价值——智慧历程》，上海三联文库1998年版。

[179] 杨国荣：《科学的形上之维——中国近代科学主义的形成与衍化》，上海人民出版社1999年版。

[180] 叶澜：《教育概论》，北京人民教育出版社1991年版。

[181] 叶朗：《中国美学史大纲》，上海人民出版社2002年版。

[182] 严平：《走向解释学的真理：伽达默尔哲学述评》，人民出版社1998年版。

[183] 闫苹、周鸯：《语文比较教育》，广西教育出版社2007年版。

[184] 叶秀山：《思·史·诗：现象学和存在哲学研究》，人民出版社1995年版。

[185] 闫学：《小学语文文本解读》（上、下），华东师范大学出版社2013年版。

[186] 于源溟、倪山：《存在与发展——语文教学生态论》，青岛海洋大学出版社1998年版。

[187] 于源溟：《预成性语文课程基点批判》，社会科学文献出版社2007年版。

[188] 杨祖陶、邓晓芒：《康德三大批判精粹》，人民出版社2001年版。

[189] [英] 约翰·科廷汉：《生活有意义吗》，王楠译，广西师范大学出版社2007年版。

[190] [加拿大] 约翰斯顿：《重构语文世界：后殖民教学实践》，郭洋生译，教育科学出版社2007年版。

[191] [古希腊] 亚里士多德：《范畴篇·解释篇》，方书春译，商务印书馆1997年版。

[192] 阎立钦：《语文教育学引论》，高等教育出版社1996年版。

[193] [德] 伊曼努尔·康德：《论教育学》，赵鹏等译，上海人民出版社2005年版。

[194] [德] 雅斯贝尔斯：《什么是教育》，邹进译，生活·读书·新知三联书店1991年版。

[195] 姚素珍：《香港中学文学教学研究》，广东教育出版社2006年版。

[196] [苏联] 伊·谢·科恩：《自我论：个人与个人自我意识》，佟景韩等译，生活·读书·新知三联书店1986年版。

[197] 宗白华：《艺境》，北京大学出版社2005年版。

[198] 张必隐：《阅读心理学》，北京大学出版社1992年版。

[199] 张传燧：《中国教学论史纲》，湖南教育出版社1999年版。

[200] 张传燧：《行走于传统与现代之间》，湖南师范大学出版社2005年版。

[201] 张楚廷：《教学论纲》，高等教育出版社1999年版。

[202] 张楚廷、周庆元：《学科教育学论稿》，湖南教育出版社2000年版。

[203] 张楚廷：《课程与教学哲学》，人民教育出版社2003年版。

[204] 张楚廷：《教学论纲》，高等教育出版社2008年版。

[205] 周成平：《中国著名教师的精彩课堂·初中语文卷》，江苏教育出版社2007年版。

[206] 詹丹：《语文教学与文本解读》，上海教育出版社2015年版。

[207] 钟发全、陈松信：《新课堂问题诊断·语文》，天津教育出版社2009年版。

[208] 张法琨：《古希腊教育论著选》，人民教育出版社1994年版。

[209] 朱光潜：《文艺心理学》，安徽教育出版社1996年版。

[210] 朱光潜撰，朱立元导读：《诗论》，上海古籍出版社2007年版。

[211] 周光庆：《中国古典解释学导论》，中华书局出版2002年版。

[212] 郑国民：《新世纪语文课程改革研究》，北京师范大学出版社2003年版。

[213] 张华：《课程与教学论》，上海教育出版社2001年版。

[214] 中华人民共和国教育部制订：《普通高中语文课程标准（实验）》，人民教育出版社2003年版。

[215] 中华人民共和国教育部制订：《全日制义务教育语文课程标准（实验稿）》，北京师范大学出版社2001年版。

[216] 中华人民共和国教育部制定：《义务教育语文课程标准（2011年版）》，北京师范大学出版社2012年版。

[217] 《走进新课程》丛书编委会组织、语文课程标准研制组编写：《普通高中语文课程标准（实验）解读》，湖北教育出版社2004年版。

[218] 张钧：《语文教师文本解读教学化研究》，中国社会科学出版社2015年版。

[219] 张隆华等：《中国语文教育史纲》，湖南师范大学出版社1991年版。

[220] 张能为：《理解的实践——伽达默尔实践哲学研究》，人民出版社2002年版。

[221] 钟启泉、崔允漷、张华主编：《为了中华民族的复兴，为了每一位学生的发展〈基础教育课程改革纲要（试行）〉解读》，华东师范大学出版社2001年版。

[222] 钟启泉主编：《学科教学论基础》，华东师范大学出版社2001年版。

[223] 章启群：《意义的本体论：哲学诠释学》，上海译文出版社2002年版。

[224] 周庆元：《中学语文教学原理》，湖南教育出版社1992年版。

[225] 周庆元：《中学语文教材概论》，湖南出版社1994年版。

[226] 周庆元：《语文教学设计论》，广西教育出版社1996年版。

[227] 周庆元：《语文教育研究概论》，湖南人民出版社2005年版。

[228] 张汝伦：《现代西方哲学十五讲》，北京大学出版社2003年版。

[229] 朱绍禹：《中学语文课程与教学论》，高等教育出版社2005年版。

[230] 张世英：《自我实现的历程：解读黑格尔的〈精神现象学〉》，山东人民出版社2001年版。

[231] 张世英：《哲学导论》，北京大学出版社2002年版。

[232] 朱寿桐：《文学与人生十五讲》，北京大学出版社2006年版。

[233] 张文喜：《自我的建构与解构》，上海人民出版社2001年版。

[234] 周险峰：《教育文本理解论》，广东高等教育出版社 2007 年版。

[235] 张晓静：《自我教育论》，黑龙江教育出版社 2004 年版。

[236] 钟晓雨：《问题与对策：中小学语文教育改革》，人民教育出版社 2000 年版。

[237] 张心科：《接受美学与中学文学教育》，合肥工业大学出版社 2005 年版。

[238] 中央教育科学研究所编：《叶圣陶语文教育论集》，教育科学出版社 1980 年版。

[239] 周裕锴：《中国古代阐释学研究》，上海人民出版社 2003 年版。

二 论文类

[1] 白冬梅：《帮助学生寻找与文本的契合点》，《内蒙古教育》2006 年第 3 期。

[2] 鲍道宏：《文本多元解读：可能及其限度——从诠释学当代发展看新课程阅读教学》，《课程·教材·教法》2007 年第 4 期。

[3] 边永朴、李玉山：《文本在阅读教学中的地位和作用的再认识》，《天津师范大学学报》（基础教育版）2007 年第 3 期。

[4] 曹海永：《阅读教学：我们失去了什么——"文本解读个性化"现状的问题凝视、成因透视与出路审视》，《语文教学通讯》（小学刊）2006 年第 10 期。

[5] 曹海永：《从"失真"到"归真"的理想践行——小学语文"文本解读个性化"存在的问题及思考》，《教育实践与研究》（小学版）2008 年第 1 期。

[6] 曹明海：《当代文本解读观的变革》，《文学评论》2003 年第 6 期。

[7] 陈爱娟：《孔乙己告状》，《中学语文教学》2003 年第 12 期。

[8] 陈嘉映：《作品·文本·学术·思想》，《云南大学学报》（哲学社会科学版）2002 年第 1 期。

[9] 陈勇、王兆芳：《深研文本解读机理 提高教师素养——中学语文"文本解读"研讨会在福建泉州成功举办》，《中学语文教学》2009

年第11期。

[10] 程亮：《改革开放以来我国教育价值理念的更新——基于基础教育宏观决策的分析》，《国家教育行政学院学报》2008年第11期。

[11] 崔国明：《文本解读的四大误区》，《中学语文教学》2006年第9期。

[12] 董蓓菲：《德国母语教学中的合作学习》，《语文教学通讯》2005年第12期。

[13] 段双全：《中国经典诗文多元解读的理论匡正》，《语文建设》2007年第1期。

[14] 法国一考生：《阅读文学作品与认识自我》，《语文世界》1999年第12期。

[15] 干国祥：《深度阐释之后》，《人民教育》2005年第5期。

[16] 干国祥：《确定多元之界的四个维度》，《语文教学通讯》2005年第8期。

[17] 高家风：《语文课堂：信马由缰向何方？》，《语文建设》2006年第3期。

[18] 郭晓明：《从"圣经"到"材料"——论教师教材观的转变》，《高等师范教育研究》2001年第6期。

[19] 何卫平：《伽达默尔的教化解释学论纲》，《武汉大学学报》（人文科学版）2011年第2期。

[20] 洪惠风：《德国小学语文课堂教学掠影》，《小学语文教学》2000年第9期。

[21] 扈中平：《教育的本体解释——评〈教育解释学〉》，《教育研究》2009年第9期。

[22] 蒋成瑀：《阅读教学的四种对话关系考察》，《中学语文教学参考》2004年第5期。

[23] 蒋仲仁：《小学的阅读教学（下）——小学语文教学大纲（草案）学习笔记（三续）》，《江苏教育》1959年第9期。

[24] 金坤荣：《新课程下语文课堂教学的冷思考——对几个教学案例

的诊断》,《湖南教育》2006 年第 4 期。

[25] 景洪春:《是"张扬个性"还是"尊重文本"》,《小学语文教学》2005 年第 6 期。

[26] 李根翠:《新课改背景下的文本解读——对作者、文本、读者三中心关系的再思考》,《(人大复印资料)中学语文教与学(高中读本)》2008 年第 4 期。

[27] 李海林:《"无中生有式创造性阅读"批判》,《中学语文教学》2005 年第 1 期。

[28] 李海林:《创造性阅读的理性思考与实践分析——再论"创造性阅读"》,《中学语文教学》2005 年第 4 期。

[29] 李俊玉:《当代文论中的文本理论研究》,《外国文学评论》1993 年第 2 期。

[30] 李维鼎:《阅读理论的分歧:阅读理解的弹性与阅读教学策略》,《语文学习》2004 年第 2 期。

[31] 龙协涛:《中西读解理论的历史嬗变与特点》,《文学评论》1993 年第 2 期。

[32] 鲁洁:《教育:人之自我建构的实践活动》,《教育研究》1998 年第 9 期。

[33] 鲁洁:《一个值得反思的教育信条:塑造知识人》,《教育研究》2004 年第 6 期。

[34] 陆剑明:《语文教学之症结与出路》,《课程·教材·教法》2006 年第 3 期。

[35] 牛文君:《诠释学的教化和教化的诠释学》,《哲学研究》2015 年第 11 期。

[36] 潘德荣:《诠释的创造性与"创造的诠释学"》,《中国哲学史》2002 年第 3 期。

[37] 潘德荣:《诠释学:从主客体间性到主体间性》,《安徽师范大学学报》(人文社会科学版)2002 年第 3 期。

[38] 潘德荣:《方法论的危机与哲学诠释学》,《天津社会科学》2004

年第 4 期。

[39] 潘德荣:《认知与诠释》,《中国社会科学》2005 年第 4 期。

[40] 潘德荣:《诠释学:理解与误解》,《天津社会科学》2008 年第 1 期。

[41] 潘德荣:《理解方法论视野中的读者与文本——加达默尔与方法论诠释学》,《中国社会科学》2008 年第 2 期。

[42] 潘德荣:《文本理解、自我理解、自我塑造》,《中国社会科学》2014 年第 7 期。

[43] 裴娣娜:《对教育观念变革的理性思考》,《教育研究》2001 年第 2 期。

[44] 彭启福:《文本诠释中的限度与超越——兼论马克思文本诠释的方法论问题》,《哲学研究》2007 年第 2 期。

[45] 彭启福:《走向生存论意义的方法论——关于伽达默尔哲学的方法论沉思》,《天津社会科学》2008 年第 1 期。

[46] 彭启福:《文本解读中的限制与自由——论赫施对方法论诠释学的重构》,《世界哲学》2008 年第 6 期。

[47] 彭正梅:《教育的自身逻辑——德国教育家本纳教授访谈》,《全球教育展望》2009 年第 11 期。

[48] 史荣第:《语文课堂,我们要让学生收获些什么》,《教育理论与实践》2005 年第 6 期。

[49] 志定:《文本的敞开性与教师权威的瓦解》,《现代教育论丛》2003 年第 1 期。

[50] 宋晓梦:《中国教育学会会长顾明远:中小学应分别侧重语文的人文性和工具性》,《光明日报》2009 年 8 月 25 日第 6 版。

[51] 汤一介:《再论创建中国解释学问题》,《中国社会科学》2000 年第 1 期。

[52] 汤一介:《三论创建中国解释学问题》,《中国文化研究》2000 年第 28 期。

[53] 汤一介:《论创建中国解释学问题》,《社会科学战线》2001 年第

1期。

[54] 景海峰：《中国经典诠释学建构的三个维度》，《天津社会科学》2017年第1期。

[55] 陶成生：《阅读教学"背离文本"现象的探讨——从语文课程内容的角度审视》，《（人大复印资料）中学语文教与学（初中读本）》2006年第3期。

[56] 万金党：《内容，还是形式？——关于阅读教学的人文思考》，《语文学习》1997年第1期。

[57] 王春艳：《语文不能得鱼而忘筌——由重"内容"到重"形式"》，《人民教育》2009年第2期。

[58] 王建峰、周庆元：《文本解读：通往学生自我教育之途》，《中国教育学刊》2009年第11期。

[59] 王建峰：《语文文本解读的自我教育品格机理分析——哲学解释学视角》，《中国教育学刊》2012年第2期。

[60] 王建峰：《论文学课文解读的合理性》，《河北师范大学学报》（教育科学版）2012年第4期。

[61] 王建峰：《1949年后我国语文文本解读的三种形态》，《语文建设》2014年第10期。

[62] 王建峰：《1949年后我国中小学语文课堂文本解读的方法论检讨》，《课程·教材·教法》2015年第2期。

[63] 王金福：《论理解与文本意义的关系——解释学基本问题探讨》，《苏州大学学报》（哲学社会科学版）2008年第2期。

[64] 王立根：《语文教学的心痛："文本解读"的缺席》，《（人大复印资料）中学语文教与学（高中读本）》2007年第4期。

[65] 王庆环：《语文教育：创新之路怎样走——访北京大学中文系教授、语文教育研究所所长温儒敏》，《光明日报》2009年7月8日第10版。

[66] 魏良焱：《个性化解读的解读》，《中学语文教学》2006年第9期。

[67] 谢治平：《当前语文课堂教学中的十大隐忧》，《教学与管理》2009

年第7期。

[68] 邢秀凤：《诠释文本意图：语文课堂合理对话的实现路径》，《教育研究》2016年第3期。

[69] 熊川武：《教育理解论》，《教育研究》2005年第8期。

[70] 许晓敏：《教学文本的教育意义生成初探》，硕士学位论文，南京师范大学，2012年。

[71] 阎立钦：《一个迫切需要解决的问题》，《教育研究》1999年第1期。

[72] 易山：《中学语文课字、词、句教学小议》，《云南师范大学学报》（哲学社会科学版）1982年第2期。

[73] 余虹：《语文文本解读之边界探寻》，《课程·教材·教法》2016年第9期。

[74] 于映潮：《语文个性化阅读教学初探》，《（人大复印资料）中学语文教与学（高中读本）》2008年第3期。

[75] 岳伟：《促进人的自我实现：一种新的教育目的观》，《南京师大学报》（社会科学版）2008年第1期。

[76] 张青民、包海霞：《关于语文新课改的一个调查》，《语文建设》2006年第2期。

[77] 张汝伦：《生命与读书——在复旦大学的演讲》，《海燕》2006年第9期。

[78] 赵明：《了解·比较·思考——感受德国的母语教育》，《中学语文教学参考》2004年第11期。

[79] 郑国红：《个性化解读：语文阅读教学的灵魂》，《（人大复印资料）中学语文教与学（高中读本）》2007年第7期。

[80] 钟启泉：《新课程背景下学科教学的若干认识问题》，《教育发展研究》2008年第Z4期。

[81] 钟启泉：《课堂转型：静悄悄的革命》，《上海教育科研》2009年第3期。

[82] 周险峰：《教育文本理解的尺度：一种解释学的视角》，《华东师

范大学学报》（教育科学版）2006年第4期。

[83] 周险峰：《科学教学认识论下的教学文本理解及其变化》，《大学教育科学》2008年第1期。

[84] 周雨明：《语文教学不能在"人文熏陶"下迷失》，《中国教育学刊》2008年第7期。

[85] 周韫玉：《简论自我教育》，《教育研究》2000年第2期。

[86] 薄景昕：《中学鲁迅作品的接受历程》，博士学位论文，东北师范大学，2007年。

[87] 程道明：《高中语文文学文本解读研究》，硕士学位论文，南京师范大学，2004年。

[88] 曹海东：《朱熹经典解释学研究》，博士学位论文，华中师范大学，2007年。

[89] 胡绪阳：《语文德性论》，博士学位论文，湖南师范大学，2006年。

[90] 蒋荣魁：《多元解读视角下的中学语文阅读教学研究》，硕士学位论文，东北师范大学，2007年。

[91] 李成龙：《伽达默尔解释学中教化思想与理解理论的关系研究》，硕士学位论文，安徽大学，2015年。

[92] 李广：《中日小学语文课程价值取向跨文化研究》，博士学位论文，东北师范大学，2008年。

[93] 刘谦：《新课程背景下的多重对话与文本解读》，硕士学位论文，华中师范大学，2000年。

[94] 刘顺利：《文本研究》，博士学位论文，中国社会科学院，2002年。

[95] 王浩：《走向理解的语文阅读教学探索》，硕士学位论文，山东师范大学，2007年。

[96] 王建峰：《语文文本解读的自我教育性格》，博士学位论文，湖南师范大学，2010年。

[97] 王琪：《新课程背景下文学文本的多元解读及其实践策略》，硕士学位论文，四川师范大学，2007年。

[98] 王艺蒙：《论"教化"问题在伽达默尔哲学解释学和美学中的地

位》，硕士学位论文，西北大学，2015年。

［99］辛继湘：《体验教学研究》，博士学位论文，西南师范大学，2003年。

［100］辛丽春：《论教师对教材文本的解读》，硕士学位论文，曲阜师范大学，2005年。

三 英文类

［1］D. C. Greetham, *Theory of the Text*, London: Oxford University Press, 1999.

［2］D. C. Philips, *Constructivism in Education——Opinions and Second Opinions on Controversial Issues*, Chicago: the University of Chicago Press, 2000.

［3］Douglas P. Newton, *Teaching for Understanding——What It is and How to Do it*, New York: London and New York, 2000.

［4］J. Bleicher, *Contemporary Hermeneutics: Hermeneutics as Method, Philosophy, and Critique*, London: Methuen, 1982.

［5］J. Derrida, *Dissemination*, Chicago: The University of Chicago Press, 1976.

［6］Johnson, M., *The Bodily Basis of Meaning, Imagination and Reason*, Chicago: University of Chicago Press, 1987.

［7］Jorge J. E. Gracia, *Text: Ontological Status, Identity, Author, Audience*, New York: State Univ. of New York Press, 1996.

［8］Shaun Gallagher, *Hermeneutics and Education*, New York: State University of New York Press, 1992.

［9］Stanley Fish, *Is There a Text in the Class? ——the Authority of Interpretive Communities*, Cambridge: Harvard University Press, 1980.

［10］Veronika Kalmus, *Schooltexts in the Field of Socialization*, Tartu: Tartu University Press, 2003.

［11］Hunter McEwan, "Teaching and the Interpretation of Text", *Educational Theory*, Vol. 42, No. 1, 1992.

[12] LeeAnn M. Sutherland, "Reading in science: developing high-quality student text and supporting effective teacher enactment", *The Elementary School Journal*, Vol. 109, No. 2, 2008.

[13] M. R. Matthews, "History, Philosophy, and Science Teaching: The Present Rapprochement", *Science & Education*, Vol. 1, No. 1, 1992.

[14] W. F. McComas and H. Almazroa, "The Nature of Science in Science Education: An introduction", *Science & Education*, Vol. 7, No. 6, 1998.

[15] Zoe Fowler, "Negotiating the textuality of further education: issues of agency and participation", *Oxford Review of Education*, Vol. 34, No. 4, 2008.

后 记

本书是在我博士学位论文的基础上修改而成的。

回顾博士论文的写作过程,内心百感交集、思绪万千,复杂的感受竟不知从何表达。时常感觉自己既像是在翻越一座座陡峭的连山去欣赏山那边的奇美风景,又像是在穿越一片茫茫无边的荒漠去寻找那能够让人栖息的绿洲,与其说整个过程是在挖掘人的潜力和智慧,不如说是在考验人的毅力和耐力。好多时候,我为自己经过通宵达旦的苦思冥想、辗转反侧所收获的思路而欣喜;更多时候,我为那些给我或鼓励或启迪或鞭策的温暖话语而感动。博士论文的写作和本书的出版得以顺利完成,我需要感谢的人太多。

首先要特别感谢的是我的博士生导师周庆元教授。感谢先生招我入门,感谢先生在我读博期间给予我的生活上无微不至的关怀与照顾、学习上宽严有度的点拨与指导、做人上春风化雨般的熏陶与感染!感谢先生已入古稀之年,在近日得知我的博士论文要出版之后,还欣然为本书作序!先生工作和家中事务繁多,自己身体不是很好,却总是嘱咐我们要多注意身体;在我博士论文写作过程中,先生无论有多忙多累,都要抽出时间来帮我消疑解惑,尤其那种对学生信任和期待的目光令我终生难忘!能做先生的门徒是我今生的荣幸,先生深厚的国学功底、敏锐的学术思维、严谨的治学态度是我永远的榜样,先生与人为善、乐观向上的人生态度和高尚的人格魅力永远激励我前行!

还要特别感谢我的硕士生导师于源溟教授,是他引领我走上学术研究之路,并始终关注着我的成长与发展。正是硕士论文《论文学课文解读的合理性》的写作,让我接触到了解释学,并对语文教学中的文本解读形成了初步认识,为博士论文选题打下一定基础。在博士论文选定"语文文本解读"这个研究领域后,好长时间我为找不到独特合适的研究视角而困惑苦恼,又是先生看了我写的一篇小论文后建议我以"自我教育"为突破口,才使本研究有了明确的问题意识。

感谢湖南师大教科院课程与教学论专业导师组的其他几位导师:张楚廷教授、石鸥教授、张传燧教授、刘要悟教授、郭声健教授,感谢他们的关心与指导,聆听他们的教诲使我今生受益无穷。感谢湖南师大教科院的刘铁芳教授、刘德华教授,感谢中国浦东干部学院科研部的李冲锋副教授,他们在论文写作思路上给予了极富启发性的指导和建议,使我博士论文质量得以提高。

感谢师门中的各位兄弟姐妹胡绪阳、杨云萍、黄耀红、李霞、周敏、刘光成、唐智芳、苑青松、曾晓洁等,他们在我博士论文写作过程中遇到困难意志消沉时给予了我太多激励与鞭策、温暖与感动;感谢我同窗三年的好友耿淑玲、胡虹丽、王立忠、张青、汤慧池、曹众、吴驰、周宁之等,与他们的切磋交流时常激起我思想的火花。

感谢聊城大学文学院的陈黎明教授、康海燕副教授,图书馆的王桂园、王旻霞、栾雪梅等老师,他们在我博士论文写作过程中给予了许多真诚的鼓励和帮助。感谢我在北京工作的表弟张学博,他在紧张的工作之余曾三次到国家图书馆为我查阅资料并将复印本给我邮寄到家里,让我省却了很多时间。

感谢我的家人。像我这样已届不惑之年的女性,之所以能够思维通常游离于日常琐碎生活之外,安心在自己的研究中"痛并快乐"着,离不开家人的大力支持。感谢丈夫的一路陪伴,尤其是我脱产读书七年期间,他在背后默默地给予我的精神上和经济上的支持,是我学业得以顺利完成的坚实后盾;感谢年迈的父母,他们为让我心无旁骛地写作非常注意身体;感谢乖巧的女儿,她因妈妈读书忍受了一般同龄孩子所没有的孤独、别离,却逐渐养成了自立、自强的个性,在我写作最艰难的时候她还专门做了张贺卡放在我的书桌前鼓励妈妈一定要坚持到底！孩子，你知道吗，你是妈妈永远的动力和骄傲！

感谢聊城大学社科处的负责同志对本书出版给予的热心指导；感谢中国社会科学出版社的陈肖静编辑和其他编辑老师们为本书出版所付出的辛勤劳动。此外，本书在撰写过程中，参阅了大量的文献，借此机会向这些作者表示衷心的感谢。祝他们一切都好！

王建峰
2018 年 4 月修订稿于聊城·东昌湖畔